国家社科基金青年项目"发展中大国经济开放度选择与开放路径研究"（14CJL015）资助

发展中大国经济
开放度选择
与开放路径研究

张子杰 王琛海 著

中国财经出版传媒集团

经济科学出版社
Economic Science Press

图书在版编目（CIP）数据

发展中大国经济开放度选择与开放路径研究/张子
杰，王琛海著 . -- 北京：经济科学出版社，2022.7
ISBN 978 - 7 - 5218 - 3787 - 2

Ⅰ.①发⋯　Ⅱ.①张⋯②王⋯　Ⅲ.①经济开放 - 研
究 - 世界　Ⅳ.①F114.4

中国版本图书馆 CIP 数据核字（2022）第 113171 号

责任编辑：周国强
责任校对：郑淑艳
责任印制：张佳裕

发展中大国经济开放度选择与开放路径研究

张子杰　王琛海　著

经济科学出版社出版、发行　新华书店经销
社址：北京市海淀区阜成路甲 28 号　邮编：100142
总编部电话：010 - 88191217　发行部电话：010 - 88191522
网址：www. esp. com. cn
电子邮箱：esp@ esp. com. cn
天猫网店：经济科学出版社旗舰店
网址：http://jjkxcbs. tmall. com
固安华明印业有限公司印装
710 × 1000　16 开　14.5 印张　250000 字
2022 年 7 月第 1 版　2022 年 7 月第 1 次印刷
ISBN 978 - 7 - 5218 - 3787 - 2　定价：88.00 元

前　言

经济全球化、一体化是当前世界经济发展的主流趋势。在这种趋势下，世界范围内几乎所有国家或地区都在积极推进经济开放，与世界经济更加紧密地结合起来。到 20 世纪 80 年代末，随着资本账户的开放，发达国家基本上完全实现了经济开放。因此，当前经济开放主要是发展中国家或地区面临的问题。但是，伴随发展中国家或地区经济开放到来的，不但有收益，还有经济过度波动，甚至经济、金融危机的风险。同时，国家规模也可能对经济开放的收益、成本产生重要影响。因此，对发展中大国经济开放度选择和开放路径的研究具有重要的理论与现实意义。一方面，大国在资源、气候、地理、历史等方面差异相对较小，容易形成统一的分析框架；另一方面，作为一个发展中大国，我国也正面临着是否应进一步深化经济开放，如何进一步推进经济开放的问题。因此，本书对发展中大国经济开放度选择与开放路径从理论、实证和历史经验的角度进行广泛的分析，以对我国进一步推进经济开放提供一定的借鉴。

第一章首先分析了研究背景与意义，然后对经济开放度概念进行界定，确定其测度方法，最后对全书的研究内容和方法进行总体介绍，并指出创新、不足与进一步研究的方向。

第二章对经济开放相关研究文献进行了综述。首先对经济开放的成本与收益相关文献进行广泛梳理，然后对经济开放应当具备的前提条件，以及经济开放路径相关文献进行述评，最后梳理和本书主题直接相关的国家规模与经济开放、中国经济开放相关文献。

第三章是经济开放度选择与开放路径的理论基础。首先建立一个开放宏观经济框架，让我们可以清楚地看到经济开放是如何与客观环境、制度、宏观经济政策、供给、需求等要素相互影响，并共同作用于开放的宏观经济目标的。然后分析国家规模和经济发展水平影响经济开放度选择的机理。最后对经济开放路径是一个动态均衡过程，经济开放改革成本与动力来源问题进行理论探讨。

第四章对发展中大国开放宏观经济的典型特征做了比较深入的分析。首先对发展中大国进行界定，然后通过与其他各类国家或地区的对比，对其开放经济的典型特征进行分析，最后进行总结。分析发现，发展中大国一般具有更高的 GDP，但人均 GDP、GNI 是所有分组国家或地区中最低的；尽管从 20 世纪末开始成为经济增长率最高的国家分组，其优势并不显著；发展中大国国内经济稳定性一般高于发展中小国，但低于发达国家，外部稳定性则是最低的；发展中大国经济结构最为落后，金融发展程度一般高于发展中小国，但低于发达国家，城乡二元结构和收入分配问题是最严重的；发展中大国制度质量和经济开放度在所有分类国家或地区中都是最低的。

第五章利用计量模型对国家规模、经济发展水平如何影响一国经济开放度选择进行实证分析。首先，利用包含经济开放与国家规模或经济发展水平交叉项的线性面板模型和非线性门槛模型，实证分析国家规模和经济发展水平如何影响经济开放的经济增长效应、经济波动效应，从而确定不同规模和经济发展水平的国家应当如何选择最优经济开放度。然后，直接以经济开放度为被解释变量，实证分析国家规模和经济发展水平如何影响经济开放度的决定。研究结果显示，直接实证分析经济开放度的决定因素时，可以得出比较明确的结论，即国家规模越大，经济发展水平越低的国家或地区应当选择相对较低的经济开放度。但是，尽管也能够显示出一般贸易开放度应随国家规模的增大而降低，金融开放度应随经济发展水平的提高而升高，基于经济开放的经济增长和经济波动效应的研究结果整体不太显著。

第六章对英国、欧洲各国、美国、日本历史上经济发展过程中经济开放度的选择进行比较详细的历史经验研究。结果发现，第一，在经济发展阶段，除了 1860~1879 年自由主义时期外，大国无一例外采取贸易保护措施，小国则不确定，但相对倾向于自由贸易。第二，无论是大国还是小国，在经济发展阶段，一般采取贸易保护主义政策，但一旦获得较高经济发展水平，或获得国际竞争优势，就会转向自由贸易。

第七章利用面板向量自回归（PVAR）模型，从经济增长的角度对发展中大国对外贸易开放、金融开放、金融开放各子项目的开放顺序进行实证分析。结果发现，对于发展中大国，贸易开放对经济增长有一定的促进作用，但金融开放对经济增长的影响不显著；发展中大国不应过快推进金融开放，除外商直接投资流出、流入外，一般应先开放权益资本流入，然后开放债务资本流出，最后再根据具体情况开放权益资本流出和债务资本流入。

第八章对东亚、东南亚、拉丁美洲主要经济体以及俄罗斯经济改革与开放路径的历史经验做了比较简洁的总结，得出一些经验。第一，过快的经济开放，尤其是金融开放一般会带来一国宏观经济过度波动，甚至危机。第二，有序开放可以得到比较好的宏观经济效果。第三，对于小国而言，即使国内宏观经济运行良好，一样可能受到国际市场波动的冲击。

第九章对中国经济开放的历史经验进行总结，提出我国经济开放是改革开放的有机组成部分；我国经济开放是渐进、有序开放的；我国经济开放的持续推进离不开党和政府的强有力推动。最后，提出了我国进一步推进经济开放的政策建议。

目　录

第一章
绪 论

第一节 研究背景与意义

经济全球化、一体化是当前世界经济发展的主流趋势。在这种趋势下，世界范围内几乎所有国家或地区都积极推进经济开放，与世界经济更加紧密地融合起来。到 20 世纪 80 年代末，随着资本账户开放的完成，发达国家基本上实现了经济开放，但发展中国家或地区的贸易开放还在推进过程中，资本账户开放才开始起步。到目前为止，发展中国家或地区基本实现了较高程度的贸易开放，但资本账户开放水平则参差不齐，面临着是否应当进一步开放、应当开放到什么程度、如何进一步推进经济开放，尤其是资本账户开放的问题。现实中，经济开放并不会像主流经济学理论分析的那样有利无害，也不可能使一国宏观经济迅速调整到开放后的均衡，而是需要经历一个逐步演变的不平衡发展过程。从贸易开放来讲，自由贸易和贸易保护之争一直是国际经济学领域重要的理论和实证问题，也是第二次世界大战以后进口替代和出口导向政策之争的主题。尽管 20 世纪 80 年代以来，自由贸易思潮占据上风，但对其可能的负面效应的疑虑却从未消失。根据经验，短期内贸易开放可能通过贸易条件波动等，对发展中国家或地区宏观经济形成冲击，长期则可能使其经济落入比较优势陷阱和对发达国家的依附状态。从资本账户开放来讲，20 世纪 80 年代以来，拉丁美洲国家金融开放带来的反复的货币、银行危机，东南亚国家或地区金融开放后爆发的严重货币、金融危机深刻地反映了金融开放可能带来的风险和成本。怀普洛兹（Wyplosz, 2002）指出，金融开放是一个危险的过程，而我们关于这个过程的知识依然处于初始阶段。因此，对发展中国家最优经济开放度选择和开放路径的研究具有重要的理论和现实意义。

当前，已经有众多的国内外文献对发展中国家或地区经济开放度选择和经济开放路径相关问题进行了研究。初期的文献主要从理论或经验上直接论证贸易开放、资本账户开放等的经济增长、经济波动效应，但一直没有得到能够被广泛接受的结论。基于此，一些文献提出，要使经济开放能够促进经济增长、降低宏观经济、金融风险，需要考虑一些前提条件，例如，国家规模、初始经济发展水平、宏观经济稳定和制度质量等；还有一些文献则更加深入地探讨经济开放的顺序和结构对其经济增长、经济波动，乃至货币金融危机效应的影响。最新的一些文献则一反前期通过论证经济开放的经济增长、波动效应来反推一国是否应当实施经济开放的思路，直接以经济开放度为被解释变量，实证检验一国经济开放度选择的影响因素。尽管这些研究还处于比较初始的阶段，研究结论也随着样本国家、样本时期、测度方法、模型设定等选择的不同而变动，但国家规模和经济发展水平是一国经济开放度选择的重要决定因素的观念已经得到了比较广泛的认可。高丝等（Kose et al., 2009）指出经济开放是开放宏观经济政策的一个部分，而宏观经济政策和结构政策要和一国的具体环境相适应，才能更好地促进开放过程中的收益与成本权衡。由于我国是一个发展中大国，而且小国国家规模、经济发展水平、资源禀赋、气候、地理、历史等方面的差别比较大，难以形成比较统一的分析范式，本书将主要对发展中大国经济开放度选择和经济开放路径进行研究。

1978 年以来，我国取得了令世界瞩目的经济增长奇迹。2018 年，我国国内生产总值（GDP）已经达到了 90.3 万亿元人民币（约合 13.6 万亿美元），是 1978 年的 244.7 倍，仅次于美国，居世界第二位。[①] 这个奇迹，是和我国 40 年来坚定不移地推进改革开放战略紧密地联系在一起的。当前，广泛认可的中国经济增长奇迹来源包括四个方面：体制改革、经济开放、后发优势和

---

① WDI 数据库。

人口红利。然而，随着我国和发达国家经济发展水平差距的不断缩小，后发优势不断降低；加上人口政策调整不够及时，人口红利也在快速消失，我国经济增长也从高速增长阶段转换到了中高速增长的"新常态"，并面临着进一步降低的压力。因此，要维持经济持续、稳定增长，进一步深化改革开放是我国的必然选择。中共十八大之后，习近平总书记不断强调，"改革开放只有进行时没有完成时"，并在 2018 年 12 月 8 日庆祝改革开放 40 周年大会上的讲话中指出，"必须坚持扩大开放，不断推动共建人类命运共同体。改革开放 40 年的实践启示我们：开放带来进步，封闭必然落后。中国的发展离不开世界，世界的繁荣也需要中国"。①

在我国金融开放程度相对较低的背景下，进一步推进经济开放的共识容易形成，但如何进一步推进经济开放却是一个理论和政策领域都一直在争论的问题。当前，我国在货物贸易领域已经实现了比较高的开放水平，因此，如何推进金融开放（关键是资本账户开放）便成为当前争论的焦点。自从1996 年 12 月实现经常账户的完全自由可兑换，我国就开始酝酿开放资本账户。历经波折之后，2012 年，中国人民银行课题组发布了报告《我国加快资本账户开放的条件基本成熟》，并提出了到 2020 年实现完全资本账户开放的"三步走"战略。但学术界对其提出质疑，具有代表性的有余永定等（2013）提出的"中国应慎对资本账户开放"②、林毅夫（2013）的文章"我为什么不支持资本账户开放"③。2017 年，在人民币贬值预期下，外汇储备的快速流失使我们认识到中国人民银行 2012 年的报告可能过于乐观了，开放资本账户、深化我国经济开放的战略可能需要更加深入、谨慎的分析和探讨。历史上，在放松资本管制之前，欧洲和东亚国家都曾经历了高速经济增长，说明资本账户开放并不是在一开始就必须的。因此，经济开放是我国发展的方向，但并不是说要马上、快速实施，而应当进一步深入研究经济开放的

---

① 习近平：在庆祝改革开放 40 周年大会上的讲话 ［EB/OL］. http：//cpc. people. com. cn/n1/ 2018/1218/c64094 – 30474794. html，2018 – 12 – 18.

② 余永定，张明，张斌. 中国应慎对资本账户开放 ［EB/OL］. http：//www. ftchinese. com/story/ 001050727，2013 – 06 – 04.

③ 林毅夫. 我为什么不支持资本账户开放 ［EB/OL］. https：//www. guancha. cn/linyifu/2013_08_ 05_163441. shtml，2013 – 08 – 05.

目标和具体的开放路径。具体而言，我们应当结合我国国家规模巨大、依然是一个发展中国家的客观特征，研究发展中大国最优经济开放度选择和开放路径问题。一方面，将在理论上丰富国际经济学、转轨经济学的文献；另一方面，将在实践上对包括中国在内的发展中大国推动经济开放有一定的指导和借鉴意义。

第二节　经济开放度相关概念界定与测度

一、经济开放相关概念界定

经济开放是一个常用概念，但由于其涵盖范围广泛，且各子项目之间既相互联系又相互区别，导致大量容易相互混淆的相关概念出现，甚至在文献中最常见的相关概念是贸易开放、金融开放和资本账户开放等，而不是经济开放本身。因此，要对经济开放度相关概念进行界定和测度，并用于经济开放度选择和开放路径研究，首先需要对其内涵和结构有一个清晰的认识。

（一）经济开放概念与内涵

经济开放一直没有一个确切的定义，现在的各种定义只是对其进行宽泛的界定。一个简洁、完整的界定是中国社科院经济研究所编写的《现代经济词典》所给出的概念：一国在国际贸易、国际资本流动等对外经济活动方面实行开放性政策。

这个定义很简洁，但基本包含了经济开放的丰富内涵。首先，经济开放是一国主动实施的相关政策措施，强调了基于规则的（rule based）经济开放。其次，经济开放包含着商品、服务贸易和资本生产要素跨国流动等所有对外经济活动的开放，既涵盖了经济开放的丰富内容，又指出了经济开放的结果表现形式。再其次，经济开放是双向的，既包括出口和资本流出，也包括进口和资本流入。最后，该定义强调了是针对对外经济活动实施开放性政策，也即减少或取消各种对对外经济活动进行限制的政策措施，不仅包括直接针对对外经济活动的政策措施，还包括那些能够影响对外经济活动的国内经济政策措施等。

（二）经济开放的结构

对外经济活动包含的范围广泛，如货物贸易、服务贸易、证券投资、国际直接投资等，这些项目既相互区别，又存在联系。从其对宏观经济的影响机制看，它们之间则可能存在着本质的差别。所以，要分析经济开放度选择和具体的开放路径，必须对经济开放的结构进行深入分析。由于国际收支平衡表是广为接受的对一国一定时期内所发生的所有国际经济活动进行统计的表格，所以本书以"第六版国际收支平衡表"所包含的项目为基础，分析经济开放所包含的各子项目，及其相互区别与联系。为了简化分析，且不失一般性，这里去除了国际收支平衡表中占比较小，或对发展中国家或地区不太重要的项目，只保留了货物贸易、服务贸易（一般服务贸易与金融服务贸易）、证券投资（股票投资、债券投资）、直接投资和贷款融资项目，具体见图1.1。

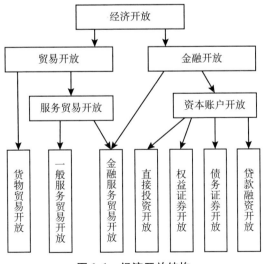

图1.1　经济开放结构

从图 1.1 可以清楚地看出文献中常用的经济开放、贸易开放、金融开放和资本账户开放四个概念的区别和联系。经济开放包含贸易开放和金融开放，除了在金融服务项目上有交叉之外，两者表面上看起来是截然分开的。但由于贸易开放与金融开放中的资本账户开放分别是国际收支平衡表中经常项目和资本金融项目的核心内容，两者之间存在着深刻的内在联系[①]。在贸易开放方面，考虑到发展中国家或地区在服务贸易方面普遍处于相对劣势地位，以及金融服务的特殊性，将其进一步划分为货物贸易开放、一般服务贸易开放与金融服务贸易开放。金融开放则主要由资本账户开放构成，且根据当前的众多文献，基于其宏观经济影响机制的不同，可以进一步划分为直接投资开放、权益（股票）证券开放、债券证券开放和贷款融资开放。

最后，对于资本账户开放，还需要进一步考虑资本流入和资本流出的差异。市场参与者一般将资本流入限制理解为审慎监管，作为一种稳定金融体系的管制设计（Eichengreen & Rose，1998）；而将资本流出限制理解为当权者的绝望，从而提高货币危机的可能性（Rossi，1999）。

（三）经济开放相关概念辨析

国际经济活动丰富的内涵和延展性导致文献中出现很多与经济开放相似的概念，厘清其区别与联系可以帮助我们更好地把握经济开放的内涵和结构。

首先，经济开放可以理解为经济自由化的一个部分。经济自由化即政府放松对经济活动的管制，更多地依靠市场来调节经济变量之间的关系。在国内，它主要是针对商品市场和金融市场的经济活动，而在开放的宏观经济中，就自然延伸到了国际贸易和跨国资本流动领域。所以，经济开放可以理解为经济自由化的跨国部分。在当前文献中，这个区别主要体现在金融开放和金融自由化的区别和联系中。

其次，经济开放和经济一体化既有重叠的部分，也有相互区别的部分。

---

① 艾肯格林（Eichengreen，2002）提出："在影响经常账户和资本账户的措施之间画一条线是有问题的。"泰勒和威尔逊（Taylor & Wilson，2006）利用 1870~1913 年英国和 1920~1930 年美国的对外贸易和资本输出的数据，排除可能影响两者的共同因素，实证发现两者的确是一起运动的，所以，一般将两者分开研究的理论传统是不完善的，该研究还详细分析了两者的相互作用机制。艾森曼（Aizenman，2008）对两者之间存在的内在联系做了深入的分析。

一方面，经济开放有两种测度方式，分别是基于规则的（rule based）测度和基于结果（outcome based）的测度。从基于结果的经济开放度来看，经济开放和经济一体化概念基本上是一致的。另一方面，经济一体化又可以区分为区域经济一体化和全球经济一体化，而经济开放则是从一个国家的视角进行界定的，所以难以体现区域经济一体化。

再其次，经济开放与经济全球化概念提出的视角不同。经济开放是从一国的角度提出的，而经济全球化则是从全球的角度提出的。

最后，文献中经常混用经济开放和对外开放两个概念。其实，从经济的角度讲，两者的确是一致的，所以一般可以认为两者是相同的概念。但如果不局限于经济领域，则对外开放有着更加丰富的内涵，不但包括经济开放，还可以包括政治开放、社会开放、信息开放等，如德雷尔（Dreher，2006）、科尔尼（Kearney，2007）。

二、经济开放的测度

当前文献中的经济开放度测度方法可以归纳为两大类，分别是基于规则（rule based）的测度和基于结果（outcome based）的测度，也经常被称为事前（de jure）测度和事后（de facto）测度。两种测度方法各有侧重，结果也存在一定的差异，所以在分析中需要根据具体情况选择一种，或对照使用。从理论上讲，基于规则的经济开放度测度是对减少或取消对一国对外经济活动进行限制的政策措施进行评价，所以是对经济开放的一个直接测度，更加直观、准确。而基于结果的经济开放度测度是根据经济开放的结果，如商品、资本跨国流动额占 GDP 的比重、价格趋同、利率平价、汇率扭曲指数等经济一体化指标来反推一国的经济开放程度。这种测度存在的一个问题，它无法区别、分离其他众多能够影响经济一体化结果的宏观经济变量，例如，国家规模、经济发展水平等（Syrquin & Chenery，1989）。但在实际测度和分析中，基于规则的测度存在数据可得性、主观性较强、跨国可比性等问题，而且实施强度（enforcement）问题可能导致测度结果存在系统性偏差，而基于结果的测度不存在这些问题。在众多文献中，两种测度方法都经常使用。在常用的贸易开放度、金融开放度（资本账户开放度）和（综合）经济开放度三个经济开放度指标的测度中,根据具体情况各有侧重。

在贸易开放度测度中,基于规则的测度和基于结果的测度同时存在,但更侧重于基于结果的测度。基于规则的贸易开放度测度主要是使用关税税率、非关税壁垒等单一指标,或利用关税税率、非关税壁垒、黑市溢价、国家垄断等组合而成的贸易开放综合指标来测度,例如,著名的 Sachs-Warner 指数等。不过,因为相关信息难以收集,而且难以反映整体的贸易开放情况,这些测度指标并不常用。基于结果的贸易开放度指标则利用贸易开放的数量结果或价格结果进行测度。贸易依存度是最为常用的基于数量结果的贸易开放度测度。还有一些指标对其进行改进,例如,真实经济开放度(Dollars & Kraay, 2003; Alcala & Ciccone, 2004)和综合贸易强度(Squalli & Wilson, 2011)。但是,贸易依存度计算所使用的进出口额数据不仅反映贸易开放的后果,同样受到如人口规模、经济发展水平、运输成本等因素的影响。因此,为了排除这些影响,将贸易开放的结果分离出来,一些学者利用贸易依存度对这些因素进行回归,则残差就是贸易开放对贸易依存度的影响(Pritchett, 1996; Harrison, 1996);另一些学者则利用 Heckscher-Ohlin-Vanek 要素禀赋模型或引力模型计算理论上一国的贸易量,则预测贸易量与实际贸易量的对比便能够反映贸易开放度(Leamer, 1988; Stewart, 1999)。基于价格结果的贸易开放度指标是 Dollars 汇率扭曲指数(index of real exchange-rate distortion),道拉(Dollar, 1992)认为它可以反映一国贸易政策偏离自由贸易的程度。

在金融开放度(资本账户开放度)测度中,基于规则的测度和基于结果的测度几乎同等重要。基于规则的测度主要是利用国际货币基金组织(IMF)每年发布的《汇率安排与交易限制年度报告》(*Annual Report on Exchange Arrangements and Exchange Restrictions*)公布的信息对各国的资本账户开放度进行测度。初始时,学者们使用 0 和 1 二元哑变量来表示资本账户封闭或开放(Alesina, Grilli & Milesi-Ferritti, 1994; Grilli & Milesi-Ferritti, 1995),但该指标只能表示两个极端,无法反映中间状态。所以,罗德里克(Rodrik, 1998)、爱德华兹(Edwards, 2001)等提出利用一定时期内资本账户开放年份占所有考察年份的比重来表示资本账户开放度。但这个指标依然只是单一指标,无法体现资本账户开放的丰富内涵。所以,学者们开始进一步深入考察资本账户开放的子项目或相关项目，对其分别取 0 或 1 之后求平均值或加权求和（Miniane，2004；Klein & Oliver，2008；Chinn & Ito，2007）；还有学者更进一步区分了资本流入和流出，形成了能反映更多资本账户开放信息的综合指标。但这些综合指标依然没有摆脱以二元哑变量为基础的缺陷，不能充分体现不同资本账户开放政策的强度。因此，蒙蒂尔和莱因哈特（Montiel & Reinhart，1999）、奎因（Quinn，1997）等利用一定的标准对资本账户开放的强度进行划分，从而获得能够反映更多资本账户开放强度的测度指标。基于结果的资本账户开放度测度同样利用资本账户开放的数量结果和价格结果来反推资本账户开放程度。首先，与贸易依存度对应，资本跨国流动额占 GDP 的比重（Capflow 指标）也是最为常用的资本账户开放度指标（Kraay，1998）。但是资本跨国流动额一般波动比较大，比较容易出现测量误差（Kose，Prasad & Terrones，2006），所以，莱恩和米莱西 - 费雷蒂（Lane & Milesi-Ferretti，2001，2007）建立了基于国外资本和负债存量的 Capstock 指标。不过，尽管 Capstock 指标理论上更优，文献中依然主要使用 Capflow 指标进行分析。然后，基于价格结果的测度指标主要是利用利率平价进行设计，例如，莱尔森和耶克斯（Reisen & Yeches，1993）、格雷戈里奥（Gregorio，1996）与张、钦和藤井（Cheung，Chinn & Fujii，2006）。最后，费尔德斯坦和堀冈（Feldstein & Horioka，1980）则利用一国储蓄率和投资率的相关性来反推资本账户开放度。

文献中对（综合）经济开放的测度比较少，且主要集中在基于结果的测度上。经济开放度测度方法可以归纳为两步：首先，主要是从国际贸易、国际金融、国际投资三个方面选择经济开放的指标体系；其次，确定各指标权重，并加权求和。曲如晓（1997）选择商品贸易额、劳务贸易额、长期投资额占 GDP 的比重三个指标，然后直接加总为经济开放度；李翀（1998）选择对外贸易额、对外资产与负债总额、对外投资总额占 GDP 的比重三个指标，然后分别对其主观赋权 0.4、0.3 和 0.3，加权求和为经济开放度；卡梅伦、普罗德曼和雷丁（Cameron，Proudman & Redding，1999）选择了出口额/国内产出额、进口额/本地销售额、FDI 流入额/GDP、FDI 流出额/GDP 和贸易加权国际研发存量/GDP 五个指标，然后用主成分分析法确定权重并加总成经济开放度指标；卡普兰和阿斯兰（Kaplan & Aslan，2006）选择了出口额/

GDP、进口额/GDP、进出口总额/GDP、关税税率和外汇扭曲指数五个指标，然后用主成分分析法确定权重并加总成经济开放度指标。

在本书中，将同时使用基于规则的测度和基于结果的测度，但会更侧重于基于结果的经济开放度。因为，一方面，相对于经济开放度本身，我们更加关心经济开放的宏观经济效应。经济开放政策措施是实施经济开放的基本工具，但其对宏观经济的作用需要通过基于结果的测度这个中间目标变量传导，所以直接使用基于结果的经济开放度测度将会更加直接、准确。而且，经济开放是一个复杂的体系，可能需要更深入地从政治经济学的角度去分析才有实际价值和意义。另一方面，根据众多研究文献，经济开放度并不是越大越好，其宏观经济效应是有一定的前提条件的。从这里看，基于规则的经济开放度和基于结果的经济开放度也存在差异。例如，国家大小本身也是经济开放发挥作用的一个前提条件，但它对两种测度结果的最优经济开放度选择的影响却不一致：对于发达国家，无论大小，都应该实施完全经济开放政策，但大国的基于结果的经济开放度一定会低于小国。

第三节 研究内容与方法

本书主要研究当前世界经济不断向经济一体化迈进的背景下，以中国为代表的发展中大国是否应当进一步开放（经济开放度选择）以及如何协调贸易开放与金融开放、金融开放各子项目的开放顺序（经济开放路径），以在促进经济增长的同时避免或降低经济波动、金融危机风险和福利损失。本书在对经济开放相关文献进行详细述评的基础上，首先，分析发展中大国经济开放度选择和开放路径的理论基础，包括发展中大国宏观经济典型特征的描述；其次，分别对世界范围内样本国家经济开放度选择和开放路径进行广泛的实证，以及历史经验分析；最后，结合中国经济开放的实际情况提出进一步深化我国经济开放的政策建议。本书内容与结构框架见图1.2。

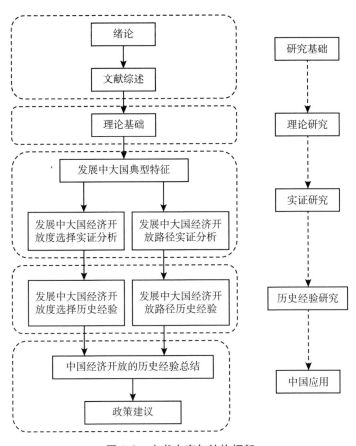

图1.2 本书内容与结构框架

具体而言：

第一章提出本书的研究背景与意义，然后对经济开放相关概念的内涵与测度进行回顾，对本书的主要内容、研究方法做一个概括性介绍，最后指出本书的创新与不足。

第二章是文献综述，分别从经济开放的收益与成本、经济开放的前提条件和开放路径、国家规模与经济开放和中国的经济开放四个方面对相关文献进行梳理，最后进行总结和评价。

第三章是经济开放度选择和开放路径的理论基础。首先，构建了一个简单，但完整的开放宏观经济体系框架，使我们能够对经济开放变量在整个开放宏观经济体系中的位置，以及与其他经济、政策变量的关系有一个直观、清晰的认识。其次，分析国家规模和经济发展水平对经济开放度选择的作用机制。最后，分析了不同经济开放路径对开放宏观经济的短期和长期作用效果。

第四章对发展中大国的典型经济特征进行描述性分析。首先，对发展中大国进行界定，并对样本国家或地区进行分类，筛选出发展中大国。其次，通过对比，分析发展中大国具有的各种典型经济特征，包括经济开放特征。最后，对发展中大国的典型经济特征进行总结。

第五章实证分析样本国家或地区经济开放度选择的影响因素，总结、归纳发展中大国经济开放度选择的机理。首先，以经济开放及其与国家规模、经济发展水平的交叉项为解释变量进行面板回归，实证分析经济开放的经济增长、经济波动效应如何随国家规模、经济发展水平的变化而变化。其次，以国家规模、经济发展水平为门槛变量，实证分析经济开放的经济增长、经济波动效应如何随着国家规模和经济发展水平的变动而变动。再其次，直接以经济开放度为被解释变量，实证分析国家规模、经济发展水平等对其影响的机制。最后，对发展中大国经济开放度选择的影响因素进行总结。

第六章对主要发达国家贸易开放度选择的历史经验进行详细分析，并通过对比，归纳出发展中大国经济开放度选择的决定因素。

第七章利用向量自回归模型对发展中大国经济开放路径的经济增长效应进行实证分析，并据此对贸易开放与金融开放的顺序、资本账户各子项目的开放顺序进行总结、评价。

第八章对典型的发展中国家或地区经济开放顺序的历史经验进行分析，并通过对比，归纳出发展中大国经济开放路径选择的决定因素。

第九章首先对中国经济开放的历史经验进行总结，然后针对中国作为发展中大国的特征，结合经济开放的现状，提出进一步推进经济开放的政策建议。

第四节 创新、不足与进一步研究的建议

一、本书的研究创新

第一，直接对国家规模、经济发展水平对经济开放度选择与开放路径的影响进行理论与经验分析，指出发展中大国一般应当选择相对较小的经济开放度，并随着经济发展水平的提高，渐进提高经济开放水平。

第二，尝试利用 PVAR 模型对发展中大国贸易开放与金融开放、资本账户各子项目，以及宏观经济结果各变量之间的动态相互作用关系进行实证分析，以从中总结、分析经济开放各组成部分的开放次序，及其宏观经济效果经验。

第三，实证分析和历史经验分析相结合，对经济开放度选择和开放路径进行深入分析。实证分析可以更加准确地把握变量之间的数量关系，但其主要分析均衡附近的线性关系。而现实中，很多变量经常处于角点位置，且其相互之间关系演变经常是非线性的，所以历史经验分析才能更好地宏观把握。

二、本书的研究不足

第一，在本书中，贸易开放和金融开放依然是两个相对独立的变量，没有能够将两者很好地统一到经济开放的概念之内[①]。

第二，无论是带交叉项的非线性回归、门槛回归，还是 PVAR 模型，虽然能够更加深入地对相关问题进行研究，但进展依然有限，无法准确把握经济开放与其他相关经济政策，以及经济增长、经济波动等效应之间非线性的、

---

① 莱恩和米莱西 - 费雷蒂（Lane & Milesi-Ferretti，2008）的结论指出，贸易开放影响金融一体化的机制依然模糊。因为对其准确解释在建立国际宏观经济模型中非常重要，这个谜题的解开将是未来研究中的一个重点优先问题。

演化的关系。

第三，由于笔者能力和时间限制，本书没有从理论上对经济开放路径的宏观经济效果进行动态随机一般均衡（DSGE）分析。

三、进一步研究的建议

第一，利用 DSGE 模型进行更精确的模拟分析。

第二，从政治经济学的角度进行分析（重点要考虑改革的动力问题），包括与国际金融经济机构的合作。

第二章
经济开放研究现状

经济开放是开放的宏观经济学领域最为重要的问题之一，相关文献汗牛充栋。这些文献主要集中在两个方面：一是直接研究经济开放的宏观经济后果，即经济开放的经济增长、经济波动、货币金融危机、收入分配、福利效应等；二是认为经济开放的相关宏观经济效应取决于一定的前提条件，可以是一些客观存在的地理、经济、制度等特征，也可以是经济改革、开放的次序，所以一国应当根据各种客观、主观条件的演变，动态选择合适的经济开放度水平。所以，本章首先回顾经济开放的收益与成本相关文献，然后对经济开放的前提条件和开放路径进行梳理，最后对国家规模与经济开放、中国的经济开放相关研究做简单的专门评述。

第一节　经济开放的收益与成本

当前，绝大部分相关研究文献集中在直接或间接从理论、实证的角度分析经济开放能否促进经济增长、增加一国福利水平，或反过来论证经济开放是否会带来一国宏观经济过度波动、货币金融危机、收入不平等，甚至是经济安全问题。但遗憾的是，尽管这些文献给我们带来了很多启示，它们并没有得出一个清楚的结论。另外，由于贸易开放与金融开放对宏观经济的作用机制存在着一定的差异，当前文献一般要么研究贸易开放，要么研究金融开放，只有较少的文献将两者放在经济开放统一框架下进行整体研究①。还有一些文献更进一步关注资本账户开放②的子项目，例如，权益资本、外商直接投资等开放的经济增长、经济波动等效应。

一、经济开放收益与成本效应的相关理论分析

贸易开放的收益与成本是经济学领域一个古老的话题，并且已经形成了国际贸易学这一分支学科，拥有比较完整的理论体系；而金融开放则受限于世界经济发展阶段及历史原因，于 20 世纪 60 年代以后才逐渐成为一个重要的研究主题，且主要集中在实证研究方面。

从贸易开放角度来看，比较优势理论、要素禀赋理论、新贸易理论等已经明确地证明了贸易开放收益的存在，还有文献从内生技术进步等角度论证贸易开放促进经济增长的机制。同时，学者们也从古典、新古典贸易理论本身的缺陷、经济开放导致经济波动的机制等方面分析贸易开放可能存在的成本。

萨克斯和华纳（Sachs & Warner，1995）对古典、新古典贸易理论中国际贸易促进经济增长的渠道进行了总结：增进的专业化分工、根据比较优势进行的有效资源配置、国际知识的跨国扩散和国际竞争。但是，古典、新古典市场中完美市场的假设，以及强调供给、忽视需求，从而无法确定国际贸易利益在贸易各方之间的分配等缺陷，使其适用范围受到了质疑，为贸易保护主义理论留下了空间。其中，最为经典的是李斯特提出的幼稚产业保护理论。李斯特指出：古典自由贸易理论没有考虑各个国家的性质及其特有的利益，宣扬的是忽视各国实际特征的世界主义经济学，因而是错误的；不同国家应当选取适合自己经济发展阶段的贸易开放政策。对于发展中国家，如果一味开放，不对本国的幼稚产业实施贸易保护，在短期内可以获得国际贸易

---

① 艾肯格林（Eichengreen，2001）提出，资本自由流动和贸易自由是一回事，只是在模型中下标不同而已。高丝、普拉萨德和特罗内斯（Kose，Prasad & Terrones，2006）的经典文献研究了贸易和金融开放如何一起影响经济增长与产出波动之间的关系。另外，在绝大部分研究金融开放宏观经济效应的文献中，一般将贸易开放作为控制变量使用，也可以理解为同时考虑了贸易开放和金融开放。

② 根据第一章的概念界定，资本账户开放是金融开放的主体，而且相关文献更多集中在对资本账户开放的研究上，所以，在以后的章节中，如非必要，统一使用资本账户开放来表示金融开放。

的利益，但会付出长期内经济不发展的代价。普雷维什的"中心－外围理论"则指出，在当前的国际经济体系背景下，外围国家无法享受到国际贸易的利益。

由于经典理论并没有完全解决贸易开放的收益与成本问题，以及随着国际贸易实践的发展，大量的文献继续从不同角度探讨贸易开放带来经济增长、福利增进或经济波动的作用机制。

一方面，部分文献进一步从各种角度论证贸易开放影响经济增长、福利增进的机制。例如，扬格（Young，1991）、格罗斯曼和赫尔普曼（Grossman & Helpman，1991）等研究指出，开放可以通过干中学等内生技术变化形式实现递增的规模经济效应，从而推动长期经济增长。但格罗斯曼和赫尔普曼（Grossman & Helpman，1991）同时也强调，对于一个小国，贸易开放是否能够促进经济增长取决于一定的前提条件，即比较优势是将一国的资源推向可以带来长期经济增长的活动（通过研发外部性、扩大产品种类、升级产品质量等），还是将它们从这些经济活动中带走。芬斯特拉（Feenstra，1996）分析指出，当一国技术发展水平落后时，贸易开放将会使该国专业化分工生产传统部门商品，并经历长期经济增长率的下降。

另一方面，也有大量学者致力于分析贸易开放对经济波动的作用机制。卡梅伦、普罗德曼和雷丁（Cameron，Proudman & Redding，1978）对贸易开放与经济波动的联系进行了详细总结，指出贸易开放使一国宏观经济通过加入更大、更深，进而更稳定的市场，并分散风险而更加稳定。卡瓦洛和弗兰克尔（Cavallo & Frankel，2008）提出，通过本币贬值，增加出口收入，贸易一体化可以帮助发展中国家更好地应对经济衰退时的外债偿付，降低经济波动风险，同时可以降低国际资本流入突然停止的风险。而克拉伊和温图拉（Kraay & Ventura，2002）利用李嘉图模型分析指出，贸易一体化程度高时，无论是供给侧冲击还是需求侧冲击引起的贸易差额（经常账户）波动，贸易条件对其平滑的能力都会降低，从而导致更高的经济波动。克雷布斯、克里希纳和马洛尼（Krebs，Krishna & Maloney，2005）则指出贸易开放会使一国因专业化而加剧部门冲击的不利影响，另外，可以熨平国家冲击的影响，从而对经济波动的作用效果是不确定的。

对于金融开放，学者们比照国际贸易理论，提出金融开放可以优化资源配置，从而促进经济增长，但并没有进一步扩展成一个完整的理论。普拉萨德等（Prasad et al.，2003）对金融开放促进发展中国家经济增长的渠道做了总结：一方面，可以通过直接渠道影响经济增长，包括扩大国内储蓄、降低资本成本、从发达国家向发展中国家技术转移、国内金融市场发展；另一方面，间接影响渠道可能更重要，包括风险分散带来的进一步专业化、全球化的纪律效应（discipline effect）或竞争效应会改进一国的宏观经济政策和制度。高丝等（Kose et al.，2009）在对相关文献进行研究的基础上，提出金融开放的收益可能并不是直接丰富本国融资来源，而是通过间接渠道，例如，金融部门发展、对国内宏观经济政策的纪律约束、外部竞争导致国内企业效率提高、释放公共部门和企业部门提高治理水平的压力。巴罗、曼丘和萨拉－伊－马丁（Barro，Mankiw & Sala-i-Martin，1995）、冈拉克（Gundlach，1997）利用新古典增长模型分析指出，经济开放可以使发展中国家更快地从国际金融市场获得物质资本，提高国内资本投入所占比重，从而获得比封闭发展中国家更快的（向发达国家）趋同的速度。

斯图尔茨（Stulz，2006）总结道，全球化通过减少外部融资成本而降低了特定的代理问题，从而使利用外部融资的企业有激励去改进公司治理，从而改进制度质量。科尼利厄斯和科古特（Cornelius & Kogut，2003）发现，一些国家应国际投资者的要求调整了他们的公司治理结构。珍妮和古林查斯（Jeanne & Gourinchas，2005）指出金融一体化可以通过增加好政策的收益和催化政府改革对宏观经济政策施加约束。魏和泰特尔（Wei & Tytell，2004）、斯皮格尔（Spiegel，2009）发现金融开放度较高的国家更可能采取好的货币政策，即低通货膨胀。巴托里尼和德雷泽（Bartolini & Drazen，1997）指出，通过金融开放将自己暴露于这种成本之下，一国相当于发出了将会改进宏观经济政策的承诺。

而布雷彻和巴格瓦蒂（Brecher & Bhagwati，1982）指出，在其他扭曲存在的情况下，清除资本流动的障碍可能会带来福利损失。罗德里克（Rodrik，2007）指出资本账户控制有助于维持较低的汇率，以促进经济增长。施密特－格罗赫和乌里韦（Schmitt-Grohe & Uribe，2016）利用一个存在向下倾斜黏性工资和盯住汇率的非均衡模型，显示资本控制可以减少失业，并且可以作为宏观经济稳定的有效工具。巴克尔（Bakker，1996）提出资本账户管制一般被用来隔离本国实体经济与世界金融市场的波动，从而降低经济波动。斯蒂格利茨（Stiglitz，2000）认为金融开放会对全球金融稳定形成不利影响，如果信息不对称普遍存在，就没有理由相信金融自由化，无论是国内金融自由化还是国际金融自由化，都会提高福利水平。

另外，金融开放通过风险分散熨平一国的生产和消费波动，但也可能会带来宏观经济波动，甚至货币、金融危机。根据奥布斯特费尔德和罗格夫（Obstfeld & Rogoff，1998），由于产出波动在不同国家并没有紧密联系在一起，金融资产的交易可以将一国消费水平与国别产出波动分离开来，从而熨平消费波动。

但后凯恩斯主义者和结构主义经济学家都不断强调，不受控制的资本流动会带来严重的金融风险和宏观经济约束，进而会使经济更易于遭受金融危机、汇率不稳定、产出增长放缓和严重的失业风险。卡尔沃、莱德曼和莱因哈特（Calvo，Leiderman & Reinhart，1996）指出外部因素是发展中国家资本流动的重要决定因素，例如，世界市场利率变动是 20 世纪 90 年代资本流入亚洲和拉丁美洲的决定因素。弗兰克尔和罗斯（Frankel & Rose，1996）也强调外国利率在决定发展中国家金融危机发生可能性中的重要性。莫迪和泰勒（Mody & Taylor，2013）利用一个非均衡计量模型，发现在国际资本市场不稳定时，发达国家的资金配给机制会导致流向发展中国家的资本减少；莱因哈特和莱因哈特（Reinhart & Reinhart，2001）发现流向发展中国家的净外商直接投资与美国商业周期强烈正相关，与银行贷款强烈负相关；沃诺克（Warnock，2002）发现从美国流向主要新兴市场经济体的组合权益资本和美国的利率、产出增长率都显著负相关。这些资本流动的波动就会加剧发展中国家的经济波动。法尔希和韦宁（Farhi & Werning，2012）指出，在盯住汇率下，资本控制可以有效地解决一些冲击，尤其是那些国别风险溢价冲击。而且，即使汇率并不固定，只要存在工资和价格黏性，资本控制就可能是最优的。德利亚斯和赫斯（Delias & Hess，2005）发现在金融发展程度比较高的国家，新出现的股票市场更容易受到来自外部的影响。国家之间金融市场结合更加紧密会使新兴市场经济体更容易遭受金融市场泡沫，尤其是对于国内资本市场还比较浅，股票市场还不够多元化的新兴市场经济体；金融市场的紧密联系也会导致传染效应，可以是基于基础条件的传染，也可以是通过"羊群效应"和信息不对称机制形成的纯传染（Prasad et al.，2003）。即使一国基础条件良好，国际金融市场缺陷也可能导致金融危机，例如，如果投资者相信一国汇率不可维持，他们将会对该货币进行攻击，从而完成自我实现的国际收支危机，而无论该国基础条件如何（Obstfeld，1984）。也有很多学者指出金融开放会对全球金融稳定形成不利影响。米什金（Mishkin，1998）指出（跨国）资本流动会加剧金融系统内在的缺陷，而国际金融市场缺陷也可能会损害一国基础条件。例如，当一国开始实施金融开放，而且存在隐性政府担保，道德风险会导致一国过度借贷，从而增加金融危机的风险（McKinnon & Pill，1997）。另外，即使具有良好的宏观经济基础，而且没有国际金融市场缺陷，重要的外部因素也可能导致危机的发生。

最后，拉津和罗斯（Razin & Rose，1992）则提出金融开放在产出波动上的直接效应是不确定的。一方面，金融开放提供的国际资本可得性可以帮助发展中国家或地区实现多样化生产；另一方面，金融开放会使一国专业化基于比较优势的产业，从而使该国经济更易受到产业部门冲击的不利影响。利平斯卡和德保利（Lipinska & De Paoli，2013）发现，尽管资本控制会限制国际风险分散，但一个国家可以从其管理贸易条件中受益。

综上所述，从理论上看，无论是贸易开放，还是金融开放对宏观经济的影响都是不确定的，既有可能促进经济增长，也可能增加经济波动。因此，确定经济开放的成本与收益，更多的是一个经验问题。

二、经济开放收益与成本的实证研究

由于理论分析无法确定经济开放的收益与成本，学者们尝试从各个角度来直接或间接证明经济开放的宏观经济效应。相关文献主要集中在直接实证检验经济开放与经济增长、经济波动、不平等收益与成本的关系上；也有一些文献通过更进一步研究经济开放与经济增长、经济波动的某个中介变量，例如，投资、全要素生产率、金融部门发展、技术溢出、制度改进等的关系，来间接证明经济开放与经济增长、经济波动的关系；还有少量文献考虑经济开放在长期和短期影响的差异；另有一部分学者提出宏观经济变量之间相互影响的复杂性使其难以得出清楚的结论，所以从微观角度进行实证研究。

首先，绝大多数文献集中在直接实证研究经济开放的收益与成本。罗德里格斯和罗德里克（Rodriguez & Rodrik，2000）在对相关文献进行述评的基础上，对贸易开放与经济增长关系的经验研究提出了质疑，并实证发现贸易开放与经济增长一般并不存在显著的正相关性。

奎因（Quinn，1997）发现资本账户开放可以促进长期经济增长，但也会促进收入不平等。贝卡尔特、哈维和伦布拉德（Bekaert，Harvey & Lundblad，2001）专注于发展中国家或地区，发现资本账户开放和随后的经济增长具有相关性，开放后产出增长率增加了大约 1 个百分点。而格里利和米莱西 – 费雷蒂（Grilli & Milesi-Ferretti，1995）发现在资本账户开放水平与经济增长之间没有联系。戴维斯和普雷斯诺（Davis & Presno，2014）检验了浮动汇率制下资本控制的福利效应，结果发现即使已经采取了最优货币政策，资本控制的收益依然存在。马勇和陈雨露（2010）对 55 个代表性国家资本账户开放与系统性金融危机的关系进行实证分析，得出结论，激进式资本账户开放会显著增加金融危机发生的概率。罗西（Rossi，1999）、德米古克 – 肯特和德特拉贾凯（Demirguc-Kunt & Detragiache，1998）利用 53 个包含发达国家和发展中国家的数据进行实证，结果发现金融开放对银行危机具有显著的影响，即使该影响可能会推迟几年出现。迈赫雷兹和考夫曼（Mehrez & Kaufmann，2000）发现延迟一般为 3~5 年。卡明斯基和莱因哈特（Kaminsky & Reinhart，1999）对 20 个国家进行考察后总结道，货币与银行危机"与先前的金融自由化存在紧密联系"。艾肯格林和怀普洛兹（Eichengreen & Wyplosz，1995）以发达国家为样本的一个实证研究发现资本控制降低了货币危机的可能性。但是，危机并不只发生在资本账户开放的国家，同样存在于资本管制的国家。格利克和哈奇森（Glick & Hutchinson，2005）用广泛的证据证实了危机的发生与资本账户控制之间存在正的关系。

其次，也有很多文献实证研究经济开放与比较广泛接受的影响经济增长、经济波动的中介变量之间的关系。斯瓦列里德和弗拉霍斯（Svaleryd & Vla-

chos，2000）发现贸易开放可以促进一国金融发展。列文和施穆克勒（Levine &
Schmukler，2007）、米什金（Mishkin，2006）讨论了金融一体化对金融部门
发展的影响。赫耳墨斯和伦辛克（Hermes & Lensink，2008）发现金融开放
可以提高金融中介的效率、促进金融中介发展，从而提高储蓄向投资的转化
效率，促进经济增长。列文（Levine）等在一系列研究中发现金融或股票市
场发展可以带来经济增长，但并没有确定经济开放是否会带来金融部门的发
展（King & Levine，1993；Levine & Zervos，1998；Beck，Levine & Loayza，
2000）。列文和泽沃斯（Levine & Zervos，1998）通过案例研究，发现一些国
家的权益资本市场开放后，其股票市场变大了，而且流动性也增强了。卡罗
伊（Karolyi，1998）、福斯特和卡罗伊（Foerster & Karolyi，1999）检验了发
展中国家的企业在发达国家股票交易所上市对其股价的影响，同样发现会使
其股价上升。雅沃尔奇克和斯帕塔雷亚努（Javorcik & Spatareanu，2011）指
出外商直接投资可以通过纵向联系溢出生产力，例如，外国公司有激励向其
本地供应商和消费者传授知识。德米古克－肯特和德特拉贾凯（Demirguc-
Kunt & Detragiache，1998）利用广泛的实证模型得出金融自由化会带来金融
脆弱性的结论。

不过，一些学者认为，前面的文献中利用人均收入增长率或投资占 GDP
的比重等对资本账户开放进行回归来实证检验资本账户开放的宏观经济效应
是错误的，因为根据新古典理论，资本账户开放只会具有短期经济增长效应，
而不影响长期经济增长率（Henry，2006）。亨利（Henry，2000）、金和西格
纳尔（Kim & Singal，2000）、马特尔和斯图尔茨（Martell & Stulz，2003）等
利用政策实验方法检验了发展中国家股票市场开放对资本成本的影响，结果
资本账户自由化会使发展中国家股票价格随即发生一个显著的上升。

再其次，一部分学者区分了经济开放在长期和短期对宏观经济影响的差
异。托内尔、韦斯特曼和马丁内斯（Tornll，Westermann & Martinez，2003）
得出结论，金融自由化带来更高的长期平均增长率，而短期可能带来危机，
短期的危机风险是获得长期增长率提高的必要成本。卡明斯基和施穆克勒
（Kaminsky & Schmukler，2008）对 28 个发达国家和发展中国家资本账户开放
对资本市场的影响做了分析，发现短期内股票市场会波动加剧，但从长期看
会变得更平稳，其主要原因可能是短期内资本账户开放的配套改革尚不完善。

门多萨和史密斯（Mendoza & Smith，2014）讨论了资本账户开放的短期和长期效应，发现资本账户开放后金融危机发生的概率先显著上升，然后下降。克鲁格曼（Krugman，1999）认为经济自由化应是一国追求的长期目标，但短期内可以通过政府管制政策来避免金融危机，或减弱危机的影响。

最后，少量文献从微观角度证明经济开放的成本与收益。尽管关于资本账户管制的宏观经济效果并不明确，但利用微观的厂商或部门数据进行的实证研究却可以发现显著的经济效率损失。福布斯（Forbes，2005）对智利的研究发现，资本控制会增加对小企业的金融限制，从而使其更难获取资本或使资本成本提高。

三、小结

从文献综述可以看出，经济开放的经济增长、经济波动效应，无论是理论上还是经验研究都不能确定。但相对而言，认可贸易开放促进经济增长的文献相对较多，而认可金融开放导致经济波动的风险的文献相对较多。

第二节　经济开放的前提条件与开放路径

由于对经济开放宏观经济效应的直接分析，无论是理论分析还是经验实证都不能得出确定的答案，学者们开始认识到经济开放的宏观经济效应可能取决于一定的前提条件。这些前提条件可能是一国在地理、经济、制度等方面的一些特征，也可能是经济改革、开放的次序。当然，在经济改革、开放次序的分析中，应当排在前面的政策措施，也可以理解为排在后面政策措施的前提条件，所以经济开放的前提条件和开放路径并不能截然分开。

一、经济开放的前提条件

罗德里格斯和罗德里克（Rodriguez & Rodrik，2000）在对相关文献进行详细梳理的基础上提出，贸易开放与经济增长之间的关系还远没有解决，并怀疑它们之间的关系是有条件的，取决于一系列国家或外部特征；确定贸易开放促进经济增长的条件，贸易政策促进经济表现的渠道的研究可能会被证明是有前景的。奎因、因克兰和丰田（Quinn, Inclan & Toyoda, 2001）在对金融开放的经济增长效应文献进行梳理的基础上提出，寻找使金融开放能够带来经济增长的前提条件将会是将来研究中的一个非常有希望的方向。曾经的国际货币基金组织（IMF）第一副总裁斯坦利·费雪（Stanley Fischer）指出，在不具备一系列先决条件时，推出资本账户开放会导致很大的风险。[①]普拉萨德等（Prasad et al., 2003）也总结到，发展中国家或地区可能除了加强它们与世界的金融联系以改进长期增长潜力之外别无他策，但问题是如何管理与金融开放相联系的短期风险。没有适宜的前提条件准备的金融一体化，将只会带来少量的增长收益，却同时带来更多的产出与消费波动。

学者们针对某一个或几个经济开放的前提条件做了深入的理论或实证研究。这些前提条件大致可以总结为以下五种：经济发展水平，国内金融（市场）发展水平，法律、制度和政府质量，宏观经济稳定和合理的宏观经济政策。

爱德华兹（Edwards, 2001）得出结论，经济发展水平是金融自由化获得收益的前提条件，只有当经济发展水平达到一定程度以后，资本账户开放才可以促进经济增长；资本账户开放和发达国家的高经济增长率联系在一起，但对发展中国家经济增长效果有限。克莱因和奥利弗（Klein & Oliver, 2008）发现金融开放只能带来发达国家的"金融深化"，而对于新兴市场经济体，由于缺乏一些金融开放能够带来收益的关键政治经济制度，金融开放与经济增长之间的关系是不确定的。布曼、赫耳墨斯和伦辛克（Bumann, Hermes & Lensink, 2013）在对金融开放的经济增长效应所做的元分析（meta-analysis）中得出结论，如果使用基于规则的金融开放度，同时包含发达国家和发展中国家的样本可以得出金融开放对经济增长具有显著正向效应的结论；但是如果使用基于结果的金融开放度，则正向效应只存在于发达国家，发展中国家

---

① Fisher S. Capital Account Liberalization and the Role of IMF [M]//Fischer S. IMF Essays from a Time of Crisis. The MIT Press, 2004: 115 – 133.

效应是模糊的。熊衍飞、李传昭和许雄奇（2015）指出，资本账户开放在发达国家一般具有积极的效果；但在发展中国家通常会阻碍经济发展。根据卡明斯基和莱因哈特（Kaminsky & Reinhart, 1998）、威廉姆森和马哈尔（Williamson & Mahar, 1998）的文献回顾，发达的民主国家金融自由化一般会通过资本分散效应降低经济增长波动，而新兴的民主国家则会带来经济增长波动的增加。奥坎波（Ocampo, 2015）通过对发达国家和新兴市场国际资本账户开放的宏观经济效果进行对比分析后，指出相对于发达国家，发展中国家资本账户开放通常会伴随一系列金融风险。莱恩和米莱西-费雷蒂（Lane & Milesi-Ferretti, 2008）得出研究结论：低收入国家（尤其是那些贸易开放度较低的国家）更易受到投资者间自我实现的悲观情绪的冲击；小的、低流动性的金融体系也表现出难以吸收全球投资组合权重变化的冲击，这在近些年里很多新兴市场和发展中经济体所遭遇的管理大量资本短期流入情况上得到印证。怀普洛兹（Wyplosz, 2002）发现发展中国家和发达国家的行为的确存在显著的差异，金融自由化将会使发展中国家遭遇相对发达国家更大的波动，而且，金融自由化在长期是促进经济增长的，但中短期内会带来过度的经济波动，所以在自由化之前的仔细准备是应当的，并建议发展中国家应当等待经济，甚至政治基础达到一定水平之后，才开始进行自由化改革。贝扬（Bejan, 2006）得出了比较稳健的结论，人口规模大的国家或经济发展水平高的国家产出波动水平相对较低。

相关研究指出当一国的金融部门和制度达到一定发展水平后，资本账户开放才能获得最大的收益（Prasad & Rajan, 2008; Kose et al., 2009）。贝卡尔特、哈维和伦布拉德（Bekaert, Harvey & Lundblad, 2005）发现在金融市场发展水平高的国家，权益市场开放能够带来更高的经济增长。爱德华兹（Edwards, 2001）发现在中高收入或金融发展达到一定水平的国家，金融自由化带来经济增长。在缺乏有深度和运作良好的金融市场的发展中国家，资本流动的突然转向容易导致或加重繁荣——萧条循环（Caballero & Krishnamurthy, 2001; Aghion & Banerjee, 2005）。而且，不足的或管理不善的国内金融部门自由化曾经是一个与金融一体化相关的金融危机的重要原因（Mishkin, 2006）。赫耳墨斯和伦辛克（Hermes & Lensink, 2003）实证结果显示，要获得外商直接投资的经济增长效果，需要以一定的金融市场发展水平门槛为前提条件。阿尔法罗等（Alfaro et al.，2004）、达勒姆（Durham，2004）也发现在金融市场发展水平高的国家，外商直接投资的经济增长效果更好，尽管几个研究所发现的门槛值相差比较大。石井等（Ishii et al.，2002）发现那些具有更发达金融体系的国家一般都能够避免金融自由化后出现的危机。也有文献提出金融发展水平对金融开放宏观经济效应的影响并不是线性的，也即金融发展水平并不是越高越好。高丝、普拉萨德和泰勒（Kose，Prasad & Taylor，2011）利用各种线性、非线性模型对金融开放与经济增长的门槛效应做了广泛的实证检验，发现在金融市场发展和制度质量两个变量上存在显著的门槛效应；而且和债务资本流入相比，外商直接投资和权益资本流入的门槛显著要低一些。布曼和伦辛克（Bumann & Lensink，2016）实证检验了资本账户开放对收入分配的影响，结果发现当一国金融发展水平较低时，资本账户开放会加剧人均收入分配失衡；反之，当一国金融发展水平较高时，资本账户开放会缩小收入分配失衡。北野（Kitano，2011）利用动态随机一般均衡模型模拟了在不同国内金融中介发展水平下金融开放的福利效应，结果发现金融完全开放并不是最优的，在国内金融中介效率不高时，存在最优资本控制水平。也有一些文献认为金融市场发展水平对资本账户开放的宏观经济效应的影响方向是不确定的。卡巴莱罗和克里希那穆尔提（Caballero & Krishnamurthy，2006）认为资本账户开放后，国内不发达的金融市场会为发展中国家带来泡沫，泡沫能够减少资本外流；但不发达的金融市场也会导致低估泡沫中蕴含的风险，一旦泡沫破裂，引起资本流入逆转，就会导致一国福利降低。有吉等（Ariyoshi et al.，2000）在对巴西、智利、哥伦比亚、马来西亚和泰国资本流入控制效果的经验对比中发现，相对而言，巴西的资本控制无效，并提出这可能和巴西相对发达的金融市场为跨国资本流动规避资本控制提供了良好的条件有关。

钦和伊藤（Chinn & Ito，2006）的跨国回归显示，只有在法律和制度发展到一定水平之后，金融开放才能促进权益资本市场的发展。福布斯（Forbes，2005）指出消除资本账户管制的收益可能取决于一系列难以测度的指标，例如，一国的制度、公司治理等。拉波尔塔等（La Port et al.，1998）发现在采用更重视投资者保护的普通法系（英美法系）的国家，金融开放可以导致更高的经济增长率。克莱因（Klein，2003）认为经验证明了经济发展水平与政府质量（用法律、政府效率或腐败控制表示）存在显著的正相关关系，而资本账户开放的经济增长效应根据经济发展水平存在倒 U 形特征，即资本账户开放在中间收入国家会带来正的显著的经济增长，但对于富国或穷国，其效应不显著，甚至对于穷国为负。布雷彻（Brecher，1983）则提出，如果存在不能向下调整的不灵活的实际工资，则开放资本账户会导致资本过多流入资本密集型产业，从而进一步加重资源错配，减少居民收入和福利。

阿尔特塔、艾肯格林和怀普洛兹（Arteta，Eichengreen & Wyplosz，2001）对爱德华兹（Edwards，2001）的文献进行修正，结果发现金融自由化的经济增长效应的确需要前提条件，即宏观经济平衡。巴克尔和查普尔（Bakker & Chapple，2002）在对发达国家资本账户开放与汇率稳定关系进行详细经验分析的基础上提出，无论是从经济学还是从政治经济学角度来看，资本账户控制相对托宾税等间接手段都是相对更加有效的手段，而其有效性又取决于国内金融抑制和行政管制程度；但最终，经济基本面才是汇率稳定的决定性因素。

莫迪和穆尔希德（Mody & Murshid，2005）发现更好的宏观经济政策可以提高金融开放在投资增长上的影响力。

一些学者对经济开放应当具备的前提条件做了梳理和总结。马西森和罗哈斯 - 苏亚雷斯（Mathieson & Rojas-Suarez，1992）归纳了资本账户开放的先决条件：谨慎的财政、货币政策、均衡汇率、充足的国际储备、发展的金融体系，以及市场导向的激励机制。艾肯格林、古拉帕利和帕尼扎（Eichengreen，Gullapalli & Panizza，2011）发现，发达的金融体系、良好的会计准则、债权人保护和法律制度是一国能否从资本项目开放中受益的重要前提。艾肯格林（Eichengreen，2002）在对相关文献进行总结的基础上提出：因此，我们应该期望，资本账户开放的正的经济增长效应，必须建立在审慎监管已经升级、过度慷慨的金融体系保护网所造成的道德风险已经受到限制、公司治理和债权人权利得到加强、公平的破产倒闭程序得到采纳的基础之上。高丝等（Kose et al.，2009）指出金融部门发展、制度质量、贸易开放和合理的宏观经济政策是金融开放能够获益的前提条件。

二、经济开放的开放路径

绝大部分相关文献从长期、短期经济收益和成本的角度来确定最优经济开放路径，但也有越来越多的文献从政治经济学的角度研究经济开放逐步进行的持续动力来源。艾肯格林（Eichengreen，2002）在对相关文献进行梳理的基础上，总结道：这些作者建议，要发挥资本账户自由化的效应，最重要的是改革顺序问题。卡明斯基和莱因哈特（Kaminsky & Reinhart，1999）指出，错误的国内金融自由化顺序，伴随着资本账户自由化，将会增大国内银行危机和（或）货币危机的可能性。从文献中关注的需要排序的项目的差别来看，相关文献可以分为以下四类。

（一）贸易开放与资本账户开放的顺序

学者们最早的相关研究主要集中在贸易开放与资本账户开放的顺序上，且一般建议应当先开放经常账户，再开放资本账户。麦金农（McKinnon，1973）提出，为推进贸易开放应当使本币贬值，但资本账户开放会导致资本流入从而推高本币币值，两者之间存在冲突，而解决的办法就是先贸易开放并消除其他扭曲，然后再开放资本账户。弗仑克尔（Frenkel，1982）利用南锥体20世纪70年代的改革开放经验，提出商品市场和资本市场调整速度不一样，所以应该首先开放经常账户，然后再开放资本账户。弗仑克尔（Frenkel）同时提出，即使是从纯福利的视角出发，次优选择理论也支持应该先开放经常账户，再开放资本账户。卡尔沃（Calvo，1987）系统分析了经济开放过程中的可信性问题，如果在公众相信未来贸易自由化会反转时开放资本账户，就会导致国内居民短期内大量从国外借贷，并从国外购买商品，尤其是耐用品，而这种过度进口会导致福利损失，即资本账户开放会放大本来存在的扭曲。因此建议，对于那些政府缺乏可信度的国家，应该先开放经常账户，再开放资本账户。麦金农（McKinnon，1991）提出，如果在经常账户开放之前开放资本账户，这将会导致严重的扭曲效应。如果贸易保护依然存在，资本账户开放会导致资源流入本国受保护的进口竞争部门，这种资源配置的扭曲会带来经济增长和经济福利的损失。艾肯格林（Eichengreen，2001）、艾森曼和诺伊（Aizenman & Noy, 2009）指出在贸易开放前开放资本账户，会导致资源错配，如国外流入资本可能会进入一国不具有比较优势的部门。布雷彻和迪亚兹 – 亚历杭德罗（Brecher & Diaz-Alejandro, 1977）指出，如果在贸易保护的背景下开放资本账户，将会导致国外资本流入贸易保护国受保护的部门，以攫取贸易保护的收益，从而导致福利损失和次优经济增长。马丁和雷伊（Martin & Rey, 2006）建立了一个理论模型，该模型的一个明显的结论就是贸易开放要先于金融开放，不然会使发展中国家更容易遭受金融危机的风险。爱德华兹（Edwards, 2008）利用一个很大的跨国数据，通过设置、对比不同贸易开放、金融开放组合情况（不同开放次序、速度），实证检验了不同改革顺序下外部金融危机的发生概率，发现先开放金融账户将会增加一国遭遇外部金融危机的概率，尤其是当一国采用盯住汇率或因此导致了大的经常账户逆差时。卡尔沃、伊斯基耶多和梅亚（Calvo, Lzquierdo & Mejia, 2004）指出贸易开放可以使一国降低金融危机，包括突然停止（suddenstop）和货币危机的风险，在控制内生性后，这种效应更加明显。卡尔沃和塔尔维（Calvo & Talvi, 2005）认为，在 20 世纪 90 年代阿根廷和智利的资本流动危机中，之所以智利所受的影响较小，是因为智利的贸易开放度比较高。因此，经济开放时，应先开放经常账户，以避免资本账户开放后货币升值对一国出口和经济增长的负面冲击。

而迈凯利（Michaely, 1986）指出因为国家要降低关税时必须有充足的资金，开放外国直接投资时须维持国内产品的竞争力，所以经常账户和资本账户相互作用，应当同时开放。

约翰斯顿、达巴尔和埃切维里亚（Johnston, Darbar & Echeverria, 1997）指出经常账户或资本账户谁先开放不应当是一种公式化的概念。放松资本账户管制与相关的经济和金融改革是相互影响的，是十分复杂的过程。在每一个国家里，资本账户不同部分是在不同阶段逐步自由化的，是和经常账户、国内金融改革同时进行的，而且与该国总的宏观经济目标保持一致，还有一些国家放松资本管制是为应对当时的不利经济形势临时决定的。

（二）开放条件下经济改革、开放的整体顺序

同时，大量文献认为经济开放是整体宏观经济改革开放的一个部分，应

当考虑宏观经济改革、开放的整体路径安排。利特尔、肖托夫斯基和斯科特（Little, Scitovsky & Scott, 1970）最早尝试从政治经济学的角度解决经济自由化的顺序和速度的问题，他们提出过快的结构改革会产生比较高的短期成本，例如，失业和破产等，从而会引起政治上的反对。

萨克斯（Sachs, 1987）、麦金农（McKinnon, 1989）认为具有财政赤字的国家一般难以避免币值高估的历史经验，应当在自由化之前先稳定国内宏观经济。而克鲁格（Krueger, 1980）提出因为反通胀和自由化措施之间关联甚少，而且贸易限制的成本非常高，所以贸易自由化没有必要，也不应该等到国内宏观经济平衡实现之后才开始进行。法尔维和金（Falvey & Kim, 1992）主张首先进行宏观经济稳定，然后进行经常项目自由化，在经常项目自由化的中途开始资本项目自由化，并同时完成经常项目和资本项目自由化。威廉姆森（Williamson, 1997）强调，如果宏观经济存在扭曲，则在经济体其他部分开放之前开放资本账户会带来四种风险：第一，在贸易开放之前开放资本账户，会使资本流向错误的方向；第二，在改革本国金融体系以前开放资本账户，会导致资源无效率配置；第三，在消除财政赤字之前开放资本账户，会使政府依靠国外资金为不可持续的财政赤字提供融资，从而可能带来货币危机；第四，资本账户开放，会导致汇率上升，不利于出口导向型政策的实施。麦金农在《经济自由化的顺序——向市场经济过渡中的金融控制》一书中写道："在允许企业或居民向国际资本市场借钱或存钱之前，国内的资本市场应该完全放开，而这一点又有利于国内价格的稳定和取消对国内银行巨额的储备税""只有当国内借贷还可以在均衡（无限制）利率水平上进行，国内通货膨胀得到抑制以使汇率的不断贬值没有必要的情况下，才是允许国际资本自由流动的正确时机，否则，过早地取消对外国资本流动所实行的汇兑管制，可能会导致资本的外逃或外债的增加，也许两者兼而有之。正如我们将会看到的，实现资本项目的外汇可兑换性应该是经济自由化最佳次序中的最后一步。"① 在对日本和智利金融增长时期代表性利率分析的基础上，麦金农提出"很明显，国内物价的稳定是高速金融发展而又不引起金融恐慌和崩溃的必要条件"。② 阿尔特塔、艾肯格林和怀普洛兹（Arteta,

---

①② 麦金农. 经济自由化的顺序 [M]. 北京：中国金融出版社，1993.

Eichengreen & Wyplosz，2001）利用资本账户开放与贸易开放、黑市溢价的交叉项，分别实证检验了其改革次序对资本账户开放经济增长效应的影响，发现先贸易开放或消除宏观经济失衡可以大大促进资本账户开放的效果。如果国内宏观经济没有达到均衡，过早的资本账户开放会导致资本外逃（Edwards，1984；Johnston & Tamirisa，1998）。克鲁格（Krueger，1983）也强烈建议多边机构应该在那些负债累累的发展中国家承诺改革他们的外部部门时提供资金支持。恩苏利和雷切德（Nsouli & Rached，1998）进一步指出，如果一国存在对内、对外的严重失衡，应优先采取健全的宏观经济政策，包括财政、信贷和汇率政策。

约翰斯顿和塔米丽莎（Johnston & Tamirisa，1998）认为一国在资本项目开放之前，要首先保证其金融机构能够在市场导向的制度中运行，并在自由开放的环境中保持货币政策有效和宏观经济稳定。在缺乏有深度的金融部门的发展中国家，资本流动方向的转换会导致或加剧经济周期波动（Aghion & Banerjee，2005）。管理不好的金融部门自由化已经成为与金融一体化相关的危机的重要原因（Mishkin，2006）。易宪容（2002）总结智利、日本、东南亚国家等资本账户开放的经验时发现，国内金融改革必须与国际资本账户开放相互配合，否则容易导致资产价格泡沫和风险。

巴塔查里亚和林（Bhattacharya & Linn，1988）通过考察东亚国家或地区的经验，提出应当首先改革实体部门，然后是金融部门，最后进行资本项目自由化。

麦金农和皮尔（McKinnon & Pill，1997）提出如果政府对国内银行或某些部门存在担保，则资本账户开放会导致资本流入这些存在担保的部门，从而导致资源配置扭曲和福利损失。施穆克勒（Schmukler，2004）在对发展中国家或地区金融开放的收益和成本进行经验总结分析的基础上，提出资本账户开放顺序的一个标准建议是，首先清理国内金融制度、改变政府制度，然后放开金融产业并开放资本账户。卡明斯基和施穆克勒（Kaminsky & Schmukler，2003）比较了28个国家的资本账户开放与制度改革的时间，发现新兴市场和成熟市场的经验说明制度改革一般晚于资本账户开放。与先前的印象，即政府会在资本账户开放之前改革制度相反，这个结论说明部分开放推动了制度改革。

巴克尔和查普尔（Bakker & Chapple，2002）在对发达国家快速资本账户开放进行分析后总结了经验：汇率先行自由浮动，以使一国可以使用独立的货币政策来稳定受到冲击的国内宏观经济、金融市场是一个占优的选择。徐建炜和黄懿杰（2012）通过研究 1970~2008 年 149 个国家的资本账户开放事件，发现当一国汇率低估时，资本账户开放会对长期经济增长形成负面影响，因此建议在资本账户开放之前先实现汇率自由化。

石井等（Ishii et al.，2002）认为，资本账户开放的顺序，应以对资本管制、宏观经济和金融部门脆弱性的评估为基础进行设计，不存在一种简单的方法。盛松成和刘西（2015）从利率、汇率超调的视角，利用 IS-LM-BP 模型推导了大国渐进金融改革的不同次序对金融市场稳定产生的冲击力度，并提出如果墨守成规、按照预定的顺序进行金融改革，可能会导致金融市场震荡；而审时度势、协调推进的金融改革可以减少金融市场的波动。因此，金融改革并不绝对存在先决的充分必要条件，改革顺序不能，也不会一成不变。有吉等（Ariyoshi et al.，2000）认为资本账户开放是经济发展的一个有机组成部分，所以其对宏观经济的影响是与市场发展、治理、审慎监管、货币政策、金融基础设施等紧密结合在一起的，所以资本账户开放的顺序难以确定，需综合考虑所有这些因素的组合效应。

（三）资本账户子项目的开放次序

部分文献集中在资本账户子项目的开放次序上。罗德里克和韦拉斯科（Rodrik & Velasco，1999）提出货币危机的最可靠先行指标就是组合资本的期限结构，这说明应该在开放银行资金跨国流动之前，先开放股票和债券市场。张礼卿（1999）针对发达国家经验的研究表明，应先开放直接投资，再开放证券投资，最后开放金融市场。陈中飞和王曦（2018）对 112 个国家或地区 1970~2005 年资本账户子项目开放的经验规律进行实证研究，发现资本账户各子项目在初始人均 GDP 和制度质量上存在显著的门槛效应，并根据门槛高低判断外商直接投资流入、信贷的流出和流入、资本市场流出的门槛值相对较低，可以较早开放；而外商直接投资的流出、资本市场流入的门槛值相对较高，应当排到后面；房地产子项目门槛值最高，应该排到最后。

（四）综合性文献

一些文献对整体改革开放的顺序做了比较广泛的研究，几乎包含了所有前三种改革开放的顺序。恩苏利、雷切德和芬克（Nsouli, Rached & Funke, 2005）不仅提出了部门间推行改革的次序，更进一步具体到某一部门内部进行改革的次序。对于资本账户开放与其他一般改革之间的排序，他们强调一般应在宏观经济稳定之后进行资本账户自由化，因为不稳定的宏观经济会带来价格信号的扭曲，进而带来资本流动的过度波动；对于资本账户开放与金融改革，一般应首先进行支持宏观稳定的金融改革；对于贸易开放与金融开放，应当首先进行贸易开放，以避免不必要的资源在不同部门间的转移；对于资本账户内各子项的开放次序，则应先开放长期资本流动，后开放短期资本流动，先开放直接投资，再开放间接投资。他们更进一步提出，应先取消对长期资本，特别是外国直接投资的限制；对于间接投资，应先将其中的长期证券投资自由化，先允许外国投资者购买本国债券，然后才允许其购买本国股票；对于资本外流，则必须具体分析其限制的原因，然后具体分析，实施对策。艾肯格林（Eichengreen, 2000）提出，不要在国内金融市场自由化并严格金融监管之前大幅开放资本账户；应该先开放外国直接投资，然后开放股票和债券市场，最后开放外国银行贷款；应首先改革货币和财政机构，以保证市场的货币和财政政策传导能力；等等。因此，资本账户开放应当不早于银行的再资本化、显著加强审慎监管和管制，以及取消各种对银行的担保。而东亚和其他地区的金融危机使资本账户自由化能够促进配套的金融改革的提法受到质疑，因为可能危机会先于配套改革到来。当然，危机自己也会推动改革，但那是有成本的。……应该先开放直接投资，它一方面会在预期货币危机时通过在金融市场对冲操作而稳定金融市场，另一方面它会带来母国银行的追随投资，从而带来更高的国际银行的管理和风险管理能力。这些观点认为不发达国家应被建议在达到它们的发达国家对手的层次之前采取不同的政策通向资本账户开放，只有达到这个水平之后，它们才应该消除剩余的资本流动限制。罗德里克（Rodrik, 1999）强调，如果没有适当的控制、规制工具和宏观经济状况，对国际资本流动开放会是非常危险的。李扬和殷剑峰（2000）分析指出，从保持经济体制转换过程稳定性角度看，自由化的最优次序应当是：实体经济自由化、国内金融自由化、实行浮动汇率制和资本项目开放。

综上所述，一般文献认为对外开放是经济结构改革整体中的一个有机组成部分。大致的顺序是宏观经济稳定、贸易开放和资本账户开放，但其顺序也不是一定要等到前一个完成之后，才开始下一个阶段，而是在整体上保证这个顺序的同时，根据具体情况交叉进行。关于什么时间开展哪一项开放措施，则应该在实施过程中不断对经济开放的结果和目标进行评估，进行相机抉择的判断。当然，如何保证经济开放的连续性，或可信性也是需要考虑的政治经济学问题。

第三节 国家规模与经济开放

阿莱辛纳、斯波拉雷和威茨格（Alesina, Spolaore & Wacziarg, 2005）提出，当在历史上国家大小一直是哲学家关注的稳定主题时，政治学家、政策制定者和经济学家基本上忽略了它。艾肯格林（Eichengreen, 2000）分析了如何驯服跨国资本流动之后，在结尾部分提出，研究遗留了一个问题：国内金融市场相对较小的国家（相对于全球资本市场或甚至一些对冲基金），是否应当采取不同于它们的竞争对手国家的政策，不是说在它们转型期间，而是在处于稳态时。

其实，当前的实证文献中大量牵涉到国家规模，一般表示为人口或国土面积大小，对经济开放的作用机制。罗德里格斯和罗德里克（Rodriguez & Rodrik, 2000）在对最近的文献进行仔细梳理后得出结论，在截面数据模型中，寻找贸易政策与经济增长之间关系的前提条件可能是有前景的，例如，低收入和高收入国家之间是否有差别，小国和大国之间是否有差别。帕金斯和赛尔昆（Perkins & Syrquin, 1989）在《发展经济学手册》中详细地分析、总结了国家大小与相关经济变量的相关关系。钱纳里和赛尔昆（Chenery & Syrquin, 1975）在用国民收入对各种结构变量进行回归时，考虑到国家大小的影响，以及其与人均收入的相互作用，专门对大国和小国样本做了区分。

阿莱辛纳和威茨格（Alesina & Wacziarg, 1998）、斯波拉雷和威茨格

（Spolaore & Wacziarg, 2005）的跨国经验研究都证实了小国倾向于贸易开放。阿莱辛纳、斯波拉雷和威茨格（Alesina, Spolaore & Wacziarg, 2005）建模并实证分析了国家规模与贸易开放的内在联系，指出小国更倾向于贸易开放，贸易开放会降低国家规模优势。阿莱辛纳、斯波拉雷和坦雷罗（Alesina, Barro & Tenreyro, 2002）在"最优货币区"一文中指出：因此，我们可以预期国家大小与贸易开放度和金融一体化之间存在负相关关系。①

苟琴（2018）等的实证分析发现，长短期内，无论是对大国还是小国，资本账户开放都具有经济增长促进效应，但对小国的促进效果更明显。不过，值得提出的是，其将经济合作与发展组织国家设定为大国，将非经济合作与发展组织国家设定为小国。

富尔切里和卡拉斯（Furceri & Karras, 2007）利用 167 个国家或地区 1960～2000 年的数据，用人口的对数表示国家规模进行实证检验，得出结论，国家规模（country size）对宏观经济波动具有显著的、稳定的负向影响。有吉等（Ariyoshi et al., 2000）对比了中国、印度与马来西亚、智利、泰国等小国资本项目控制效果之后提出，拥有更大的市场规模是中国与印度能更有效地控制金融脆弱性的一个重要原因。奥布斯特费尔德（Obstfeld, 1996）和克鲁格曼（Krugman, 1996）的模型都指出，根据"羊群效应"的发生机理，对于小国的金融市场，资本市场开放会使得其遭遇国际资本冲击的风险大幅提升。

罗斯（Rose, 2006）总结了国家规模的收益和成本：收益包括公共产品生产和再分配中的规模经济（Bolton & Roland, 1997；Alesina, Spolaore & Wacziarg, 2005）、市场规模与专业化、市场大小与竞争力（Aghion & Howitt, 1998）、市场大小与人力资本积累（Romer, 1986；Lucas, 1988；Grossman & Helpman, 1991）、规模经济与贸易的递增收益（Helpman & Krugman, 1985）和规模经济效应与经济增长（Barro & Sala-i-Martin, 1995；Ventura, 2005）；成本主要来自拥挤效应和个体的异质性偏好（Esterley & Levine, 1997）。

---

① Alesina A, Barro R J, Tenreyro S. Optimal Currency Areas［R］. Harvard Institute of Economic Research Working Papers, No. 1958, 2002.

35

第四节 中国的经济开放

张春生和朱越腾（2017）认为，因为中国金融市场还不成熟，对各种冲击的吸收能力有限，所以不宜过早开放资本账户。王彬（2014）基于动态随机一般均衡模型，通过模拟分析，指出我国现阶段对资本账户实施一定程度的管制可以提升社会总体福利水平。周先平（2012）认为资本账户开放加大了我国货币政策的调控难度。

陈中飞和王曦（2018）利用 Probit 模型实证 88 个国家或地区资本账户开放的决定因素，并利用该模型对中国的资本账户开放现状进行评价，指出中国资本账户的实际开放进程远落后于国际经验规律下所应达到的水平。

熊芳和黄宪（2008）利用 1978～2005 年的数据对中国资本账户开放次序做了实证分析，得出资本账户开放可以促进金融发展、经常账户开放应优先于资本账户开放，但资本账户开放不应优先于经常账户开放的结论。刘伟等（2006）实证分析了资本账户开放对经常账户的影响，发现中国资本账户开放短期内会使经常账户恶化，但长期内会有利于经常账户改善。

拉迪和道格拉斯（Lardy & Douglass，2011）提出中国资本账户开放，应先保证强大的本国银行系统、发达的金融市场和均衡的汇率。张健华（2011）认为，我国资本账户开放、利率市场化改革和汇率制度改革之间的顺序并不是绝对的，所以并不是必须等待利率市场化改革和汇率制度改革全部完成之后才能开始资本账户开放。伍戈和温军伟（2013）认为，我国资本账户开放的前提条件是相对的，资本账户开放和利率市场化、汇率制度改革应协调推进。余永定和张明（2012）提出，我国应继续审慎、渐进、可控地推进资本账户开放，并在完全开放资本账户之前，首先完成利率、汇率形成机制市场化改革，完成国内金融市场对民间资本的全面开放。

邓敏和蓝发钦（2013）运用基于综合效益的门槛回归模型对 1980～2005 年的跨国数据进行面板分析，得出金融发展、制度质量、贸易开放和宏观经济政策等对金融开放效应具有显著门槛效应的结论。并据此分析了 2005 年后我国资本账户各子项目开放应当采取的顺序。孙俊和于津平（2014）利用动态随机一般均衡模型模拟了资本账户中外商直接投资、对外证券投资和外国对中国证券投资项目不同开放次序的福利效应，得出外商直接投资的开放程度是影响中国宏观经济长期波动的决定性因素，过于开放会加剧宏观经济波动；而中国对外证券投资的开放程度是决定短期福利损失的核心因素，长期严厉限制会引发宏观经济波动。盛松成和刘西（2015）提出我国资本账户开放应遵循的原则：先流入后流出、先长期后短期、先直接后间接和先机构后个人。具体而言，应该先推行预期收益最大的改革，后推行最具风险的改革；先推进增量改革，后渐进推进存量改革。

第五节　总结与评价

综上所述，当前已经有众多文献对经济开放的成本与收益从各种不同的角度进行了广泛研究，但一直没有得出比较统一的结论。因此，更多地开始转向对经济开放能够更好地促进经济增长、熨平经济波动的前提条件，或开放路径进行研究。对经济开放前提条件和开放路径的研究文献也相对多起来了，一方面，不同文献专注的前提条件或不同改革、开放项目次序不同，文献较为分散，没有形成比较统一的分析框架。杜利（Dooley，1995）也指出，模型化经济开放路径是一个困难的工作，因为它需要在模型中将其动态结构显示出来。另一方面，对像中国这样的发展中大国所具有的国家规模巨大、经济发展水平相对较低的客观特征如何影响其最优经济开放度选择，以及如何进一步推进经济、金融开放的研究相对较少。

第三章
发展中大国经济开放度选择与开放路径的
理论基础

　　已有研究已经对经济开放的经济增长、经济波动效应做了比较广泛而深入的研究。在无法得出令人信服结论的情况下，学者们又开始转向经济开放的前提条件或开放路径。但是，囿于技术原因，要么只是在理论分析中抓住一个或几个经济开放的作用渠道进行深入分析，要么对理论基础重视不够，希望直接从现实数据中实证发现经济开放的宏观经济效应是否存在。即使是基于历史经验或对现有文献进行归纳总结研究的文献，也依然将目光集中在比较重要的一部分经济开放作用机制，以及能够影响这些作用机制的客观环境因素上。这些研究往往有意或无意中忽略了开放的宏观经济体系的复杂性，缺乏一个开放的宏观经济体系的整体视角，以及对开放的宏观经济体系中各因素之间相互作用的系统、深入理解①。因此，尽管本书的目标只侧重于影响经济开放的宏观经济效应的经济发展水平和国家规模两个客观环境因素，我们依然希望从开放的宏观经济系统整体视角出发，厘清经济开放在其中所处的位置，及其对宏观经济目标的直接、间接作用机制，为本书的经验和实证分析提供一个宽泛，但又清晰的框架。

　　基于此目标，本章首先构建一个简单但完整的开放宏观经济体系框架。虽然并不能将开放的宏观经济体系的复杂关系完整、清楚地体现出来，但可

---

　　① 罗德里克（Rodrik, 2005）在对经济增长战略的一个广泛、深入探讨中，提出改革是一种从无限的制度菜单中选择最适合组合设计的一种艺术，简单的一个或几个制度的供给是难以见效的。

以使我们在分析过程中，始终清楚地知道所关注变量，尤其是经济开放变量在整个宏观经济体系中的位置，以及它对宏观经济结果的作用机制。然后，本章以现有研究成果为基础，探讨国家规模和经济发展水平会如何影响一国经济开放的宏观经济后果，进而应当如何选择合适的经济开放水平和经济开放路径。其中，最优经济开放度选择更加侧重于开放宏观经济的可持续增长目标，而开放路径的选择则更加侧重于经济稳定目标。

第一节　经济开放与宏观经济目标

根据宏观经济学理论，本书首先构建一个简单的包含经济开放的宏观经济体系框架，并据此对经济开放在开放的宏观经济体系中的位置和实现宏观经济目标中的作用机制有一个直观的认识，具体见图3.1。

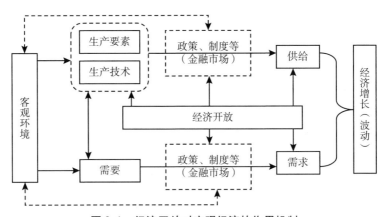

图 3.1　经济开放对宏观经济的作用机制

一、封闭宏观经济体系框架解析

根据经济学理论，宏观经济的最核心目标是经济增长，它是由总供给和总需求的均衡决定的。其中，总供给取决于客观存在的生产要素和生产技术，而总需求则取决于主观需要（消费者偏好）和预算约束。在封闭经济中，预算约束由宏观经济均衡内生决定，所以，只需要关心相对外生的主观需要。但是，现实的宏观经济中并不存在理论上假设的那种理想环境，无论是外部的客观环境，还是政府的政策都会对宏观经济体系的运行产生影响。

（1）无论是生产要素和生产技术向总供给的转化，还是需要向总需求的转化都是在一定的制度环境中进行的，而且会受到政府政策的影响。经济学的三个基本问题是生产什么、如何生产和为谁生产？在不同的制度体系下，其决策过程和结果也自然不同。例如，在计划经济体制下，这些问题都由中央政府决定。而在市场经济体制下，厂商会根据市场价格信号选择将生产要素投入某种商品的生产，并选择成本最小化的生产技术；而消费者则在预算约束范围内根据价格信号形成需求；最终，两者的互动会产生均衡的产品、生产技术选择，产品的消费者也随之确定。在制度体系中，金融市场（制度）是市场经济体制中最为重要的制度之一，它的发展程度决定了资源配置、生产技术选择和产品分配的效率，同时也会影响消费者的消费、储蓄决策。各种政策措施也会在短期内直接或间接影响资源配置、生产技术选择和产品分配。例如，政府支出的变动会直接影响产品分配，进而影响资源配置和生产技术选择。

（2）生产要素、生产技术和需要都会受到客观环境的影响。客观环境是一个难以准确界定的概念，它既包括地理、历史、人口、语言、文化习俗等相对稳定的因素，也可以包括如制度、经济发展水平等短期内稳定，但在较长时期可以发生显著变化的因素。例如，地理面积比较大的国家一般拥有比较丰富的自然资源、多样化的生产技术和多样化的需要；人口比较多的国家一般劳动力资源相对丰富，相对偏好劳动密集型技术，能够更好地利用规模经济和范围经济；处于不同经济发展水平的国家，其要素禀赋、生产技术和需要自然也存在着明显的差异。

（3）生产要素、生产技术和需要可以相互影响。一方面，要素禀赋向资本、技术积累的转移和生产技术的提升一般都表明经济发展水平的提高，而经济发展水平的提高会使人的需要更加丰富和高级。另一方面，供给最终是为了满足人们的需求，所以需要的变化也会引导要素禀赋和生产技术向需要的方向演化。

二、开放的宏观经济目标及经济开放的作用机制

宏观经济学教材中一般都列出了开放的宏观经济目标：经济增长、物价稳定、充分就业和国际收支平衡。其实，在开放经济条件下，这四个目标可以简单地归纳为经济稳定增长，具体可描述为持续经济增长和降低经济波动。在四个目标里，除了经济增长之外，其实另外三个都是追求降低经济波动的。物价稳定和充分就业反映的是国内均衡，国内总供给大于总需求时会导致通货膨胀，而总供给小于总需求时会导致失业，所以这两个目标其实是一个硬币的两面。菲利普斯曲线很好地描述了二者的关系。国际收支平衡则反映的是外部均衡，在开放经济条件下，国际收支失衡是经济波动，甚至经济金融危机的重要来源。

从图 3.1 可以看到，经济开放几乎是在完整的封闭经济分析框架中，从外部引入的，能够影响宏观经济体系中几乎所有要素的一种政策。经济开放可以通过影响供给和需求而直接对宏观经济目标（经济增长、波动）产生影响，也可以通过影响国内制度和相关政策措施间接产生影响。更进一步，经济开放还可以通过影响生产要素和生产技术来影响供给，进而影响宏观经济目标。

（一）经济开放对供给和需求的直接影响机制

（1）经济开放可以通过增加供给和需求促进经济增长。首先，经济开放可以通过分工和规模经济提高生产效率，从而增加总供给和总收入，而总收入的提高可以拉动总需求，从而促进经济增长。其次，尤其是发展中国家的经济开放，可以通过外部需求的增加而打破国内总需求不足的约束，从而促进经济增长。最后，尤其是对于发展中国家而言，外商直接投资可以直接增加一国的总供给和总需求，也可以通过增加一国总收入间接增加总需求，从而促进经济增长。

（2）经济开放通过对供给和需求的直接影响，进而对宏观经济稳定的影响是不确定的。一方面，在经济开放的情况下，国内总供给和总需求的差异可以由进出口进行调节，从而熨平总供给或总需求的冲击。另一方面，经济

开放以后，来自世界市场的供给和需求的变动也会成为本国总供给和总需求的外生冲击源，从而不利于国内宏观经济的稳定。

（二）经济开放通过制度、宏观经济政策间接影响供给和需求

在现实中，生产要素在一定的生产技术下向总供给转变和需要向总需求转化并没有教科书中的模型那样简单、清楚，而是在一定的制度环境中，受到各种经济政策影响的一个复杂过程。制度环境和经济政策组合对总供给和总需求的数量和结构都会具有重要的影响。

（1）能够影响资源配置的基础经济制度是计划经济体制和市场经济体制。在计划经济体制下，无论是总供给还是总需求都在政府的控制之下，所以经济波动可以得到比较有效的控制，但其经济增长能力，尤其是经济增长的可持续性受到客观环境以及政府处理信息能力、行政能力等的严重制约。而且，政府失灵也可能导致经济增长缓慢，经济波动频繁。如一般情况下，对于后发展国家，通过政府实施各种产业政策、出口导向型政策等，可以实现经济向发达国家的快速收敛；但是政府能力的差异也导致后发展国家相关宏观经济政策的效果差异巨大。

在市场经济体制下，理论上资源可以得到有效配置，总供给可以达到资源约束条件下的生产可能性边界，而供给可以创造自己的需求，所以经济能够实现最大可能的增长潜力。但现实中，各种市场失灵的存在使得总供给与总需求并不能自然达到均衡，从而导致经济波动，甚至经济危机；在长期也存在周期性波动，使宏观经济并不能达到其最优增长水平。尤其是金融市场的发展，一方面使得市场机制更加灵敏，提高资源配置效率；另一方面也使得市场更容易受到各种来源冲击的影响。虽然金融市场具有一定的风险分散功能，能够一定程度上隔离各种冲击来源对总供给和总需求的影响，降低实体经济的波动幅度和频率，但金融市场本身的波动却频繁发生，甚至放大市场失灵、集聚风险，最终形成严重的金融危机，并传导到实体经济。

（2）经济开放会使一国与世界经济更紧密地联系起来，促进国内制度改革，向更加市场化的方向改进。例如，金融开放会有效地推动本国的金融发展，从而消除金融抑制，提高资本市场配置资源的效率，降低逆向选择和道德风险，促进经济增长。

（3）经济开放会影响一国宏观经济政策的作用效果，当前已经有比较成熟的模型对其作用机制进行了详细分析。当前的宏观经济学、国际经济学教材基本上都已经将基于 IS-LM-BP 模型的财政、货币政策效果分析纳入其中。该模型指出，在固定汇率制下，扩张性财政政策作用效果随着资本流动程度（金融开放）的提高而提高，而货币政策则随着资本流动程度的提高而降低；在浮动汇率制下，随着资本流动程度的提高，扩张性财政政策的作用效果受到限制，而货币政策则比较有效。

（4）经济开放还会形成信号效应，从而提高本国制度、政策的可信性和有效性，从而对总供给和总需求形成有效的作用，并促进、稳定经济增长。

(三) 经济开放对供给基本要素的影响机制

（1）贸易开放可以通过进口中间产品和资本品提高生产投入中的资本比重，并产生技术溢出效应；可以使本国丰裕要素得到更有效率的使用；可以通过技术贸易直接进口技术，有效地提高本国技术水平，并充分利用技术的规模经济效应；可以通过竞争效应促进国内技术进步；还可以通过贸易顺差实现国外积蓄，促进尤其是发展中国家的资本积累。但对于发展中国家而言，贸易开放也可能会成为资本外逃的一个渠道，从而不利于经济增长。

（2）金融开放可以使发展中国家的经济发展所受国内资本积累水平的约束减轻，降低国内资本成本，促进投资，实现相对更快的经济增长速度。但金融开放也为资本外逃提供了渠道。尤其是对于金融发展水平较低、投资机会有限的发展中国家而言，与古典经济学理论的结论相悖，资本可能逆向流向资本丰富的发达国家。另外，在金融开放条件下，由于金融市场本身的缺陷，它可能会加剧资本的流进流出，从而增加尤其是发展中国家或地区的经济波动，甚至会因资本流动的突然逆转而带来严重的货币、金融危机，甚至一些小国的金融市场会受到国际游资的有意冲击。

（3）一般认为外商直接投资不但能够为一国带来资本，还伴随资本带来技术和管理经验，其溢出效应可以有效提高发展中国家的技术和管理水平，从而促进经济增长。

三、经济开放是宏观经济政策组合设计的一部分

由图 3.1 可以看到，宏观经济体系就是在一定的客观环境（包括制度环境）中，利用各种制度、宏观经济政策组合直接调节总供给和总需求，或通过影响生产要素、生产技术向总供给转化和需要向总需求转化间接调节，从而实现促进经济增长、平抑经济波动的宏观目标的一个有机系统。在这个系统中，客观环境、制度和包括经济开放在内的宏观经济政策是相互作用的。所以，应当存在着很多种不同的政策组合设计，而不是在经济开放与宏观经济目标间的单一线性相关关系。在分析经济开放的宏观经济效应时需要综合考虑其所处的客观环境，及其与其他宏观经济政策的相互作用机制。在很多学者的文献中已经清楚地表达了这个观点。

罗德里克（Rodrik，2005）在其《增长的战略》一文中，通过对 1960～2000 年世界各国经济增长经验对比，对经济增长的影响因素进行了更加广泛的讨论，提出与赫希曼（Hirschman，1958）、格申克龙（Gerschekron，1962）、罗斯托（Rostow，1960）的关键主题一致的主旨：经济增长政策是取决于特定环境的（context specific）经济政策，例如，贸易自由化、开放金融系统或建立更多学校的政策只能在有限的代际保持经济增长效果；过去 20 年（1980～2000 年）的经验已经证明了那些认为存在确定经济增长促进政策的政策建议者是错误的。然后，罗德里克（Rodrik）提出了成功的经济增长战略的广泛的设计原则：改革者具有巨大的空间去创造性地将这些原则——产权保护、合约执行、市场导向竞争、适宜激励、良好的货币、债务可持续性，组合成适应本地约束、利用本地比较优势的制度设计。因此，改革是一种从无限的制度菜单中选择最合适组合设计的一种艺术，那些成功的国家都是聪明地利用了这些空间的国家。

国际经济学中的政策搭配理论清楚地描述了不同的经济开放状态与不同的宏观经济政策组合将会产生不同的宏观经济后果。根据米德（Meade）的政策搭配理论，在一国经常账户开放（贸易开放）的背景下，支出调整政策（包括财政政策和货币政策）和支出转换政策的组合可以有效地同时调节内外失衡，促进开放的宏观经济稳定增长。根据蒙代尔（Mundell）的政策配合

论，在一国资本项目同时开放（金融开放）的情境下，财政政策和货币政策的组合便可达到同时调节内外均衡的目标。而在更一般化地分析财政政策、货币政策效应的 IS-LM-BP 模型框架中，不同的资本流动性（金融开放度）、汇率制度和财政、货币政策的组合会导致国民收入、利率和汇率不同的短期、长期变动后果。尤其值得强调的是，IS-LM-BP 分析框架已经暗含了可以通过调整金融开放度来实现一定的宏观经济政策目标的政策暗示。例如，艾森曼（Aizenman，2013）对三元悖论做了进一步发展，指出为实现内外均衡的宏观经济目标，并不需要绝对地在固定汇率制、资本自由流动和独立的货币政策三者中三选二，相反可以进行更灵活的组合，只要三者的实施强度相加约等于 2 即可。

同样，很多学者也从不同的角度关注了经济开放与各种宏观经济政策配合来实现宏观经济管理目标的问题。例如，加拉格尔（Gallagher，2012）指出国际收支平衡管理和利用资本控制作为宏观经济管理工具的需要早于凯恩斯和怀特的计划，正是它们带来了布雷顿森林协议。在建立布雷顿森林体系的系列会议上，凯恩斯提出，无论是针对流入还是流出，资本控制都应该是战后体系的一个永久特征。约翰斯顿、达巴尔和埃切维里亚（Johnston，Darbar & Echeverria，1997）关注了资本账户开放与金融危机的关系，认为资本账户开放应成为经济结构性改革和宏观经济政策设计的一个有机组成部分，使资本账户开放的过程与国内金融部门的自由化改革、强化实体经济和出口潜力的改革等相协调。萨克斯和华纳（Sachs & Warner，1995）提出经济一体化不止意味着基于市场的贸易和资本流动的增加，还应包括和贸易政策、法律法规、税收体系、所有权结构以及其他管理安排的制度协调。国际货币基金组织在美国次贷危机后也开始承认资本管制的合理性，认为其应当与宏观经济政策、审慎监管一起成为发展中国家管理资本跨境流动的工具。

第二节　发展中大国最优经济开放度选择的理论基础

由本章第一节的分析可知，经济开放的宏观经济效应并不是单向的，既可能促进经济增长，也可能会带来宏观经济的过度波动，从而阻碍经济增长。包群（2008）、张建清和蒋坦（2014）、林发勤等（2018）等的实证研究发现经济开放对经济增长的效应呈倒 U 形。另外，经济开放是开放经济中宏观经济政策的一部分，它和客观环境，以及其他宏观经济政策形成的组合，共同作用于宏观经济目标。所以，为了实现一定的宏观经济目标，应当在一国给定的客观环境条件下，与其他宏观经济政策保持协调，选择最优的经济开放度。

尽管还没有成熟的最优经济开放度选择理论，众多分散的文献中已经或明或暗地提出了很多影响经济开放度选择的因素。其中，李斯特最早提出一国的贸易政策必须与本国的经济发展阶段相适应；最为典型的影响因素是国家大小（Kuznets，1960；Chenery & Syrquin，1975；朱立南，1995；等等）和经济发展阶段水平（曲如晓，1997；桑百川，1998；吴力波和汤维祺，2010；Singh，2011；等等）。还有大量文献从经济开放前提条件的角度隐含提出了影响经济开放的宏观经济效果的因素，主要包括制度发展水平、金融发展水平、宏观经济稳定等（Kose et al.，2009；Chinn & Ito，2006；Arteta，2001）。也有一部分文献强调市场失灵的存在导致不能无限制地推进经济开放（Stiglitz，2000）。尽管能够影响最优经济开放度选择的因素很多，本节将重心放在国家规模和经济发展水平对一国最优经济开放度选择的作用机理上。

一、国家大小与经济开放度选择

在国际经济学教材中，两个重要的知识点隐含了不同规模国家经济开放度选择的机理：一方面，区域经济一体化理论暗示了大国规模经济优势和国内贸易的重要性①；另一方面，因为大国宏观经济政策具有溢出效应，所以在政策分析中必须区分大国和小国。但是，尽管在开放的宏观经济分析中必须考虑国家大小，至今没有比较成熟的理论将其纳入。本书在这里也仅仅是对相关理论进行梳理和总结。

（1）大国可以在国内实现规模经济、范围经济和分工，从而可以选择相

---

① 周怀峰（2007）对大国国内贸易的重要性进行了比较深入的研究。

对较小的经济开放度。根据比较优势理论和新贸易理论，分工、规模经济和范围经济是国际贸易收益的重要来源。对于小国而言，其相对较小的市场规模使其要么选择国际价值链上的一个环节，参与国际分工，实现规模经济；要么形成"麻雀虽小，五脏俱全"的小而全，但缺乏效率的经济体系。而大国庞大的人口规模和市场规模意味着这种矛盾不会发生，所以没有必要，也不应该选择比较高的贸易开放度①。对于金融开放而言，无论是从金融机构、金融市场还是从金融工具来看，大国都可以兼顾规模经济、范围经济与分工的空间，所以对利用国际金融市场来融通资金、配置资源、分散风险的依赖性相对小国要小，并不需要选择比较高的开放度。

（2）大国具有多样化的资源、气候和需求，可以在国内形成比较完备的产业结构、提供丰富的产品种类，从而对世界市场依赖比较小，可以选择相对较小的经济开放度②。根据要素禀赋理论和产业内贸易理论，要素禀赋差异和多样化需求是国际贸易利益的重要来源。对于大国而言，从供给的角度讲，大国自然资源种类丰富、储量巨大，气候多样性明显；从需求的角度讲，大国不同地区之间经济发展水平、居民生活习俗，进而偏好也具有多样性。供求的相互作用最终可以使大国形成比较完备的产业结构和丰富的产品种类，从而对国际贸易的依赖没有小国那么强，可以选择相对较小的贸易开放度。对于金融开放也是一样，实体经济的多样性自然会引导金融服务的多样性，从而国内金融市场就可以满足生产者和消费者的多样化需求，因此可以选择相对较小的金融开放度。根据林毅夫等（2009）的研究，不同的金融组织形式具有不同的比较优势，适合处于不同行业、具有不同特征的企业，因此金融体系也应该具有规模经济，大国相对小国更容易在国内形成种类丰富的各类金融组织、不同规模的银行，为各种差异化需求提供精细化的服务。

（3）大国应当保留更多的宏观经济政策自主性，以实现区域经济平衡发展、收入不平等等国内经济、社会目标，因此应当选择相对较低的经济开放度。与小国不同，大国广阔的国土面积、异质性的资源禀赋、经济结构、文

---

① 如果没有特别说明，本书中的经济开放度都指的是事后经济开放度或基于结果的经济开放度。如果从基于规则的经济开放度进行分析，经济开放度选择就不再是一个明确的概念。

② 蔡昉（2017）认为大国和小国的核心区别就在于其资源禀赋结构，进而其产业结构是否具有异质性。

化习俗等会带来区域经济发展不平衡、收入差距过大等问题，由市场经济引发的收入不平等、失业等经济、社会问题也会更加严重，这些都需要中央政府利用相关政策措施进行调节（郭熙保和马媛媛，2010）。但是，经济开放会使一国宏观经济政策效果受到限制。IS-LM-BP 模型中，开放条件下财政、货币政策的效果简洁、清楚地说明了这个问题。克鲁格曼提出的"三元悖论"是一种经典的情形：固定汇率制下，资本自由流动（金融开放）会使一国的货币政策失效。同样，根据国际经济一体化理论，随着经济一体化组织从低级向高级进化，其成员之间相互经济开放程度不断提高，但这同时也是成员国不断向一体化经济组织让渡主权的过程。丹尼·罗德里克（2011）也在其《全球化的悖论》一书中提出了一个新的三元悖论，即对一国而言，国家主权、经济开放和民主三个目标无法同时实现，只能同时实现其中的两个。所以，给定一国的民主程度，其国家主权和经济开放是一个相悖的目标，扩大经济开放就意味着国家主权的流失。张平和赵志军（2007）在对中国外部扩展与国际协调经验进行对比分析之后指出，为了避免重蹈东亚经济危机的覆辙，中国作为一个大国，保持自主的宏观政策，尤其是独立的货币政策是至关重要的。所以，为了更好地兼顾国内经济、社会目标，大国不应当选择过高的经济开放度。

二、经济发展水平与经济开放度选择

阿根诺和蒙蒂尔（2004）在其《发展宏观经济学》中对发展中国家与发达国家的结构特征做了详细的对比分析，指出发展中国家和发达国家在基本制度、经济结构、宏观经济稳定性等方面存在着显著差异。这就意味着，对于经济发展水平不同的国家，经济开放对其宏观经济目标的作用机制存在着差异，进而，一国在选择合适的经济开放度时应当考虑经济发展水平的影响。

（1）从实体经济来看，发展中国家应当选择与本国经济发展水平相适应的最优贸易开放度水平。李斯特提出的"幼稚产业论"是对这一机制的经典解释。对于正致力于推进工业化水平的发展中国家而言，由于未能形成规模经济，以及相关支持产业尚未成熟，其工业是无法与发达国家已经成熟的工业体系进行竞争的，必须适度地保护才能使其有成长起来的机会和时间。古典贸易理论的静态分析性质和市场完全竞争假设使其在现实应用中不能照搬照抄，必须具体考虑一国所面对的经济、社会环境，及其在国际产业价值链中所处的位置。"比较优势陷阱"理论指出，如果发展中国家根据比较优势原则与发达国家进行国际分工和贸易，那么它将长期锁定在国际产业价值链的低端，从国际贸易的静态收益中分得较少的部分，且产业结构长期固化，始终处于落后和依附地位。而且，发展中国家一般市场规模较小、产业结构处于比较初级的阶段，在开放的世界市场上更容易遭受来自世界市场的外源性冲击，构成国家宏观经济不稳定的一个重要来源（阿根诺和蒙蒂尔，2004），甚至成为发达国家转嫁经济危机的对象。因此，发展中国家应当根据本国经济发展水平，选择合适的经济开放度，为推进本国经济结构升级，减少来自世界市场外源冲击的破坏性影响提供更多的政策空间。

（2）从金融经济的角度来看，为了保证宏观经济稳定运行，发展中国家应当控制金融开放度。首先，过度金融开放会使发展中国家或地区金融市场存在的问题得到放大，大进大出的资本会使本国金融市场，进而实体经济陷入过度波动之中。发展中国家一般金融市场发展水平有限、金融基础设施不健全、金融监管能力有限，在过度金融开放的条件下，对市场信息披露、解读的不准确很容易导致国际资金的过度调整；金融监管能力不足很容易导致金融市场主体风险头寸的过度积累，只要国际资本市场上有风吹草动，甚至只是国际资本市场情绪发生变动，都有可能引发金融危机。其次，在金融开放条件下，发展中国家或地区很容易受到发达国家经济周期波动引起的国际资本流入流出方向逆转的冲击，进而引发宏观经济困难，甚至货币金融危机。例如，在美国等发达国家经济走弱时，往往有大量资金流向发展中国家或地区，对其汇率、通货膨胀和资产价格管理形成很大压力，但是，一旦发达国家经济开始恢复，利率回升，便会出现资本大量外流。再其次，由于发展中国家或地区往往金融市场规模相对比较小，它们甚至会成为一些国际投机资本冲击的对象。最后，金融部门归根结底是为实体经济部门服务的，应当和实体经济部门保持适当的比例，所以发展中国家或地区不应过度开放资本金融部门，而应当和实体经济开放程度保持一定的同步。宏观经济的最终目标是实体经济的稳定增长，所以金融开放度要保持在适度的水平，不应出现金融部门垄断宏观经济的现象。

三、小结

综上所述，国家规模和经济发展水平会通过直接或间接渠道影响最优经济开放度的选择。对于发展中大国，为了给本国国内经济、社会目标留下更多政策空间，保留更多本国宏观经济政策自主性，平衡经济开放的经济增长效应和经济波动效应，应当选择适度的、相对较小的经济开放度。

第三节　发展中大国经济开放路径选择的理论基础

发展中大国经济开放是其经济自由化改革的一部分，因此可以借鉴转轨经济学理论对其开放路径的选择进行理论分析。首先，在经济开放模式的选择上，"激进式"改革并不适合发展中大国。理论上，"激进式改革"可以使一国宏观经济体系快速、直接达到新的均衡，从而降低效率损失和改革成本。但是，现实中，基础设施、制度等客观环境不可能迅速调整、信息不对称等市场缺陷的存在使其适用范围受到极大约束，因此适度的改革应当是相对较慢、实验性、渐进式的（科勒德科，2004；Stiglitz，1999）。对于小国而言，如果能够从国外获得足够的援助，补偿改革过程中的受损者，激进式改革可能是可行的[1]，但对于像中国这样的发展中大国，从国外获得足够的过渡贷款是困难的，风险也比较大，所以是不可行的（樊纲，1993）。其次，在渐进式开放过程中，发展中大国应当注意开放过程的稳定性和可持续性。经济开放并不是简单的贸易开放和金融开放，而是一个系统性问题。根据现有文献，它至少应当包括国内宏观经济稳定、国内金融市场自由化、贸易开放、汇率体制改革、金融开放（资本账户各子项目的开放）这些前提条件和相关内容。对于中国这样的发展中大国，本币国际化也应当包含在经济开放的路径设计中。对于如此繁多的内容，既然调整成本、政治及行政约束的存在使同时消除所有扭曲

---

[1]　例如，20 世纪 80 年代中期，"休克疗法"在玻利维亚取得成功。

不可行，对于政策制定者来说，决定改革的合适顺序便是无法回避的实际问题（阿根诺和蒙蒂尔，2004）。因此，对于发展中大国，需要设定合理的经济开放路径或开放路径设计原则，以降低经济开放的改革成本和效率损失，并保证经济开放能够获得持续的动力，避免改革的中断，甚至失败。

一、经济开放是一个动态均衡过程

经济开放是经济改革的一部分，而改革就是打破当前的均衡，并过渡到新的、更有效率的均衡的过程。在这个过程中，既然不能采取"激进式改革"一步到位，那么就必须承受，并尽量降低改革过程中的效率损失。根据古典经济学理论，这就需要在经济开放的过程中，尽量使宏观经济一直处于其局部均衡状态周围一定范围内，并且在均衡状态转化的过程中避免"超调"等过度波动的情形。因此，要合理设计经济开放的路径，使其任意相邻两步的局部均衡状态具有相邻性，并与其他政策措施相配合，保证从一个局部均衡状态向下一个局部均衡状态过渡时不会出现一些重要宏观经济指标"超调"的情形。由于经济开放路径包含的内容非常丰富，对其不同路径选择的宏观经济效应难以形成统一而又深入的理论，这里对当前文献中分析的主要机制进行简单概括，然后利用一个典型的例子来说明不同经济开放路径选择可能造成的宏观经济后果的差异。

（1）适宜的路径选择可以避免过多的改革成本和效率损失。第一，在宏观经济稳定前推进金融自由化，可能会加剧宏观经济失衡。如果在实现宏观经济稳定之前实施金融自由化，那么政府来自金融抑制的收入会减少，会加剧财政收支困难，从而可能导致政府求助于通货膨胀税，并引发高通胀；如果在财政稳定之前开放资本账户，那么面临外源性紧缩冲击时，如利率上升，政府便没有财政政策空间进行对冲，从而消除资本流出的影响（阿根诺和蒙蒂尔，2004）。对政府采取扩张性货币政策的预期会引起资本外流、本币贬值，进一步加剧国内的不平衡；如果此时进行金融开放，则会导致外汇储备的脆弱性，并可能引发国际收支的货币危机（Edwards，1988）。因为不稳定的宏观经济会带来价格信号的扭曲，宏观经济稳定之前进行资本账户自由化就会带来资本流动的过度波动（Nsouli，Rached & Funke，2005）。如果政府对国内银行或某些部门存在担保，则资本账户开放会导致资本流入这些存在担保的部门，从而导致资源配置扭曲和福利损失（McKinnon & Pill，1997）。第二，在实现国内利率市场化前开放资本账户，会导致国内资源配置效率的损失，甚至引发货币金融危机。如果国内金融体制没有得到有效改革，则资本账户开放后借入的外部资金不能得到有效配置，从而收益抵不上成本，存在外债偿还的风险；维持国内低利率会引发资本外流，最终形成货币金融危机；关于改革可持续性的不确定性，会增加资本流动的可变性，进一步恶化危机（阿根诺和蒙蒂尔，2004；Kaminsky & Reinhart，1998；Williamson & Mahar，1998）。第三，在经常账户开放前开放资本账户，可能会导致短期内实体经济困难。由于经常账户开放会导致商品价格下降预期，如果先开放资本账户，或和经常账户同时开放，人们就可以将当前支出转向未来，从而导致国内经济收缩和失业率上升（Rodrik，1987）。如果先开放资本账户，则资本流入会导致国内货币升值，从而出现经常账户收支逆差，即使是两者同时开放，由于资本市场、外汇市场调整速度要快于商品市场，一样会对本国出口形成压力（Edwards，1984）。如果在公众相信未来贸易自由化会反转时开放资本账户，就会导致国内居民短期内大量从国外借贷，并从国外购买商品，尤其是耐用品，而这种过度进口会导致福利损失，也即资本账户开放会放大本来存在的扭曲（Calvo，1987）。第四，如果在汇率自由化前开放资本账户，会导致一国利用货币政策工具调节国内实体经济和金融市场的空间受到限制（Bakker & Chapple，2002）。如果一国在开放资本账户时依然保持着盯住汇率，而且进口竞争产业仍处于受保护状态，则会导致资本过多流入本国处于比较劣势的部门，加剧资源配置扭曲和福利损失（Brecher & Diaz-Alejando，1977；McKinnon，1991；Eichengreen，2001；Aizenman & Noy，2009）。第五，对于资本账户中各子项目的开放顺序，一般遵循"先长期，后短期；先流入，后流出；先非居民，后居民"的思路，以尽量降低经济波动和对内外经济均衡的可能冲击。国际资本流动中不同组成部分，包括外国直接投资、组合资本投资和银行借贷对经济波动的影响存在显著差异，因此不同的资本流动组合会对一国面对金融危机时的脆弱性有显著影响（Prasad et al.，2003）。

（2）适宜的路径选择可以避免宏观经济变量超调等引起的过度波动。由于在经济开放调整过程中金融部门可以迅速调整，而实体部门因为价格黏性、投资的不可撤回性等调整缓慢，从而会导致超调（Dornbush，1986）。在渐进开放模式下，从一些初始状态向某些政策组合的短期局部均衡调整可能会超过向最终一般均衡调整的幅度，从而引起超调（李扬和殷剑峰，2000；盛松成和刘西，2015）。

为了清楚地表明不同经济开放路径的平稳性特征，本书利用盛松成和刘西（2015）的方法分析发展中国家常见初始状态下，利率市场化、汇率市场化和资本账户的三种开放路径将会带来的经济开放过程平稳性的巨大差异。这里假设发展中大国初始状态为金融抑制（利率低于均衡值）、汇率低估和资本账户管制。经济开放过程分析见图3.2。

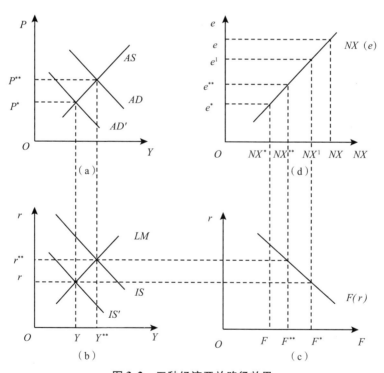

图 3.2　三种经济开放路径效果

在图3.2中，假设初始状态为（r，e，F），经过不同的经济开放路径，最终会达到一般均衡状态（r^{**}，e^{**}，F^{**}）。利率 $r < r^{**}$ 说明初始时存在金

融抑制；汇率 $e > e^{**}$ 说明初始时存在本币低估；资本流入 $F < F^{**}$ 说明存在资本账户管制。另外，初始经常账户顺差额 NX 并不等于初始资本流入额 F，说明政府利用外汇储备进行干预。这里对比分析三种经济开放路径的效果。

第一种路径是，先利率市场化，然后汇率市场化，最后资本账户开放。第一步，利率市场化后，从图 3.2（b）可以看到，国内市场会回复均衡，利率从 r 直接上升到最终一般均衡利率 r^{**}；但因为固定汇率和资本账户管制依然存在，F、e 和 NX 没有发生变动。第二步，汇率市场化，从图 3.2（d）可以看到，为实现国际收支平衡，汇率会从初始状态 e 调整到短期局部均衡状态 e^*，对应净出口为 NX^*，与管制资本流入 F 相等①。第三步，放松资本管制，则从图 3.2（c）可以看到，对应利率 r^{**}，一般均衡资本流入从初始值 F 调整到长期一般均衡值 F^{**}，从图 3.2（d）可以看到，为了维持国际收支平衡，均衡汇率会从短期局部均衡汇率 e^* 回调至长期一般均衡值 e^{**}，对应净出口为 NX^{**}，与长期一般均衡资本流入 F^{**} 相等。综上所述，在这个开放路径中，汇率会出现超调现象。

第二种路径是，先开放资本账户，然后汇率市场化，最后利率市场化。第一步，开放资本账户，则由图 3.2（c），对应金融抑制的利率水平 r，短期局部均衡资本流入为 F^*，利率 r 和汇率 e 保持不变，经常项目顺差 NX 与 F^* 的差额由政府利用外汇储备进行平衡。第二步，汇率市场化，则由图 3.2（d），汇率从初始汇率 e 调整到短期局部均衡 e^1，经常项目进出口从初始值 NX 调整到短期局部均衡 NX^1，与净资本流入 F^* 相等。第三步，利率市场化，则根据图 3.2（b），利率由初始值 r 上升到长期一般均衡 r^{**}；由图 3.2（c），净资本流入由短期局部均衡值 F^* 回调至长期一般均衡值 F^{**}；由图 3.2（d），汇率由短期局部均衡值 e^1，进一步调整至长期一般均衡汇率 e^{**}。综上所述，在这个开放路径中，资本流动会出现超调现象。

第三种路径是，先利率市场化，然后资本账户开放，最后汇率市场化。第一步，利率市场化后，由图 3.2（b），利率从初始值 r 直接调整到一般均衡利率 r^{**}；但 F、e 和 NX 没有发生变动。第二步，开放资本账户，则由图

---

① 为了分析方便，在这一部分路径选择分析中采用静态分析。例如，这里不考虑净出口变动对 IS 曲线，进而对 AD 曲线的影响，否则过程会过于复杂，无法进行简洁的图形推导。

3.2（c），净资本流入从初始值 F 直接调整到长期一般均衡值 F^{**}；由于汇率固定，经常项目净出口依然保持在初始值 NX，其与 F^{**} 的差额由外汇储备调整平衡。第三步，汇率市场化，则由图 3.2（d），汇率从初始值 e 直接调整到长期一般均衡 e^{**}。整个开放路径中，没有变量出现超调。

从前面各开放路径中宏观经济变量变动过程的对比分析可以看到，经济开放路径的不同选择会带来宏观经济变量的不同演化模式。所以，合适的经济开放路径选择或确定原则能够减轻经济波动，降低改革成本和效率损失。

二、经济开放的推进需要持续的政治动力

在西方经济学理论中，国家是一个独立的经济主体，像一个人一样根据收益最大化（成本最小化）原则选择行动。但在现实中，一个国家或社会是由具有异质性偏好的地区、群体等构成的，其决策和行动规则非常复杂。它既受到该国的知识、信息、经验等技术方面的限制；也受到政治、社会等制度方面的制约。尤其是对于发展中大国而言，其经济、社会发展水平决定了其关于经济开放的知识、信息、经验等方面的不足；其国家规模则意味着其政治决策过程和异质性社会导致的利益集团更加复杂。哈格德和考夫曼（Haggard & Kaufman，1989）在对政府推动结构调整计划进行政治经济学分析时指出，如果对结构改革的政治效果没有很好的理解，对重要选民集团可能的疏远会损害经济调整过程，甚至使情况向"现状"回归。因此，在设计发展中大国经济开放路径时应更加关注其能够持续进行的政治动力，避免利益集团阻力和社会动荡导致渐进型经济开放中断，甚至完全失败的风险。阿根诺和蒙蒂尔（2004）对结构调整的政治经济学文献总结道，结构调整需要时间，虽然这种调整最终能够促进经济增长，并改善所有集团的福利，但它的确意味着短期内要付出成本。结构调整计划，不管是优先考虑效率还是优先考虑福利，如果它们没有认识到效率、福利和政治可行性之间的相互关系，那么就很可能会失败。

第一，要克服利益集团的阻力。经济开放是一个结构改革的过程，在带来总福利增进的同时，也意味着利益在不同利益集团之间的重新分配。例如，根据斯托帕－萨缪尔森定理，当国际贸易导致一国出口商品价格提高时，其

密集使用的生产要素部门的实际报酬会提高，而另一种要素部门的实际报酬会下降；根据特定要素模型，国际贸易会提高贸易国出口部门特定要素的实际收入，降低与进口相竞争部门特定要素的实际收入。这就意味着在经济开放过程中受损的利益集团会对政府进行游说，对经济开放的可持续性形成不利的影响。例如，拉詹和津加莱斯（Rajan & Zingales，2003）、张成思和朱越腾（2017）提出贸易开放和金融开放同时开放是有效促进金融发展的必要条件，因为不同步的经济开放会损害既得利益集团的利益，从而使他们对经济开放持消极或抵制态度。张成思和朱越腾（2017）进一步提出由于不同国家开放和发展的背景、阶段和特征不同，贸易开放、金融开放与金融发展中间的相互作用机制可能也不尽相同。同时，一些政府部门本身也可能形成利益集团。经济开放的过程是一个经济自由化的过程，要更多地依靠市场调节，减少政府的干预，这会使一些政府部门的重要性下降，从而会维护既得利益，抵制经济开放进程。

第二，经济开放路径设计要具有可信性。在经济学文献中，可信性问题是政府政策设计相关文献中探讨最多的问题之一。政府政策的可信性会影响各种经济行为主体的决策，进而影响其最终作用效果。例如，卡尔沃（Calvo，1987）对经济开放过程中可信性问题进行建模分析，指出在公众相信贸易开放不可持续，将会在未来某个时间反转的背景下，开放资本账户会导致居民短期内大量从国外借贷并从国外购买商品，尤其是耐用品，这种短期过度进口造成经济扭曲和福利损失。严重时，甚至可能因经常账户逆差快速扩大而动摇进一步经济开放的信心。在大国情形中，由于大量异质性区域、群体等的存在，使得中央政府相关政策设计的传导机制更加复杂、效果更加难以把握，所以可信性问题显得更加重要。如果中央政府相关政策的可信性高，则大量异质性区域、群体的共同行动可以因为网络外部性、规模经济等效应而加强；但可信性低的话，则可能会因为各地、各群体更加侧重自己的利益而失败①。中国经济改革开放过程中追求共识、强调维护中央权威和执行力问题等都已经对此做了非常好的诠释（陆铭，2008）。

---

① 当前，有大量文献在研究大国中央和地方财政分权的平衡问题。例如，张军. 分权与增长：中国的故事［J］. 经济学（季刊），2007，7（1）：21–51。

第三,经济开放路径设计应避免对经济、社会的过度冲击,以免社会动荡形成阻碍进一步经济开放的政治压力。经济开放的过程意味着国内供给、需求均衡的一个动态调整过程,也意味着一国可能受到来自国外各种来源的冲击,这有可能对国内宏观经济甚至社会在一定时期内形成负面冲击,从而引起社会的不满,并转化为阻碍经济开放的消极抵抗或政治压力。例如,输入型通货膨胀会降低居民的实际收入水平;失业可能会对低收入群体形成难以承受的重担等。对于发展中大国,一般社会安全网尚不健全,过度、持续的负向冲击可能会引起各种社会问题,动摇政府进一步经济开放的信心。另外,经济开放的过程也是经济自由化、市场机制地位日益重要的过程,如果经济开放导致经济波动过大或收入分配不合理,市场"用脚投票"可能导致政府调控日益困难,甚至使经济开放过程彻底失败。

第四章
发展中大国开放宏观经济的典型特征

对发展中大国经济开放进行深入研究的前提是对发展中大国范畴进行清晰界定，而对其开放宏观经济特征的研究不仅有利于我们对其范畴的深入理解，也是进一步对其经济开放度选择和开放路径进行研究的一个铺垫。

目前，虽然直接以发展中大国作为研究对象的系统研究还相对缺乏，但在研究中对一国国家规模和经济发展水平相关特征的区分、强调却是重要而常见的。首先，大量研究区分了发达国家和发展中国家，尤其是阿根诺和蒙蒂尔（2004）对发展中国家的经济特征做了深入而详细的总结、归纳，并对相关研究做了广泛的梳理，形成了具有很大影响力的教材《发展宏观经济学》。其次，在国际经济学分析中，大国和小国的区分是一个基本的前提条件；而且，在一些著名经济学家的相关经典文献中已经出现了对国家规模及其相关宏观经济特征的明确界定和分析（Kuznets，1960；Chenery & Syrquin，1975；Perkins & Syrquin，1989；Easterly & Kraay，2000；张培刚，1992）。再其次，尽管没有明确指出，对金砖国家研究的热情展示了当前经济学领域对发展中大国宏观经济现象的关注。最后，湖南师范大学大国经济研究中心欧阳峣教授带领的大国经济研究团队的系列研究是对大国，尤其是发展中大国经济现象进行系统研究的一个尝试。

本章在对发展中大国进行界定的基础上，对其开放宏观经济的典型特征进行深入、细致的统计验证。

第一节　发展中大国的界定

　　尽管当前以发展中大国为研究对象的文献已经很多，但明确提出发展中大国概念的文献并不多，对其明确进行界定的文献则屈指可数。这可能是因为，无论"发展中"还是"大国"，都是内涵丰富、难以准确界定的范畴，甚至在一些语境下两者混合在一起，使其界定更加困难。不过，尽管如此，为了更好地理解发展中大国开放的宏观经济特征，本节将在对发展中大国国家规模和经济发展水平划分中存在问题进行深入分析的基础上，参考欧阳峣、罗富政和罗会华（2016），对发展中大国做一个初步的界定。

一、"发展中"和"大国"的内涵

　　首先，直观上，"发展中国家"是与"发达国家"相对应的一个明确的概念，且早在20世纪60年代就在联合国相关文件和发展经济学文献中使用（欧阳峣、罗富政和罗会华，2016）。但实际上，这是一个很模糊的概念。吉利斯等（1998）指出，除了低人均收入、没有现代经济增长之外，各国的历史过程存在着极大的差异性，很难将其一般化。尤其是从其核心指标"经济发展水平"来看，"发展中"包含了纯农业国到已经建立了完整工业体系的国家整个谱系，其经济结构其实存在着巨大的差别，将其划分为同一类国家进行宏观经济分析可能是不够准确的。

　　其次，"大国"的界定标准一直是模糊的。目前，不同文献中界定大国的指标都不尽相同。即便是比较公认的三个标准——人口规模、国土规模和市场规模，其实也存在着划分标准难以界定或不够客观的问题。人口规模和国土面积应该是大国界定最基础、最核心的指标，但到底人口规模和国土规模达到多少可以划分为大国呢？当前文献中的划分都比较主观，例如，库兹涅茨和钱纳里在对大国经济进行研究时，其人口规模标准在1000万、1500万、2000万和5000万之间变换。市场规模是一个更直接的标准，因为它更直接地体现了"大国"划分的核心标准——规模优势。但是，它并不是一个外生的客观标准，因为一国的经济总量，进而市场规模是会随时间变化的①。而且，如果使用市场规模指标来界定"大国"，则其和人口规模、国土规模指标可能存在冲突。一些人口、国土面积较小的发达国家同样可以拥有相对更大的经济总量和市场规模。综上，发展中大国表面上是具有共同特征的一类国家，但实际上其内部差别依然比较大，难以为进一步分析的目的进行准确划分。

不过，在一般情况下，这并不影响我们分析国家规模和经济发展水平对宏观经济的影响。例如，针对金砖国家等明显具有规模优势，且处于发展中经济水平国家展开的研究，或在实证分析模型中使用国家规模和经济发展水平作为解释变量，都可以将发展中大国一些关键特征的宏观经济影响抽离出来。本章为了通过对比分析来理解发展中大国的宏观经济特征，需要对其进行明确界定。而且，尽管界定误差会影响分析结果的准确性，对于那些比较稳定的结果应该不会产生实质性影响。

二、发展中大国的划分

为了对发展中大国的宏观经济特征进行对比分析，并借以进一步深入认识发展中大国，本书这里参考相关文献对全世界所有国家或地区进行划分。根据世界银行的世界发展指数（WDI）数据库，2019 年全世界共有 217 个国家或地区。但是由于苏丹、南苏丹和厄立特里亚三国缺少 2013 年的国土面积或人口规模数据，在分析中将其去除，所以共有 214 个国家或地区（具体见附录一）②，划分从经济发展水平和国家规模两个维度展开。

对于经济发展水平维度，直接参考主要国际机构的相关划分，将所有国家或地区划分为发达国家和发展中国家或地区。本书以 2015 年国际货币基金组织《世界经济展望》对发达国家的宽松划分为基础，再结合其他机构不同年份的划分，将其中非公认的发达国家去除，剩下的为发达国家。发达国家之外的所有国家或地区界定为发展中国家或地区。2015 年《世界经济展望》

---

① 欧阳峣（2014）提出人口众多和幅员辽阔是大国的两个"纯自然特征"，此外的其他大国特征（如经济规模）都可以叫作"推定特征"。

② 本书在从国家规模维度对相关国家或地区进行划分时，会参考欧阳峣、罗富政和罗会华（2016）的文献，而该文献使用的是 2013 年数据，所以以 2013 年数据为准。

共将 37 个国家或地区划分为发达国家（地区）。其中，2009 年，英国《经济学家》杂志将韩国、新加坡和中国香港、台湾地区划分为新兴经济体；2012年 7 月国际货币基金组织在《世界经济展望》中将立陶宛、拉脱维亚和爱沙尼亚归类到新兴市场经济体。另外，因为捷克、斯洛伐克和斯洛文尼亚三国是中东欧转型国家，本书不将其作为发达国家看待。据此，共确定 27 个发达国家，具体见表 4.1。

表 4.1 　　　　　　　　　　　　发展中大国（地区）的划分

类别	大国	小国
发达国家	澳大利亚、加拿大、法国、德国、意大利、日本、英国、美国	奥地利、比利时、塞浦路斯、丹麦、芬兰、希腊、冰岛、爱尔兰、以色列、卢森堡、马耳他、荷兰、新西兰、挪威、葡萄牙、圣马力诺、西班牙、瑞典、瑞士
发展中国家或地区	中国、印度、俄罗斯、巴西、墨西哥、印度尼西亚、巴基斯坦、尼日利亚、埃及、埃塞俄比亚、伊朗、刚果（金）、南非	其他国家或地区

资料来源：由笔者根据相关文献整理划分。

对于国家规模维度，主要参考欧阳峣、罗富政和罗会华（2016），将人口规模超过 5000 万或陆地面积超过 100 万平方公里的国家或地区界定为大国①。这样，共确定 8 个发达大国。对于发展中大国，直接使用欧阳峣等（2016）的划分结果，共有 13 个发展中大国。具体划分见表 4.1。

本章的分析将以表 4.1 中的国家或地区划分为依据展开。其中，因为发展中小国或地区比较多，所以表 4.1 中没有一一列示，具体可由附录一中214 个国家或地区去除发达国家和发展中大国得到。在本章分析过程中，存在很多国家或地区、年份的数据缺失现象，对此一般直接忽略，因为这些一般为不甚重要的发展中小国或地区。

---

① 帕金斯和赛尔昆（Perkins & Syrquin，1989）从人口规模和地理面积两个角度界定大国，并且提出将人口和地理的影响相分离是特别困难的，因为这两个变量本身是相互关联的。

第二节　发展中大国的基本经济、结构特征

当前，尽管依然没有公认的界定发展中大国的指标体系和标准，众多中外学者都从定性的角度概括了大国或发展中大国的特征。例如，库兹涅茨（Kuznets，1960）将大国的经济特征总结为经济差异性、资源与市场规模、分工多元性和低外贸依存度；钱纳里和赛尔昆（Chenery & Syrquin，1975）还提出了经济结构的复杂性、收入分配不平等；张培刚（1992）强调要"注重对发展中大国的研究"，并将其界定为人口众多、幅员广阔、资源丰富、历史悠久、人均收入低下的发展中国家。这些特征都可以帮助我们加深对发展中大国概念内涵与外延的理解。因此，本节将通过对比分析对发展中大国的基本经济、结构特征进行探索性的统计分析。

尽管当前对大国经济发展特征进行统计分析的文献还比较少，对小国经济特征进行研究的文献却已经非常丰富，这些文献主要从经济增长、经济波动和制度发展水平三个角度与其他国家或地区进行对比分析，从而归纳小国特有的宏观经济特征（Easterly & Kraay，1998；World Bank，2000）。而欧阳峣（2014）在对大国典型经济特征进行描述性分析时强调了大国经济结构的复杂性。因此，综合上述文献，本章从经济增长、经济波动、经济结构和制度发展水平四个角度展开分析。在技术上对每类国家或地区的相应指标进行简单平均。如果存在缺失数据一般直接忽略。例如，2018 年 19 个发达小国中有一个 GDP 数据缺失，则直接计算 18 个有数据国家的平均 GDP。如果存在特殊情况，则在分析中具体指出。

一、发展中大国的经济增长特征

对于发达国家和发展中国家，一个关键的区别就在于人均 GDP；无论是大国还是小国，无论一国经济发展程度如何，GDP 都可以反映一国总的市场规模，及其相应的经济发展潜力；在经济开放条件下，人均国民收入（GNI）可能能够比人均 GDP 更好地反映一国的经济发展水平；根据经济收敛理论，

发展中国家应当比发达国家增长更快。因此，这一部分通过 GDP 总额、人均 GDP、人均 GDP 增长率和人均 GNI 四个指标的对比分析来把握发展中大国的经济增长特征。所有数据都来自 WDI 数据库。具体见图 4.1～图 4.4。

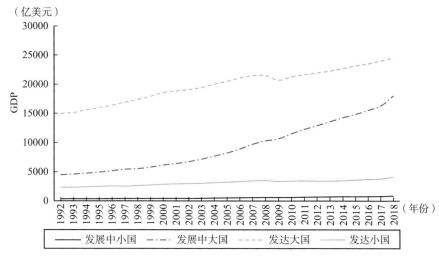

图 4.1　分类国家平均 GDP 走势（单位：2010 年不变美元）

资料来源：由笔者利用 WDI 数据库相关数据计算得到。

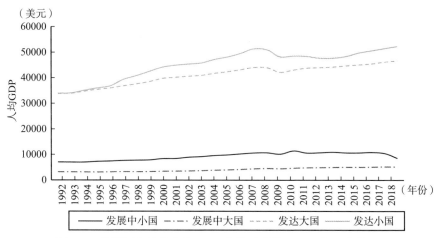

图 4.2　分类国家平均人均 GDP 走势（单位：2010 年不变美元）

资料来源：由笔者利用 WDI 数据库相关数据计算得到。

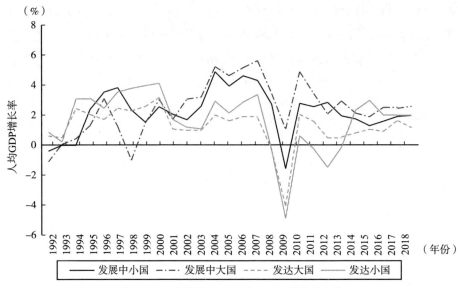

图 4.3　分类国家平均人均 GDP 增长率走势

资料来源：由笔者利用 WDI 数据库相关数据计算得到。

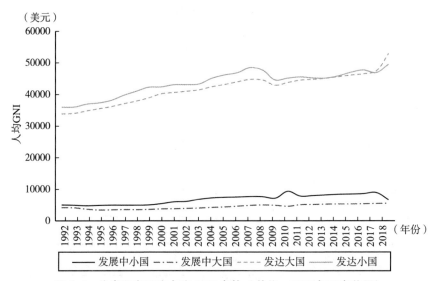

图 4.4　分类国家平均人均 GNI 走势（单位：2010 年不变美元）

资料来源：由笔者利用 WDI 数据库相关数据计算得到。

从图 4.1 可以看到，尽管发达小国人均 GDP 会大于发展中大国，其在经济规模上的发展潜力还是不足，这在图中表现为 1992 ~ 2018 年发展中大国 GDP 增长明显超过发达小国。另外，发展中大国的 GDP 不断向发达大国靠拢，也反映了发展中大国的后发优势或收敛趋势。

首先，图 4.2 的结果显示，小国一般具有相对更高的人均 GDP，这与当前文献中的结果保持一致（Easterly & Kraay，1998；World Bank，2000）。其次，1996 年之前，发达小国与发达大国人均 GDP 几乎没有差别，随后才显示出优势。这可能反映了经济全球化，例如，欧洲经济一体化等逐渐推进给小国带来更多的发展机遇。对于发展中国家，这种差别不太明显，可能因为发展中大国可以同时获得国际分工和后发规模经济优势的收益。

从图 4.3 可以看到，发达国家与发展中国家、大国与小国之间的人均 GDP 增长率，无论是从水平还是波动率来看，并没有明显的差别。不过，仔细观察的话，还是可以看到一些规律。第一，从 2001 年开始，发展中国家或地区人均 GDP 增长率开始超过发达国家，这可能反映了经济全球化的快速发展，因为从图形上很容易看出各类国家之间的人均 GDP 走势同步性增强。第二，尽管发展中国家或地区人均 GDP 增长率波动性区别不明显，发达小国经济波动率明显大于发达大国。第三，发展中大国在 2001 年以后人均 GDP 增长率还是明显高于其他种类国家或地区，可能反映了经济全球化中的经济增长收敛效应和大国的规模经济效应。

从图 4.4 可以看到，各类国家或地区人均 GNI 走势与图 4.2 中人均 GDP 走势基本一致，除了发达国家在 2010 年后人均 GNI 走势趋同。这可能反映了发达大国相对发达小国更多的国外投资。2008 年次贷危机和 2010 年欧债危机后，发达国家国内经济普遍低迷，这时其国外投资收入便凸显出来，而发展中国家或地区对外投资都有限，所以便呈现出和人均 GDP 一致的趋势。

二、发展中大国的经济稳定特征

本章选择产出波动、消费波动、价格波动、贸易条件波动和汇率波动五个指标来把握发展中大国的经济稳定特征。其中产出波动用人均 GDP 增长率的标准差表示，反映经济增长的稳定性；消费波动用人均消费增长率的标准差表示，反映居民福利增长的稳定性；价格波动用 CPI 数据的标准差表示，反映国内宏观经济稳定性；贸易条件波动使用净易货贸易条件指数（2000 年 = 100）的标准差表示，反映一国受国外冲击影响的稳定性；汇率波动使用真实有效汇率指数（2010 年 = 100）的标准差表示，反映宏观经济外部稳定性。所有数据都来自 WDI 数据库，时间为 1992 ~ 2018 年。缺失数据直接忽略，但求标准差时使用数据不能少于 5 年。

从图 4.5 可以清楚地看到，对于反映国内稳定的产出波动、消费波动和价格波动，结论都和理论及经验文献保持一致，即发达国家相对于发展中国家更加稳定，大国相对小国更加稳定。不过需要说明的是，对于发展中国家的价格波动，本章没有直接使用各组国家或地区 CPI 数据标准差的简单平均值，而是在去除大于 100 的异常值之后，对剩余国家或地区取平均值。因为，尤其是对于发展中大国，一共 13 个国家中就有 3 个有非常显著的异常值，这使得简单平均值严重背离正常值（见图 4.6）。对于发展中大国，如果不去除刚果（金）、巴西和俄罗斯 3 个国家，价格波动标准差将达到 428.91，而去除后只有 7.95。对于发展中小国，如果不去除大于 100 的异常值，价格波动标准差为 43.27，去除后为 9.21，大于发展中大国。

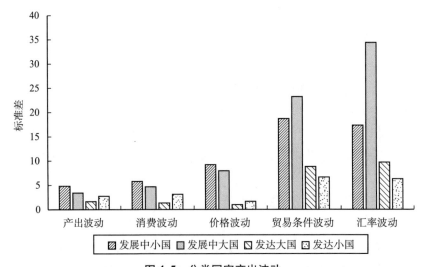

图 4.5　分类国家产出波动

资料来源：由笔者利用 WDI 数据库相关数据计算得到。

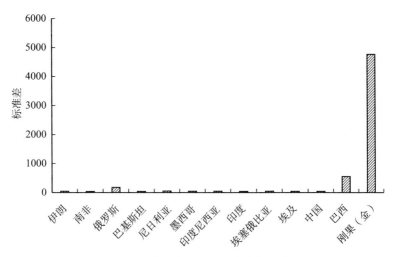

图 4.6　发展中大国通货膨胀标准差

资料来源：由笔者利用 WDI 数据库相关数据计算得到。

　　但是，对于反映外部稳定性的贸易条件波动和汇率波动，则和我们的直觉不完全一致，这主要体现在大国和小国外部环境的相对稳定性上。从图 4.5 可以看到，无论是贸易条件波动还是汇率波动，发达国家都比发展中国家稳定，与理论以及经验直觉保持一致；而小国总是比大国稳定却和我们的直觉不同，需要进一步解释。

　　首先，贸易条件波动来自一国进出口商品价格的易变性，因此它和一国进出口商品结构密切相关，但和国家规模不一定存在相关性。而且，在发达大国一组中，也出现了明显不同于其他国家的异常值。如果在计算贸易条件标准差简单平均值时去掉澳大利亚（31.25），发达大国均值只有 5.60；再去掉日本（15.49），就只剩下 3.96，显著低于发达小国。这就说明研究的结果并不是稳定的，因此不能据此判定其与理论、经验不符。另外，至于大国与小国贸易条件波动是否存在显著差别是可以深入研究的另外一个问题，这里不再深入探讨。

　　其次，对于汇率波动，这种现象可能是因为发展中小国多采用相对固定的汇率制度。一般而言，小国对国际市场更加依赖，而且国内金融市场一般深度不够，居民没有足够的渠道管理、分散风险，因此需要政府稳定汇率。对于发达小国，可能是因为它们大部分来自欧盟，所以汇率相对固定。

三、发展中大国的经济结构特征

经济结构是区分发达国家和发展中国家的重要特征指标（阿根诺和蒙蒂尔，2004）。同样，大国和小国，尤其是发展中大国和发展中小国之间也可能存在显著的结构差异（欧阳峣，2014）。因此，本章选择可以量化的指标，从不同角度反映各类国家或地区可能存在的结构差异。首先，本章使用服务业占 GDP 比重指标表示产业结构①。其次，分别使用广义货币占 GDP 比重和银行资产/（银行资产＋股票资产）指标来表示金融深化程度和金融市场结构。最后，分别使用城镇人口比重和基尼系数来表示城乡二元结构和收入结构。除基尼系数数据来自联合国的世界收入不平等数据库（WIID）之外，本部分其他数据都来自世界银行发展指数（WDI）数据库，时间为 1992 ~ 2018 年。

由图 4.7 可以看到，首先，与理论及经验研究一致，发达国家服务业占 GDP 比重明显高于发展中国家或地区，这反映了发达国家产业结构优于发展中国家。其次，对于发达国家，发达大国的服务业比重大于发达小国；而对于发展中国家或地区，发展中大国的服务业比重却小于小国，这说明国家规模和经济结构的关系并不是确定的。这种差别可能还是由经济结构随经济发展的演化特征决定的。经济结构一般是沿着农业、工业和服务业逐步演化的，而且，经济结构向服务业升级主要指的是以信息、技术为基础的具有规模经济效应的现代服务业比重的上升。因此，对于经济结构已经基本达到均衡状态的发达国家而言，发达大国国家规模带来的规模经济优势就会使其服务业比重高于发达小国。图 4.7 中发达大国和发达小国服务业比重的趋同可能反映了经济一体化的深入。而对于发展中国家或地区，除了一些新兴市场经济体，主要还处于工业化阶段，其国家规模优势主要体现在发展中大国制造业比重的相对上升上，这样就使小国的服

---

① 普拉萨德等（Prasad et al.，2003）使用制造业和农业总产值占 GDP 比重来表示产业结构。

务业比重相对高于大国。无论如何，图 4.7 很清楚地显示发展中大国具有最低的服务业占 GDP 比重，说明发展中大国经济结构还主要处于工业发展阶段。

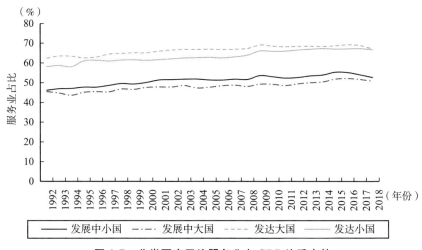

图 4.7　分类国家平均服务业占 GDP 比重走势

资料来源：由笔者利用 WDI 数据库相关数据计算得到。

从图 4.8 可以看到，首先，与理论与经验一致，发达国家比发展中国家或地区货币化程度更高。其次，大国一般货币化程度更深，虽然这个差别并不明显。尽管从图 4.8 中可以看到，对于发达国家，发达大国在 2001 年之后货币化程度开始明显高于发达小国，但因为发达大国中只有四个国家数据（不包括日本和欧元区的法国、德国、意大利），其数据极易受到个别国家货币政策的影响，因此用以分析的价值不高。对于发展中国家，发展中大国货币化程度更深，这可能反映了发展中大国的规模经济优势。

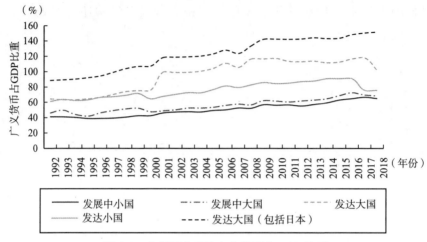

图4.8 分类国家平均广义货币占 GDP 比重

注：由于很多国家属于欧元区，因此缺少广义货币数据会对结果产生一定的影响。尤其是对于发达大国，8 个国家中有 3 个处于欧元区，结果使其广义货币占 GDP 比重极易受到个别国家货币政策，或一些缺失值的影响。如日本广义货币占 GDP 比重明显高于其他国家，因此本章使用了去除日本后发达大国的数据，但也将包括日本的曲线做出，以作对比。

资料来源：由笔者利用 WDI 数据库相关数据计算得到。

从图 4.9 可以看到，在各类国家或地区之间，金融结构并没有显示出明显的区别，尤其是在发达国家和发展中国家之间几乎看不出区别，这和林毅夫、冯帆和符大海（2009）认为发展中国家或地区普遍只存在比较初级的金融机构，如商业银行的观点不太一致。尽管本章因数据获取原因没有考虑债券市场，导致银行信贷/（银行信贷＋股票市值）指标不能准确反映银行在金融市场中的地位，但也在一定程度上反映了金融结构和经济发展水平没有很强的相关性。从现实经验来看，例如，德国、日本等发达国家就一直对银行体系具有相当高的依赖程度。不过由图 4.9 可以看出，尽管不够明显，大国一般还是显示出了相对小国对股票市场的更高依赖程度，这可能反映了证券市场对规模经济的要求。

图 4.9　分类国家金融结构

资料来源：由笔者利用 WDI 数据库相关数据计算得到。

从图 4.10 可以看到，各类国家或地区的城乡人口结构分布很清楚，并呈现出三个和理论、经验一致的特征：第一，发达国家城镇人口比重显著高于发展中国家或地区；第二，一般小国城镇人口比重更高，这应该是由大国人

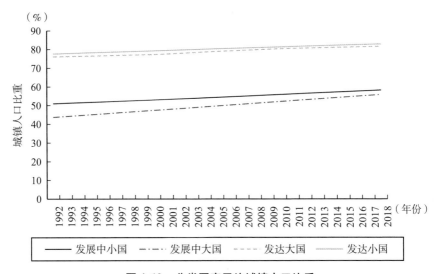

图 4.10　分类国家平均城镇人口比重

资料来源：由笔者利用 WDI 数据库相关数据计算得到。

口相对过剩导致的；第三，随着经济发展水平的提高，大国和小国城乡人口结构开始趋同，这可能反映了随着经济发展水平的提高，制造业，尤其是现代服务业对劳动力的吸收能力增强，大国相对过剩的劳动力逐渐得到解决。

从图 4.11 可以看到，与理论与经验一致，首先，发达国家基尼系数低于发展中国家或地区；其次，大国相对小国基尼系数更高。因此，在所有种类国家中，发展中大国一般具有最高的基尼系数，也即收入分配不平等程度比较高。

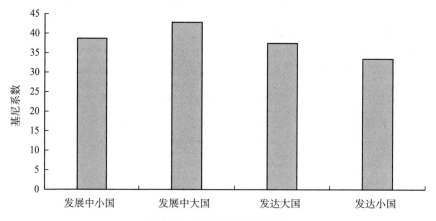

图 4.11　分组国家基尼系数

注：WIID 数据库中收集了各国各年不同来源、不同计算方法得到的基尼系数。笔者发现，如果采用使用统一来源和计算方法的数据，最多只能得到 40 多个国家或地区的数据。因此，本书对 2011～2017 年各国所有来源和计算方法的基尼系数进行简单平均，共得到 147 个国家或地区的数据，其中发达大国数据完整，发展中大国只缺少尼日利亚，发达小国只缺少圣马力诺，从而保证了样本的代表性。

资料来源：由笔者利用 WIID 数据库相关数据计算得到。

四、发展中大国的制度发展特征

当前不同国际机构或文献中提出了很多反映制度发展水平的指标，基于权威性和数据可得性，本章选择世界治理指数（WGI）数据库中政府效率（government effectiveness）、管理质量（regulatory quality）和法制水平（rule of law）三个指标对照分析发展中大国的制度发展水平特征。其中，政府效率表示政府提供公共服务质量、独立于政治压力的程度、政策形成与实施质量，以及政府政策承诺的可信性；管理质量表示政府形成并实施促进私人部门发展的良好政策、监管的能力；法制水平则表示居民对社会规则相信并遵守的程度，尤其是合约执行、产权、警察、法庭质量以及犯罪和暴力的可能性。

从图 4.12 ~ 图 4.14 可以看到，三个指标反映的分类国家或地区制度质量走势及对比关系完全一致。首先，发达国家制度质量明显高于发展中国家或地区。其次，小国一般具有更高的制度质量，这可能反映了大国因区域、民族等差异、代理问题等而导致治理难度相对较高（周雪光，2013），不过对于发展中国家和地区这个差别不是很明显。最后，1996 ~ 2017 年，各组国家或地区制度质量基本保持平稳，这可能反映了制度演进是比较缓慢的。

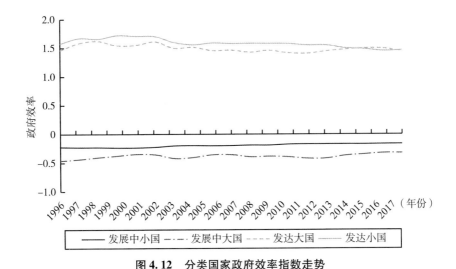

图 4.12　分类国家政府效率指数走势

资料来源：由笔者利用 WGI 数据库相关数据计算得到。

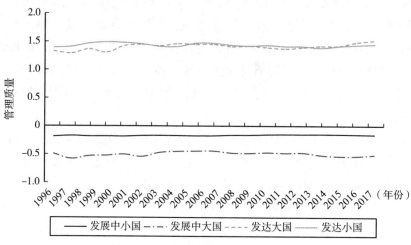

图 4.13　分类国家管理质量指数走势

资料来源：由笔者利用 WGI 数据库相关数据计算得到。

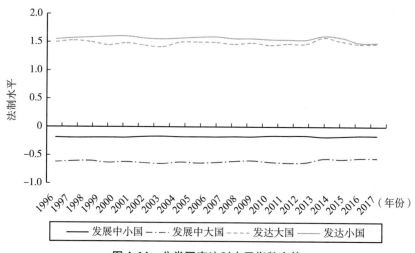

图 4.14　分类国家法制水平指数走势

资料来源：由笔者利用 WGI 数据库相关数据计算得到。

　　对于发展中大国，无论如何，其制度质量是最低的。不过，这也意味着发展中大国制度质量提升的空间比较大。因为对于发达国家，大国和小国之间制度质量差距并不大。这说明随着经济发展水平的提高，大国制度质量会向小国趋同。

第三节　发展中大国的经济开放特征

众多研究都指出经济发展水平和国家规模会影响一国经济开放度，因此我们在本节选择贸易开放度、金融开放度（资本账户开放度）和外商直接投资（FDI）占一国 GDP 比重三个指标来对比分析发展中大国经济开放度特征。

一、发展中大国贸易开放度特征

贸易开放是经济开放的基础和核心部分，但对其进行准确测度比较困难，现有文献中提出的测度方法各有优劣。考虑到可比性和数据可得性，本章采用最为常用的贸易依存度，即（出口额 + 进口额）/GDP 指标来表示贸易开放度，进行对比分析。数据来源于世界发展指数（WDI）数据库，由出口占GDP 百分比和进口占 GDP 百分比加总得到。

从图 4.15 可以看到，不同种类国家或地区之间贸易开放度存在着明显的差异。首先，大国的贸易开放度显著小于小国，无论是发达国家还是发展中国家或地区。这充分反映了小国由于资源、市场规模限制所导致的对外部资源和市场的依赖。其次，发展中国家或地区的贸易开放度一般小于发达国家，尽管发达大国和发展中大国贸易开放度差异不明显。发达大国和发展中大国之间贸易开放度差异不明显可能是由其经济结构差异决定的，因为发达国家一般服务业（第三产业）所占比重更大，但服务业可贸易性显著低于制造业，且依然受到比较严格的贸易保护。小国之间差异明显则可能是因为在开放条件下，发达小国可以相对更多地依靠国际分工发展制造业，而无须保证国内产业平衡。图 4.15 中发达小国贸易开放度在 1992 年后开始和发展中小国拉开距离，可能反映了世界经济一体化，尤其是欧洲经济一体化的进程。最后，各类国家贸易开放度基本上是在上升的，但是 2011 年之后，除发展中小国外，其余三类国家或地区都有下降趋势，这可能反映了 2008 年美国次贷危机、2010 年欧债危机之后发达国家贸易保护主义增强的趋势。

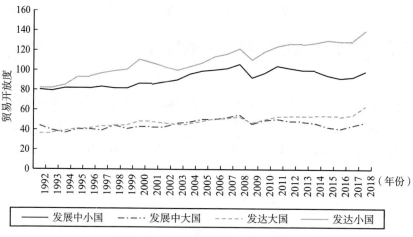

图 4.15　分类国家贸易开放度走势

资料来源：由笔者利用 WDI 数据库相关数据计算得到。

　　总之，根据四类国家或地区的对比分析，发展中大国一般具有相对较低的贸易开放度，而且随着经济增长，其贸易开放应当适度推进，而不应像小国那样以高于 GDP 增速的速度提高。

二、发展中大国金融开放特征

　　当前发展中大国基本上都已经实现了贸易开放，尤其在货物贸易开放领域已经和发达大国差别不大。而金融开放是其当前及未来一段时期面临的重要任务，是实现经济开放的最后一步，也是风险与机遇并存的一步。目前表示金融开放的最常用指标为和贸易依存度对应的金融依存度，即（资本流入 + 资本流出）/GDP。该指标简洁清楚，但资本流动数据年度之间波动频繁、幅度较大，会导致计算得到的金融开放度过度波动，显得不尽合理（周茂荣和张子杰，2009）。因此，本章选择使用资本存量指标替代资本流量指标来计算各国金融开放度，但在资产方不考虑外汇储备，即（对外总资产 + 对外总负债 – 外汇储备）/GDP。其中，各资本存量数据来自莱恩和米莱西 – 费雷

蒂 （Lane & Milesi-Ferretti, 2007） 的国家外部财富数据（EWN）扩展版 "EWN 1970—2011"[1], GDP 数据来自世界发展指数（WDI）数据库, 只保留两数据库中都有的国家或地区样本。因 EWN 数据只公开到 2011 年, 故本章选择 1970~2011 年数据进行分析。

由图 4.16 可以看到, 和贸易开放度一致的是大国金融开放度一般小于小国, 不一致的是经济发展水平是决定金融开放度水平的相对更重要因素, 发展中国家金融开放度一般小于发达国家。不过, 无论这些决定因素如何变化, 发展中大国都是开放度最低的一类国家。

另外, 从图 4.16 中可以看到, 各类国家或地区金融开放度也在随时间提升, 但主要还是发生在发达国家, 发展中国家或地区尤其是发展中大国金融开放程度提升并不明显。发达小国金融开放度明显高于其他三类国家可能反映了其利用金融开放熨平经济波动、消费波动的意愿和能力, 其 2008 年金融开放水平的显著下降也反映了其对世界经济的依赖程度比较高, 更容易受到外源经济、金融波动的冲击。

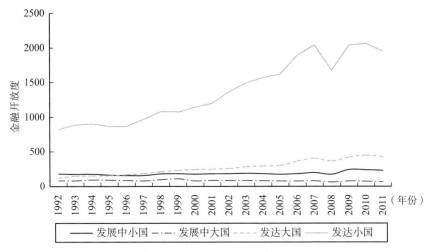

图 4.16　分类国家金融开放度走势

资料来源: 由笔者利用 EWN 和 WDI 数据库相关数据计算得到。

---

① http：//www. philiplane. org/EWN. html。

三、发展中大国吸引外商直接投资特征

外商直接投资（FDI）因其能带来技术和管理经验溢出，而且相对其他各类资本流动更为稳定，而成为绝大部分发展中国家或地区最为关注的引进外资形式。因此，本章利用 FDI 占一国 GDP 比重对各分类国家或地区对比分析，对发展中大国吸收 FDI 的特征进行归纳。FDI 依然使用存量数据，数据来自"EWN 2011"；GDP 数据来自 WDI 数据库。样本选择和样本时间区间与发展中大国金融开放特征部分相同。

从图 4.17 可以看到，发展中大国依然是吸收 FDI 相对最少的国家类别。具体而言，首先，发达国家相对吸收更多的 FDI，这可能反映了各国企业海外投资时对东道国经济、制度环境的看重。其次，发达小国吸收 FDI 比重显著高于其他种类国家或地区，这可能反映了小国对国际分工的依赖和小国相对较低的 GDP 的综合作用。最后，发展中小国尽管 GDP 明显小于发展中大国，但其FDI/GDP 比重并不高于发展中大国，可能反映了发展中大国相对发展中小国对FDI 的更强吸引力，因为发展中大国庞大的潜在市场规模可以形成规模经济效应。

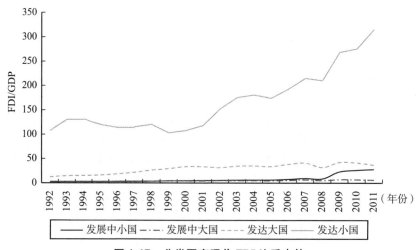

图 4.17　分类国家吸收 FDI 比重走势

资料来源：由笔者利用 EWN 和 WDI 数据库相关数据计算得到。

第四节　本章小结

通过对来自 WDI 数据库的 214 个国家或地区分组，然后对其主要宏观经济指标、经济开放指标进行对比分析，发现发展中大国在绝大多数指标上都表现出了显著不同于其他国家或地区的特征。首先，从经济增长来看，发展中大国在 GDP 总额上显著高于小国，包括发达小国，从而具有规模经济优势；但其人均 GDP、人均 GNI 在所有分组国家或地区中是最低的，可能反映了其较大的人口剩余难以得到有效解决；尽管发展中大国在 20 世纪末开始逐渐成为增长率最高的一组国家，各类国家间人均 GDP 增长率却没有显著差异。其次，从经济波动来看，发展中大国的国内经济稳定性，无论是从产出、消费还是价格看，都高于发展中小国，但低于发达国家，尤其是价格稳定性显著低于发达国家；但在外部稳定性上，无论是贸易条件还是汇率，都是波动最大的一组，这一方面可能反映了发展中国家相对发达国家更容易受到外部冲击，另一方面反映了小国政府对于汇率和进出口价格更多的管理。再其次，从经济结构来看，发展中大国经济结构最为落后，这可能反映了大国经济结构转变的困难；发展中大国金融发展程度一般高于发展中小国，但依然远小于发达国家，经济结构则和发达大国相似，对银行依赖相对较大；城镇人口占比是最小的，说明城乡二元结构更为严重；基尼系数也是各类国家或地区中最大的，说明其收入分配最不公平；从制度特征来看，发展中大国在政府效率、国家管理和法制水平指数上都是最低的，可能反映了经济发展水平和大国的治理难度。最后，无论是贸易开放度、金融开放度还是 FDI 占 GDP 比重，发展中大国都是最低的，这一方面可能反映了其作为分母的 GDP 远大于小国，另一方面可能反映了其资源和市场规模使其可以更多依靠内源发展，相对小国可以减少对国际市场的依赖。

第五章
发展中大国经济开放度选择实证研究

尽管经济学理论一般指出经济开放能够促进一国的福利增进，经验研究却无法得出令人信服的结论（Sachs & Warner，1995；Prasad et al.，2003；Kose et al.，2009）。于是，越来越多的学者认为经济开放要获得收益是需要满足一定的门槛（前提）条件的（Rodriguez & Rodrik，2000；Prasad et al.，2003）。尤其是金融开放需要的门槛条件更高。因此，本章利用尽量广泛的样本和最新数据实证检验发展中大国的国家规模和经济发展水平特征是否是其经济开放度选择的重要影响因素，为发展中大国最优经济开放度选择提供一些经验借鉴。

本章首先从间接角度，利用具有交叉项的面板回归模型和门槛面板回归模型实证检验国家规模和经济发展水平如何影响经济开放的经济增长、经济波动效应。由于开放的宏观经济目标可以归纳为经济增长和经济稳定，所以学者们一般从经济开放的经济增长、经济波动效应角度间接分析一国是否应当实施或进一步推进经济开放，例如，普拉萨德等（Prasad et al.，2003）、高丝等（Kose et al.，2009），以及高丝、普拉萨德和泰勒（Kose，Prasad & Taylor，2011）等对资本账户开放的经济增长、经济波动效应做了深入、广泛的实证分析。然后，以经济开放水平为被解释变量，以国家规模和经济发展水平为解释变量，直接实证分析一国经济开放度选择过程中的国家规模和经济发展水平的作用。

第一节 基于经济增长效应的回归模型

一、模型设定

当前，学者们发展了不同的模型形式来对门槛效应进行实证检验。本章同时使用两种常用的方法，以对国家规模和经济发展水平在经济开放的经济增长效应中可能存在的门槛效应进行更加深入的对比分析。首先，参考钦和伊藤（Chinn & Ito，2006）与高丝、普拉萨德和泰勒（Kose，Prasad & Taylor，2011），设定基于经济开放与国家规模或经济发展水平交叉项的线性门槛回归模型，见式（5-1）：

$$growth_{it} = \alpha + \lambda_i + \delta_t + \beta_1 openness_t + \beta_2 openness_t \times thd_t + \theta X_{it} + \varepsilon_{it} \quad (5-1)$$

其次，根据汉森（Hansen，1999）建立面板非线性回归门槛模型，见式（5-2）：

$$growth_{it} = \alpha + \lambda_i + \delta_t + \beta_1 openness_{it} \times I(thd \leqslant \gamma) \quad (5-2)$$
$$+ \beta_2 openness_{it} \times I(thd > \gamma) + \theta X_{it} + \varepsilon_{it}$$

其中，$growth_{it}$ 为人均 GDP 增长率，$openness_{it}$ 为经济开放度，thd 为门槛变量，X_{it} 为控制变量向量，λ_i 表示个体固定效应，δ_t 表示时间固定效应，ε_{it} 是残差项，$I(\cdot)$ 表示示性函数，当条件为真时，取值 1，当条件为否时，取值 0，i 表示不同国家或地区，t 表示年份。

两种门槛模型都能够发现并确定门槛值，但也各有特点。式（5-1）的线性门槛回归经济含义直观明确，对数据结构要求不高；而式（5-2）估计的非线性回归要求数据为平衡数据，且可能存在多个门槛值，使其经济含义的解释显得复杂；但是能够更加准确地探查可能存在的非线性情况。为了分析发展中大国经济开放的经济增长效应，本章设定国家规模和经济发展水平两个门槛变量，分别对经济开放的经济增长效应可能的非线性特征进行实证检验，并对比分析。

参考巴罗（Barro，1996）、陈中飞和王曦（2018），以及高丝、普拉萨德和泰勒（Kose, Prasad & Taylor, 2011），本章设定控制变量向量如下：包含初始人均 GDP，以体现收敛性；包含固定资本投资/GDP 和人力资本，以体现经济增长中的基础要素投入；包含金融发展水平和制度质量，以体现制度环境。

二、指标选取与数据来源

本章被解释变量使用不变价格人均 GDP 增长率。由于经济开放是一个内涵丰富而难以准确归纳为一个独立指标的概念（周茂荣和张子杰，2009），本章分别考虑贸易开放和金融开放（资本账户开放），不界定同时包含二者的单一经济开放度指标，在贸易开放增长效应模型中不包括金融开放指标，但在金融开放增长效应模型中加入贸易开放度作为控制变量。另外，对于经济开放度的测度有基于规则的（de jure）测度和基于结果的（de facto）测度两种。由于模型侧重于分析经济开放的经济增长、经济波动结果，而且为了得到尽可能多样本国家或地区可比数据，本章使用基于结果的经济开放度测度结果。奥布斯特费尔德（Obstfeld，2009）提出，由于实施强度不同、对资本流出流入、对居民和非居民的差别对待等，使得单纯的基于规则的资本账户开放度的影响难以解释。普拉萨德等（Prasad et al., 2003）指出拉美国家基于规则和基于结果的金融开放度存在系统性差异，而非洲国家几乎没有正式的资本账户管制措施，却缺乏资本流动，因此，重要的是事后（实际）开放度。

门槛变量中，国家规模使用人口规模和国土面积对比分析，经济发展水平则使用不变价格人均 GDP。根据本书第四章界定发展中大国时的分析，人口规模和国土面积是国家规模界定的客观指标，且两者紧密相连（Kuznets，1960；Perkins & Syrquin，1989），所以本章同时使用两者；而市场规模或经济总量（GDP）可能因经济发展阶段的差异而不能准确反映国家规模的客观影响，所以本章不予采用。

控制变量中，固定资本投资/GDP 指标中的固定资本投资包括私人投资和政府投资，以反映很多发展中国家，尤其是新兴市场经济体中政府投资的重要作用；人力资本使用人均教育年限作为代理变量；金融发展水平使用 M2/GDP 指标；制度发展水平使用世界银行的政府治理水平（WGI）指标中的政府效率（government effectiveness）指标；同时，利用 WGI 中的管理质量（regulatory quality）和法律制度（rule of law）两个指标做稳健性检验。

对于不同的指标，本章尽量选择相同的数据来源。具体的变量界定与数据来源见表 5.1。

表 5.1 变量及数据来源

类别	变量	变量界定	数据来源
被解释变量	经济增长（ggdpper）	人均 GDP 增长率	WDI
解释变量	初始经济发展水平（lngdpper5）	滞后五年实际人均 GDP，取对数	WDI
	固定投资（fixedcapital）	固定资本投资/GDP	WDI
	人力资本（lnschooling）	平均受教育年限，取对数	WDI
	金融发展水平（fdepth）	M2/GDP	WDI
	制度发展水平（government）	governement effectiveness 指标	WGI
	贸易开放度（topenness）	（出口额＋进口额）/GDP	WDI
	金融开放度（fopenness）	（对外总资产＋对外总负债－外汇储备）/GDP	WDI/Updated EWN 1970—2011
门槛变量（thd）	人口规模（population）	总人口数	WDI
	国土面积（land）	陆地面积	WDI
	经济发展水平（gdpper）	实际人均 GDP	WDI

类别	变量	变量界定	数据来源
稳定性检验	管理质量 （*regulatory*）	regulatory quality 指标	WGI
	法律制度 （*rule_law*）	rule of law 指标	WGI

　　注：WDI（World Development Indicators）；EWN（External Wealth of Nations Mark dateset）；WGI（World Governance Indicator）。

三、样本选择与初步统计结果

　　本章以第四章 214 个国家或地区 1992～2018 年数据为基础选择样本，样本要兼顾三个数据来源及数据可得性。最终选定 86 个国家或地区作为样本（具体见本书附录二），样本时间区间为 1994～2017 年，只有金融开放数据为 1994～2011 年。如此，样本数据保证了时间序列两端数据缺失一般不超过两个，直接使用最近数据进行补充；时间序列中间数据一般不缺失，有缺失时利用前后两个数值的平均值进行补充。不过，来自 WGI 的三个制度相关数据缺失较多，1994 年、1995 年、1997 年、1999 年和 2001 年数据全部缺失，同样使用了前述方法进行补充。

　　对所有数据的简单统计描述见表 5.2。

表 5. 2　　　　　　　　　　　经济增长模型相关数据描述统计

变量	样本量	平均值	标准差	最小值	最大值
gdpper	2064	2. 367	4. 073	− 47. 503	37. 536
ln*gdpper*5	2064	8. 191	1. 489	5. 157	11. 425
fixedcapital	2064	22. 357	6. 534	− 2. 424	52. 939
ln*schooling*	2064	1. 877	0. 554	− 0. 223	2. 595
fdepth	2064	56. 809	45. 329	6. 362	395. 717
topenness	2064	79. 321	54. 573	15. 636	442. 62
population	2064	$6.23e+07$	$1.88e+08$	202000	$1.39e+09$

续表

变量	样本量	平均值	标准差	最小值	最大值
land	2064	918000	1840000	670	9390000
gdpper	2064	10325.11	16600.12	173.621	91617.28
fopenness	1548	203.399	441.941	15.983	7345.255
government	1634	0.009	0.898	−1.848	2.437
regulatory	1634	0.064	0.846	−1.72	2.261
rule_law	1634	−0.076	0.91	−1.817	2.096

各变量之间的相关系数见表5.3。从相关系数可以看到，除三个制度变量 *government*、*regulatory* 和 *rule_law* 之间，*land* 和 *population* 之间，lngdpper5 和 *gdpper* 相关系数比较高之外。只有 lngdpper5 或 *gdpper* 与 lnschooling，以及三个制度变量之间相关系数比较高，可能存在共线性。但是这三类变量在一般增长模型中都同时存在，所以本章中也同时保留。

表5.3　　　　　　　　　　　　相关系数矩阵

变量	(1)	(2)	(3)	(4)	(5)	(6)	(7)	(8)	(9)	(10)	(11)	(12)	(13)
ggdpper	1.00												
lngdpper5	−0.02	1.00											
fixedcapital	0.23	0.23	1.00										
lnschooling	0.06	0.65	0.24	1.00									
fdepth	0.03	0.53	0.27	0.40	1.00								
topenness	0.04	0.26	0.20	0.26	0.46	1.00							
Population	0.17	−0.03	0.29	−0.02	0.21	−0.18	1.00						
land	0.06	0.19	0.16	0.12	0.12	−0.27	0.57	1.00					
gdpper	−0.06	0.79	0.10	0.44	0.46	0.15	−0.05	0.14	1.00				
fopenness	−0.03	0.28	0.02	0.17	0.36	0.45	−0.08	−0.10	0.28	1.00			
government	−0.01	0.73	0.18	0.61	0.55	0.31	0.01	0.13	0.75	0.34	1.00		
regulatory	−0.02	0.69	0.13	0.59	0.49	0.32	−0.06	0.09	0.69	0.35	0.93	1.00	
rule_law	−0.03	0.68	0.15	0.55	0.50	0.26	−0.01	0.10	0.75	0.33	0.94	0.92	1.00

注：在计算 *fopenness*、*government*、*regulatory* 和 *rule_law* 四个变量与其他变量之间，以及四个变量相互之间的相关系数时，忽略两变量缺失年份数据。另外，受空间限制，在表格第一行使用数字按顺序表示第一列变量名。

四、基本模型结果

本章以式（5-1）的线性门槛模型为基本模型进行估计。根据 F 检验和霍斯曼检验结果，应当建立固定效应模型。因为各个国家或地区之间存在不随时间变化的差异，应当建立个体固定效应模型；同时，在 1994~2017 年经历了两次大型区域性或全球性金融危机，因此同时建立双固定效应模型。另外，考虑到贸易开放与金融开放之间存在着显著差异，本章对贸易开放和金融开放的经济增长效应分开进行估计，结果分别见表 5.4 和表 5.5。

表 5.4　　　　　　　　　　　　　贸易开放回归结果

变量	基础模型		线性门槛模型					
	(1)	(2)	(3)	(4)	(5)	(6)	(7)	(8)
lngdpper5	-4.903*** (0.562)	-6.058*** (0.613)	-5.074*** (0.571)	-6.276*** (0.626)	-4.987*** (0.563)	-6.143*** (0.615)	-4.909*** (0.563)	-6.051*** (0.614)
fixedcapital	0.102*** (0.018)	0.0956*** (0.018)	0.100*** (0.018)	0.093*** (0.018)	0.098*** (0.018)	0.092*** (0.018)	0.106*** (0.018)	0.096*** (0.018)
lnschooling	5.020*** (0.727)	1.255 (1.031)	4.971*** (0.728)	1.109 (1.034)	4.937*** (0.727)	1.227 (1.030)	5.021*** (0.728)	1.274 (1.036)
topenness	0.016*** (0.005)	0.0077 (0.005)	0.015** (0.005)	0.0065 (0.005)	0.0119** (0.006)	0.005 (0.005)	0.014** (0.006)	0.007 (0.006)
fdepth	-0.010 (0.007)	-0.0097 (0.007)	-0.009 (0.007)	-0.009 (0.007)	-0.009 (0.007)	-0.009 (0.007)	-0.012 (0.007)	-0.010 (0.007)
government	2.073*** (0.453)	2.346*** (0.442)	2.062*** (0.453)	2.344*** (0.441)	2.158*** (0.454)	2.403*** (0.443)	2.027*** (0.456)	2.334*** (0.446)
topenness × population			5.99e-11* (3.45e-11)	5.56e-11* (3.34e-11)				
topenness × land					1.49e-08** (5.97e-09)	9.77e-09* (5.83e-09)		
topenness × gdpper							1.50e-07 (1.66e-07)	3.04e-08 (1.67e-07)

续表

变量	基础模型		线性门槛模型					
	(1)	(2)	(3)	(4)	(5)	(6)	(7)	(8)
常数项	29.543*** (4.045)	44.00*** (5.23)	30.99 (4.129)	46.00*** (5.365)	30.126*** (4.047)	44.584*** (5.241)	29.656*** (4.047)	43.932*** (5.249)
国家效应	是	是	是	是	是	是	是	是
时间效应	否	是	否	是	否	是	否	是
样本数	2064	2064	2064	2064	2064	2064	2064	2064
R^2	—	0.1616	0.0792	0.1628	0.0807	0.1628	0.0782	0.1617

注：括号内为标准差；* $p < 0.10$，** $p < 0.05$，*** $p < 0.01$。

表5.5   金融开放回归结果

变量	基础模型		线性门槛模型					
	(1)	(2)	(3)	(4)	(5)	(6)	(7)	(8)
$lngdpper5$	-.0002*** (0.00005)	-0.0003*** (0.00006)	-0.0002*** (0.00006)	-0.0003*** (0.00006)	-0.0002*** (0.00006)	-0.0003*** (0.0006)	-0.0002*** (0.00007)	-0.0004*** (0.00007)
$fixedcapital$	0.079*** (0.024)	0.068*** (0.024)	0.080*** (0.024)	0.069*** (0.024)	0.078*** (0.024)	0.068*** (0.024)	0.085*** (0.024)	0.075*** (0.024)
$lnschooling$	4.317*** (0.993)	-1.143 (1.580)	4.292*** (0.995)	-1.201 (1.584)	4.369*** (1.000)	-1.127 (1.595)	4.436*** (0.994)	-1.665 (1.586)
$topenness$	0.028*** (0.008)	0.014* (0.007)	0.027*** (0.008)	0.014* (0.007)	0.028*** (0.008)	0.014* (0.007)	0.024*** (0.008)	0.009 (0.008)
$fdepth$	-0.0323*** (0.010)	-0.030*** (0.010)	-0.031*** (0.010)	-0.029*** (0.010)	-0.032*** (0.010)	-0.030*** (0.010)	-0.034*** (0.010)	-0.034*** (0.010)
$government$	2.137*** (0.605)	2.506*** (0.589)	2.127*** (0.606)	2.495*** (0.589)	2.142*** (0.606)	2.507*** (0.589)	2.124*** (0.605)	2.53*** (0.587)
$fopenness$	-0.00007 (0.0003)	0.00009 (0.0003)	-0.00005 (0.0003)	0.0001 (0.0003)	-0.0006 (0.0003)	0.00009 (0.0003)	-0.0007 (0.0004)	-0.0009* (0.0004)
$fopenness \times population$			-1.22e-11 (2.65e-11)	-1.51e-11 (2.53e-11)				
$fopenness \times land$					5.43e-10 (1.17e-09)	8.99e-11 (1.13e-09)		

发展中大国经济开放度选择与开放路径研究

续表

变量	基础模型		线性门槛模型					
	(1)	(2)	(3)	(4)	(5)	(6)	(7)	(8)
fopenness × *gdpper*							6.81e−08 * (3.49e−08)	1.01e−07 *** (3.42e−08)
常数项	−5.712 *** (1.698)	3.430 (0.18)	−5.725 *** (1.698)	3.464 (2.904)	−5.747 *** (1.700)	3.410 (2.915)	−5.142 *** (1.72)	5.589 * (2.98)
国家效应	是	是	是	是	是	是	是	是
时间效应	否	是	否	是	否	是	否	是
样本数	1548	1548	1548	1548	1548	1548	1548	1548
R^2	0.0518	0.1475	0.0519	0.1477	0.0519	0.1475	0.0542	0.1526

注：括号内为标准差；* $p<0.10$，** $p<0.05$，*** $p<0.01$。

表5.4是贸易开放的经济增长效应模型。其中，模型（1）和模型（2）是不包含交叉项的基础模型，模型（3）~模型（8）为线性门槛模型。模型（3）和模型（4）以人口规模为门槛，模型（5）和模型（6）以国土面积为门槛，模型（7）和模型（8）以人均GDP为门槛。从模型（1）~模型（8）可以看到，在控制变量中，初始人均GDP、固定资本投资和制度显著且稳定，与一般研究一致；人力资本只有在个体固定效应模型中显著，不够稳定；金融发展水平则一直不显著，且系数为负值，可能反映了各国反周期的货币政策，尤其是2008年次贷危机之后发达国家实施的超级宽松货币政策。

对于贸易开放的经济增长效应，从基础模型可以看到，在两个模型中，其系数都为正，但只有在个体固定效应模型中显著，这说明了贸易开放一般具有正的经济增长效应，但经验研究并不能得到确切的答案，这和当前的研究结论是一致的（Rodriguez & Rodrik，2000）。从包含门槛效应的模型来看，首先，无论是从人口规模还是国土面积来看，国家规模都具有显著的门槛效应，但是门槛效应的系数为正，说明对于越大的国家或地区，其贸易开放的经济增长效应越强，这和理论分析相反。这个悖论可能反映了发展中国家或地区在经济发展过程中所实施的外向型经济发展战略。发展中大国以其规模优势，更快、更多地通过外商直接投资等渠道得到了进出口的快速增长。中国是一个典型的例子，其贸易依存度远大于很多小国。为避免这种干扰，只能将样本局限于发达国家，但如果这样，就偏离了我们聚焦于发展中大国经济开放度选择的主题。另外，人均 GDP 对贸易开放并没有显示出显著的门槛效应。本章将在验证了这两个关系的稳定性之后再尝试对其做出解释。

表 5.5 是金融开放的经济增长模型，模型（1）~模型（8）是与贸易开放模型对应的基础模型和线性门槛模型。从模型（1）~模型（8）可以看到，加入金融开放之后，初始人均国民收入、固定资本投资和政府效率依然显著、稳定，且与当前文献保持一致；人力资本依然只在个体固定效应模型中显著，不够稳定；但是，贸易开放和金融发展的显著性提高了，而且金融发展的系数依然保持了负号，说明了可能存在反周期的货币政策。

对于金融开放的经济增长效应，从金融开放的直接经济增长效应来看，除了包含人均 GDP 门槛的双固定效应模型，金融开放的系数一般不显著，甚至符号方向也不稳定，说明其经济增长效应不确定，这也和当前文献是一致的（Rodrik，1998）。从包含门槛效应的模型来看，首先，国家规模没有显示出显著的门槛效应；其次，人均 GDP 显示出了显著的门槛效应，且系数为正，说明随着经济发展水平的提高，金融开放对经济增长的影响会改善。更进一步，模型（7）和模型（8）中金融开放的直接经济增长效应是负值，说明在一国经济发展水平较低时，金融开放不利于经济增长，而随着经济发展水平的提高，跨过门槛之后，金融开放将会促进经济增长。这是与我们的理论分析一致的。国家规模对金融开放的经济增长效应的门槛效应则不显著。

综上所述，贸易开放和金融开放对经济增长的影响都可能存在门槛效应，尽管贸易开放的门槛效应可能主要体现在国家规模上，而金融开放的门槛效应主要体现在经济发展水平上。不过，一个和理论分析及第四章的图 4.14 相悖的结论，即大国贸易开放的经济增长效应要大于小国，需要进一步的验证和分析。

五、稳健性检验

上一部分的基本模型得出了初步的结论，本章在这一部分通过改变模型设定、降低内生性和替换变量三种方法从各个角度验证这些结论的稳健性。

（一）变换模型设定

这一部分，我们使用汉森（Hansen，1999）建立的非线性回归模型，见式（5.2），实证检验经济开放促进经济增长的门槛效应。与上一部分的线性门槛效应相比，它能够更为灵活、准确地发现经济开放与经济增长之间的非线性关系。估计结果见表5.6。

表5.6　　　　　　　　　　　　非线性门槛回归模型

变量	人口规模		国土面积		人均GDP	
	（1）	（2）	（3）	（4）	（5）	（6）
topenness（低于门槛）	0.019 ***（0.005）		0.014 ***（0.005）		−0.093 ***（0.555）	
topenness（高于门槛）	−0.009（0.011）		0.115 ***（0.032）		0.014 **（0.005）	
fopenness（低于门槛）		−0.0001（0.0003）		0.00004（0.0003）		−0.041 ***（0.007）
fopenness（高于门槛）		−0.024 **（0.009）		−0.003 **（0.001）		−0.00006（0.0003）
ln*gdpper*5	−4.652 ***（0.569）	−6.29 ***（0.836）	−4.905 ***（0.561）	−6.418 ***（0.834）	−5.08 ***（0.555）	−6.702 ***（0.829）
fixedcapital	0.102 ***（0.018）	0.089 ***（0.023）	0.099 ***（0.018）	0.091 ***（0.023）	0.086 ***（0.018）	0.092 ***（0.023）
ln*schooling*	4.959 ***（0.727）	6.639 ***（1.033）	4.926 ***（0.727）	6.299 ***（1.041）	4.183 ***（0.725）	5.423 ***（1.049）
fdepth	−0.009（0.007）	−0.010 ***（0.010）	−0.010（0.007）	−0.002（0.011）	−0.005（0.007）	−0.005（0.010）
government	2.034 ***（0.453）	2.262 ***（0.596）	2.171 ***（0.453）	2.039 ***（0.603）	2.003 ***（0.447）	2.370 ***（0.591）
topenness		0.021 ***（0.007）		0.021 ***（0.007）		0.020 ***（0.007）

续表

变量	人口规模		国土面积		人均 GDP	
	（1）	（2）	（3）	（4）	（5）	（6）
常数项	27.733 *** (4.091)	37.74 *** (6.125)	29.635 *** (4.037)	39.280 *** (6.111)	32.993 *** (4.009)	43.007 *** (6.111)
门槛值	5.0429e + 07	1.9990e + 08	2381740.0	2030.00	341.76 ***	272.99 **
F 检验	7.91	6.50	9.71	6.78	63.28	30.82
样本数	2064	1548	2064	1548	2064	1548
R^2	0.0813	0.0836	0.0821	0.0837	0.1055	0.0978

注：括号内为标准差；＊$p < 0.10$，＊＊$p < 0.05$，＊＊＊$p < 0.01$。

为了与上一部分的线性门槛模型保持一致，这里只分析存在一个门槛的情形。

首先，由表5.6可以看到，对于贸易开放，国家规模门槛不够显著，而且在分别使用人口规模和国土面积表示国家规模时，门槛效应不太一致。从国土面积来看，其门槛效应和基本模型中是一致的，即随着国土面积增大，达到238.17万平方公里以后，贸易开放的经济增长效应会提高。然而，从人口规模来看，门槛效应同样存在，但在人口规模超过门槛值5042.9万时，贸易开放的经济增长效应不再显著。而且，其方向不再和其他的实证结果一致，而是趋向于理论分析的结论，即大国应当具有相对较小的贸易开放度。对于经济发展水平，与线性门槛模型不同，这里表现出显著的门槛效应，而且在人均 GDP 小于门槛水平272.99美元（2010年不变美元）时，贸易开放对经济增长的作用是负的，大于门槛值后，贸易开放对经济增长的作用为正，这和理论分析是一致的。

其次，由表5.6可以看到，对于金融开放，国家规模和经济发展水平都存在显著的门槛效应。具体而言，对于国家规模，无论是国土面积还是人口规模，低于门槛值时，金融开放的经济增长效应都不显著；但在国家规模超过门槛值后，金融开放的经济增长效应显著为负。这与理论分析以及相关经验研究基本是一致的，即大国应当具有相对较小的金融开放度。对于经济发展水平，低于门槛值时，金融开放的经济增长效应显著为负，而高于门槛值时，则不显著。这也与理论分析及相关经验研究一致，即经济发展水平较低的国家应当具有相对较小的金融开放度。

综上所述，相对于基本模型，非线性门槛模型能够更加灵敏地发现门槛值，它基本上发现了所有理论预设中的门槛值，而且除了贸易开放在超过国家规模门槛值后对经济增长的作用效果与理论相悖之外，其他的都与理论分析一致。不过，尽管与基本模型结论不完全一致，非线性门槛模型的结果与基本模型结果没有冲突，只是显得更加精确。

（二）降低内生性

内生性是回归模型中难以解决的问题，所以，本章这里只简单地对可能存在内生性的变量利用其滞后值进行替代，以检验一定程度上降低内生性后，基本模型的稳定性。一方面，由于控制变量的内生性一般不会影响关键解释变量估计的一致性和有效性，我们只需要对关键的贸易开放度、金融开放度和交叉项滞后一阶处理。另一方面，在控制变量中，只有金融发展水平变量绝大多数情形下不显著，而且理论与经验都强烈建议其存在内生性。例如，罗德里克（Rodrik，1998）、普拉萨德等（Prasad et al.，2003）都指出，难以确认金融自由化的经济增长效应的一个重要原因可能是同时性（simultaneity）。我们难以准确判断到底是金融自由化促进了经济增长，还是富裕的国家更有能力推动金融自由化。因此，本章也对其滞后处理，因为宏观经济政策的实施一般需要较长滞后期，本章直接对相关变量滞后两期，回归模型结果见表5.7和表5.8。

表 5.7　　　　　　　　　　　内生性检验——贸易开放

变量	人口规模		国土面积		人均 GDP	
	(1)	(2)	(3)	(4)	(5)	(6)
$\ln gdpper5$	- 4.764 ***	- 5.655 ***	- 4.631 ***	- 5.375 ***	- 4.447 ***	- 5.220 ***
	(0.548)	(0.606)	(0.541)	(0.595)	(0.540)	(0.595)
$fixedcapital$	0.111 ***	0.0987 ***	0.108 ***	0.0969 ***	0.112 ***	0.0995 ***
	(0.017)	(0.017)	(0.017)	(0.017)	(0.017)	(0.017)

续表

变量	人口规模		国土面积		人均GDP	
	(1)	(2)	(3)	(4)	(5)	(6)
lnschooling	3.224 *** (0.738)	0.153 (1.008)	3.224 *** (0.738)	0.434 (1.006)	3.261 *** (0.740)	0.355 (1.014)
L2. fdepth	0.00819 (0.007)	−0.00110 (0.007)	0.00858 (0.007)	−0.000210 (0.007)	0.00949 (0.008)	0.000866 (0.007)
government	1.942 *** (0.429)	2.235 *** (0.412)	2.053 *** (0.430)	2.321 *** (0.412)	2.009 *** (0.432)	2.298 *** (0.416)
L2. topenness	−0.00354 (0.005)	−0.00137 (0.005)	−0.00632 (0.006)	−0.00341 (0.005)	0.000870 (0.006)	0.00301 (0.006)
L2. topenness × L2. population	9.32e−11 *** (0.000)	1.02e−10 *** (0.000)				
L2. topenness × L2. land			1.73e−08 *** (0.000)	1.55e−08 *** (0.000)		
L2. topenness × L2. gdpper					−1.20e−7 (0.000)	−1.28e−7 (0.000)
常数项	31.96 *** (3.901)	46.85 *** (5.622)	30.66 *** (3.829)	43.73 *** (5.499)	29.29 *** (3.819)	42.79 *** (5.518)
国家效应	是	是	是	是	是	是
时间效应	否	是	否	是	否	是
样本数	1892	1892	1892	1892	1892	1892
R^2	0.0747	0.1854	0.0752	0.1893	0.0720	0.1800

注：括号内为标准差；* $p < 0.10$，** $p < 0.05$，*** $p < 0.01$。

表5.8 内生性检验——金融开放

变量	人口规模		国土面积		人均GDP	
	(1)	(2)	(3)	(4)	(5)	(6)
lngdpper5	−4.665 *** (0.833)	−5.988 *** (0.843)	−4.637 *** (0.830)	−5.973 *** (0.840)	−4.653 *** (0.824)	−6.066 *** (0.839)

续表

变量	人口规模		国土面积		人均 GDP	
	（1）	（2）	（3）	（4）	（5）	（6）
fixedcapital	0.0988 ***	0.0861 ***	0.0990 ***	0.0858 ***	0.0855 ***	0.0750 ***
	（0.022）	（0.021）	（0.022）	（0.021）	（0.023）	（0.022）
lnschooling	3.624 ***	− 1.181	3.572 ***	− 1.586	3.760 ***	− 1.389
	（1.076）	（1.499）	（1.078）	（1.518）	（1.071）	（1.490）
L2. *fdepth*	0.00238	− 0.00128	0.00290	0.000108	0.00737	0.00201
	（0.010）	（0.010）	（0.010）	（0.010）	（0.010）	（0.010）
government	2.360 ***	2.886 ***	2.352 ***	2.885 ***	2.309 ***	2.868 ***
	（0.558）	（0.528）	（0.557）	（0.528）	（0.555）	（0.527）
topenness	0.0201 ***	0.00488	0.0199 ***	0.00446	0.0242 ***	
	（0.007）	（0.007）	（0.007）	（0.007）	（0.007）	（0.007）
L2. *fopenness*	− 0.000297	− 0.000117	− 0.000293	− 0.0000888	0.000877	0.000731
	（0.000）	（0.000）	（0.000）	（0.000）	（0.001）	（0.001）
L2. *fopenness* × L2. *population*	− 5.28e − 12	3.15e − 14				
	（0.000）	（0.000）				
L2. *fopenness* × L2. *land*			− 7.30e − 10	− 1.37e − 09		
			（0.000）	（0.000）		
L2. *fopenness* × L2. *gdpper*					8.58e − 08 ***	6.16e − 08 **
					（0.000）	（0.000）
常数项	29.48 ***	52.07 ***	29.37 ***	52.88 ***	28.92 ***	53.01 ***
	（5.988）	（7.561）	（5.961）	（7.575）	（5.932）	（7.551）
国家效应	是	是	是	是	是	是
时间效应	否	是	否	是	否	是
样本数	1376	1376	1376	1376	1376	1376
R^2	0.0670	0.1649	0.0668	0.1641	0.0672	0.1646

注：括号内为标准差；* $p < 0.10$，** $p < 0.05$，*** $p < 0.01$。

从表 5.7 和表 5.8 可以看到，在一定程度上控制内生性后，无论是贸易开放，还是金融开放门槛效应的显著性都增加了，但结果和基本模型结果保持一致。即贸易开放的国家规模门槛效应存在，但和理论相悖，大国贸易开放的经济增长效应大于小国；金融开放的经济发展水平门槛效应存在，随着经济发展水平的提高，金融开放对经济增长具有正向的影响。

（三）替换变量

在 WGI 数据库中，管理质量（regulatory quality）和法律制度（rule of law）也是制度的重要方面，所以利用这两个变量替换政府效率（government effectiveness）验证实证模型的稳定性。为了节约空间，这里不再显示控制变量，并将四组回归结果放到一个表格中，结果见表5.9。

表5.9　　　　　　　　　　替换变量回归结果

类别	变量	人口规模		国土面积		人均 GDP	
		（1）	（2）	（3）	（4）	（5）	（6）
贸易开放（regulatory）	topenness	0.0145** (0.006)	0.00568 (0.006)	0.0118* (0.006)	0.00444 (0.006)	0.0125* (0.006)	0.00491 (0.006)
	crosst1	6.20e−11* (0.000)	5.61e−11* (0.000)				
	crosst2			1.38e−08** (0.000)	8.71e−09 (0.000)		
	crosst3					2.19e−07 (0.000)	1.15e−07 (0.000)
贸易开放（rule & law）	topenness	0.0141** (0.006)	0.00509 (0.006)	0.0113* (0.006)	0.00369 (0.006)	0.0134** (0.006)	0.00597 (0.006)
	crosst1	7.18e−11** (0.000)	6.85e−11** (0.000)				
	crosst2			1.53e−08** (0.000)	1.02e−08* (0.000)		
	crosst3					1.61e−07 (0.000)	3.53e−08 (0.000)

类别	变量	人口规模		国土面积		人均 GDP	
		(1)	(2)	(3)	(4)	(5)	(6)
金融开放 (regulatory)	*fopenness*	-0.0000139 (0.000)	0.0000727 (0.000)	-0.0000359 (0.000)	0.0000455 (0.000)	0.000119 (0.000)	0.000249 (0.000)
	crossf1	-1.60e-11 (0.000)	-2.47e-11 (0.000)				
	crossf2			-5.53e-10 (0.000)	-1.56e-09 (0.000)		
	crossf3					-1.42e-08 (0.000)	-1.94e-08 (0.000)
金融开放 (rule & law)	*fopenness*	0.0000216 (0.000)	0.000157 (0.000)	0.000000312 (0.000)	0.000131 (0.000)	0.000229 (0.000)	0.000486 (0.000)
	crossf1	-1.66e-11 (0.000)	-2.72e-11 (0.000)				
	crossf2			-6.12e-10 (0.000)	-1.72e-09 (0.000)		
	crossf3					-2.10e-08 (0.000)	-3.36e-08 (0.000)
国家效应		是	是	是	是	是	是
时间效应		否	是	否	是	否	是

注：括号内为标准差；$*p<0.10$，$**p<0.05$，$***p<0.01$。

从表 5.9 可以看到，无论是利用管理质量，还是法律制度替换基本模型中的制度变量，贸易开放回归模型的结果与基本模型一致，但是金融开放回归模型中表示经济发展水平的人均 GDP 门槛变量不再显著。所以，金融开放的经济发展水平门槛即使存在，可能也不够稳定。

六、小结

综上所述，经济开放要促进经济增长可能的确存在门槛，尽管本章的实证研究没有得到确定的结果。首先，贸易开放的经济增长效应可能主要受到国家规模门槛的影响。但与理论不一致的是，实证结果表示大国可以从贸易开放中获得更快的经济增长速度。而且，这也与现实中大国贸易开放度远低于小国的特征相悖。这很可能是反映了20世纪90年代以来以金砖国家为代表的发展中大国经济开放与高速发展的经验事实。其次，金融开放的经济增长效应主要受到经济发展水平门槛的制约，经济发展水平越高的国家，才可以从金融开放中获得更多收益。但是，这个结论也不完全稳定。因此，初步的结论是发展中大国应当进一步推进贸易开放，但要慎重推进金融开放。

第二节　基于经济波动效应的回归模型

一、模型设定

同经济增长效应模型对应，本章分别使用钦和伊藤（Chinn & Ito，2006）和高丝、普拉萨德和泰勒（Kose，Prasad & Taylor，2011）发展的基于经济开放与门槛变量交叉项的面板线性门槛回归模型，见式（5-3）；和汉森（Hansen，1999）建立的面板非线性回归门槛模型，见式（5-4），来实证检验国家规模和经济发展水平如何影响经济开放的经济波动效应。

$$vol_{it} = \alpha + \lambda_i + \delta_t + \beta_1 openness_{it} + \beta_2 openness_{it} \times thd_{it} + \theta X_{it} + \varepsilon_{it} \quad (5-3)$$
$$vol_{it} = \alpha + \lambda_i + \delta_t + \beta_1 openness_{it} \times I(thd \leq \gamma) + \beta_2 openness_{it} \times I(thd > \gamma) + \theta X_{it} + \varepsilon_{it}$$
$$(5-4)$$

其中，vol_{it} 为经济波动，$openness_{it}$ 为经济开放度，thd_{it} 为门槛变量，X_{it} 为控制变量向量，λ_i 表示个体固定效应，δ_t 表示时间固定效应，ε_{it} 是残差项，$I(\cdot)$ 表示示性函数，当条件为真时，取值为1，当条件为否时，取值为0，i 表示不同国家或地区，t 表示年份。

门槛变量依然选择国家规模和经济发展水平。对于控制变量，参考贝扬（Bejan，2006）、拉津和罗斯（Razin & Rose，1992）、普拉萨德等（Prasad et al.，2003）与贝卡尔特、哈维和伦布拉德（Bekaert，Harvey & Lundblad，

2004），本章尽量使用比较简洁的变量组合，包含：初始人均 GDP，以反映不同经济发展水平国家的经济波动特征可能的差异；通货膨胀率，以体现宏观经济状况和政府调整宏观经济的政策能力；贸易条件，以体现其受外部冲击的影响；金融发展水平，以反映其配置资源、熨平波动的金融市场的作用；制度发展水平，以体现其制度环境。

二、指标选取和数据来源

本章中的经济波动使用产出波动指标。产出波动是基本的经济波动指标，也可以反映我们关心的就业指标的波动，以实际人均 GDP 增长率的方差表示经济波动。门槛变量和稳健性检验变量指标选取和数据来源与第 5.1 节增长效应模型相同。具体见表 5.10。

表 5.10   **变量及数据来源**

类别	变量	变量界定	数据来源
被解释变量	经济波动 （*vgdpper*）	人均实际 GDP 增长率方差	WDI
解释变量	贸易开放度 （*topenness*）	（出口额 + 进口额）/GDP	WDI
	金融开放度 （*fopenness*）	（对外总资产 + 对外总负债 – 外汇储备）/GDP	WDI/Updated EWN 1970—2011
	初始经济发展水平 （ln*gdpper*）	每个时间窗口第一年人均 GDP， 取对数	WDI
	通货膨胀率 （*cpi*）	CPI	WDI
	贸易条件 （*vterm_trade*）	贸易条件方差	WDI
	金融发展水平 （*fdepth*）	M2/GDP	WDI
	制度发展水平 （*government*）	government effectiveness 指标	WGI

续表

类别	变量	变量界定	数据来源
门槛变量 (*thd*)	人口规模 (*population*)	总人口数	WDI
	国土面积 (*land*)	陆地面积	WDI
	经济发展水平 (*gdpper*)	初始实际人均GDP	WDI
稳健性检验 变量	管理质量 (*regulatory*)	regulatory quality 指标	WGI
	法律制度 (*rule_law*)	rule of law 指标	WGI

注：WDI（World Development Indicators）；EWN Ⅱ（External Wealth of Nations Mark Ⅱ Dateset）；WGI（World Governance Indicator）。

控制变量中，通货膨胀率使用消费者价格指数（CPI）年度变动率；贸易条件使用简单贸易条件，即一国出口价格与进口价格之比。金融发展水平和制度发展水平数据和第5.1节保持一致。

为了方便测算经济波动，本章将样本时间区间每五年划分为一个时间窗口。然后，对人均实际GDP增长率和贸易条件取五年方差；对初始经济发展水平取每个事件窗口第一年数据；对其他指标则取五年平均值。

三、样本选择与初步统计结果

与经济增长效应模型一致，本章的样本兼顾WDI、EWN和WGI三个数据来源的匹配，以及数据可得性，最终选定79个国家或地区作为样本，具体见本书附录三。本章样本时间区间选择1998～2017年，只有金融开放数据为1998～2011年。如此，样本时间序列数据保证了两端数据缺失一般不超过三个，需要求方差的数据缺失不超过两个；数据中间缺失比较少，在对每一个五年时间窗口求方差或均值时直接忽略即可。对所有相关数据的简单统计描述见表5.11。

表 5. 11   经济波动模型相关数据描述统计

变量	样本量	平均值	标准差	最小值	最大值
vgdpper	316	8.128	16.215	0.011	176.851
lngdpper	316	8.337	1.482	5.406	11.418
cpi	316	6.807	16.297	-0.404	243.882
vterm_trade	316	224.327	458.044	0.001	3320.831
fdepth	316	58.13	39.395	3.066	240.107
topenness	316	76.592	46.654	19.577	403.765
fopenness	237	2.066	4.486	0.205	59.514
population	316	$6.72e+07$	$1.99e+08$	281000	$1.37e+09$
land	316	1100000	2570000	671	$1.64e+07$
gdpper	316	11560.07	17686.61	222.807	90917.5
government	316	0.038	0.946	-1.818	2.254
regulatory	316	0.106	0.877	-1.931	2.152
rule_law	316	-0.047	0.959	-1.898	2.015

从表 5.12 可以看到，除了 lngdpper 与 gdpper，以及三个制度变量 government、regulatory、rule_law 高度相关以外，其他变量间相关系数都小于 0.6，表明出现多重共线性的概率不高。对于相关系数比较高的几组变量，可能影响回归结果的只有 lngdpper 与三个制度变量之间的高度相关性，但当前的经验文献中一般都同时包括两者，所以本章在回归方程中依然同时保留它们。

表 5. 12   相关系数矩阵

变量	(1)	(2)	(3)	(4)	(5)	(6)	(7)	(8)	(9)	(10)	(11)	(12)	(13)
vgdpper	1.000												
lngdpper	-0.076	1.000											
cpi	0.075	-0.157	1.000										
vterm_trade	-0.056	-0.010	-0.016	1.000									
fdepth	-0.106	0.524	-0.204	-0.145	1.000								

续表

变量	(1)	(2)	(3)	(4)	(5)	(6)	(7)	(8)	(9)	(10)	(11)	(12)	(13)
topenness	0.098	0.212	− 0.055	− 0.044	0.232	1.000							
fopenness	0.028	0.224	− 0.017	− 0.044	0.185	0.306	1.000						
population	− 0.082	− 0.068	− 0.014	− 0.068	0.286	− 0.189	− 0.072	1.000					
land	− 0.026	0.148	0.050	0.067	0.116	− 0.242	− 0.064	0.458	1.000				
gdpper	− 0.111	0.814	− 0.143	− 0.058	0.454	0.142	0.243	− 0.070	0.082	1.000			
government	− 0.149	0.858	− 0.225	− 0.201	0.596	0.251	0.287	0.001	0.045	0.829	1.000		
regulatory	− 0.141	0.811	− 0.275	− 0.210	0.499	0.239	0.274	− 0.086	0.006	0.762	0.941	1.000	
rule_law	− 0.122	0.811	− 0.229	− 0.215	0.555	0.205	0.279	− 0.036	− 0.010	0.816	0.958	0.930	1.000

注：受空间限制，在表格第一行使用数字按顺序表示第一列变量名。

四、基本模型结果

本章以式（5 – 3）的线性门槛模型为基本模型进行估计。根据 F 检验，应当建立混合回归模型。为了降低内生性问题的影响，参照第一节的经济增长效应模型，本节直接对经济开放度、交叉项及金融发展水平三个变量取一阶滞后进行回归。模型估计结果见表5.13。

表5.13　　　　　　　　　经济波动线性门槛回归模型

变量	基础模型		贸易开放门槛效应			金融开放门槛效应		
			人口规模	国土面积	经济发展	人口规模	国土面积	经济发展
	(1)	(2)	(3)	(4)	(5)	(6)	(7)	(8)
lngdpper	3.205 *** (0.906)	3.182 *** (0.910)	3.190 *** (0.919)	3.267 *** (0.929)	3.228 *** (0.911)	3.180 *** (0.914)	3.305 *** (0.931)	3.195 *** (0.916)
cpi	0.549 *** (0.160)	0.547 *** (0.160)	0.552 *** (0.162)	0.555 *** (0.162)	0.546 *** (0.161)	0.550 *** (0.161)	0.555 *** (0.161)	0.546 *** (0.161)
vterm_trade	− 0.002 * (0.001)	− 0.002 (0.001)	− 0.002 * (0.001)	− 0.002 (0.001)	− 0.002 (0.001)	− 0.002 (0.001)	− 0.002 (0.001)	− 0.002 (0.001)
L. fdepth	− 0.0277 (0.021)	− 0.0272 (0.021)	− 0.0262 (0.024)	− 0.0266 (0.022)	− 0.0296 (0.022)	− 0.0253 (0.023)	− 0.0268 (0.021)	− 0.027 (0.021)

变量	基础模型		贸易开放门槛效应			金融开放门槛效应		
			人口规模	国土面积	经济发展	人口规模	国土面积	经济发展
	(1)	(2)	(3)	(4)	(5)	(6)	(7)	(8)
government	−4.498 *** (1.560)	−4.393 *** (1.583)	−4.504 *** (1.570)	−4.583 *** (1.587)	−4.160 ** (1.709)	−4.398 *** (1.590)	−4.451 *** (1.590)	−4.325 *** (1.633)
L. *topenness*	0.0451 *** (0.014)	0.0468 *** (0.014)	0.0448 *** (0.014)	0.0443 *** (0.014)	0.0511 *** (0.018)	0.0459 ** (0.015)	0.0444 ** (0.014)	0.0474 *** (0.014)
L. *fopenness*		−0.0644 (0.151)				−0.0618 (0.152)	−0.0629 (0.151)	−0.045 (0.183)
L. *crosst*1			−1.14e−11 (0.000)					
L. *crosst*2				−1.83e−09 (0.000)				
L. *crosst*3					−2.78e−07 (0.000)			
L. *crossf*1						−9.67e−10 (0.000)		
L. *crossf*2							−1.16e−07 (0.000)	
L. *crossf*3								−1.52e−06 (0.000)
常数项	−24.83 *** (7.545)	−24.67 *** (7.577)	−24.75 *** (7.633)	−25.30 *** (7.701)	−25.13 *** (7.597)	−24.65 *** (7.614)	−25.42 *** (7.681)	−24.81 *** (7.640)
样本数	237	237	237	237	237	237	237	237
R^2	0.0605	0.0599	0.0607	0.0615	0.0627	0.0603	0.0619	0.0610

注：括号内为标准差；* $p < 0.10$，** $p < 0.05$，*** $p < 0.01$。

在表 5.13 中，模型（1）和模型（2）分别是贸易开放和金融开放的经济波动效应的基础模型。从基础模型可以看到，控制变量 *cpi* 和 *government* 的影响都非常显著，且和理论、经验分析一致，即通货膨胀率高的国家一般经济波动性更高，制度质量高的国家一般具有较小的经济波动性；贸易条件波动符号与预期不一致，但它并不总是显著；金融发展水平符号与预期一致，但不显著，可能和我们使用货币供应相关指标来表示金融发展水平有关；至于初始经济发展水平，其对经济波动影响非常显著，但系数符号与预期相反，即经济发展水平越高的国家会具有更高的经济波动性。一个可能的解释是在我们研究的时间区间内，一方面，次贷危机和欧债危机主要发生在发达国家，另一方面，在发展中国家或地区中，新兴市场经济体一般具有相对较高的经济发展水平，但同时，其高速发展带来了经济高度波动性，甚至经济金融危机，例如，1997 年东南亚金融危机、1998 年俄罗斯金融危机等。对于经济开放解释变量，贸易开放能够显著增加经济波动性，这验证了经济开放会带来外源冲击的理论判断；而金融开放的效果则是不显著的，说明其收益与成本可能大抵相互抵销。

模型（3）～模型（8）分别加入了人口规模、国土面积和经济开放水平与贸易开放、金融开放的交叉项，以验证门槛效应的存在。结果发现，加入交叉项后，控制变量，以及贸易开放、金融开放本身系数方向、显著性都比较稳定，但交叉项系数都不显著，即国家规模和经济发展水平对经济开放的经济波动效应没有系统性的影响，与我们的理论预期并不一致。不过，尽管交叉项都不显著，其系数符号的含义与经济增长模型中是一致的，即大国或经济发展水平高的国家或地区可以降低经济开放的经济波动效果，可以扩大经济开放度，只是其作用效果不够显著。或者，需要对数据进行更加广泛、细致的研究，以在错综复杂的相互影响中更加精确地分离出国家规模、经济发展水平对经济开放的经济波动效应的影响。

五、稳健性检验

本章利用非线性门槛回归模型和变量替换对上一部分的基本模型做稳健性检验。因为数据只有四期，而且在基本模型中已经滞后一期，所以这里不再通过滞后解释变量来降低内生性，做稳定性检验。

（一）非线性门槛回归模型

从表 5.14 可以看到，经济波动非线性门槛回归模型结果与基本模型结果

基本上是一致的。首先，无论是对贸易开放还是金融开放，门槛效应基本上
都不显著，只有模型（1）中获得了显著的门槛值。其次，控制变量的作用
方向和基本模型保持一致，只有金融发展水平获得了一定的显著性，但制度
的显著性降低了，金融开放的经济波动效应中的贸易开放显著性也降低了。
最后，门槛效应显示，与基本模型一致，随着国家规模的扩大，贸易开放和
金融开放的经济波动效应会降低。

表5.14 经济波动非线性门槛回归模型

变量	人口规模		国土面积		人均GDP	
	（1）	（2）	（3）	（4）	（5）	（6）
topenness（低于门槛）	0.439 ***（0.107）		0.267 ***（0.101）		−0.0049（0.073）	
topenness（高于门槛）	0.093（0.066）		0.029（0.070）		0.137 *（0.073）	
fopenness（低于门槛）		0.022（0.199）		1.660 **（0.724）		−5.360 *（2.72）
fopenness（高于门槛）		−1.211 **（0.650）		−0.0008（0.197）		−0.037（0.199）
ln*gdpper*	20.063 ***（5.441）	16.407 ***（5.683）	19.187 ***（5.647）	17.585 ***（5.655）	15.752 ***（5.771）	13.098 **（5.986）
cpi	0.850 ***（0.274）	0.768 ***（0.286）	0.796 ***（0.284）	0.741 **（0.285）	0.746 ***（0.283）	0.889 ***（0.293）
vterm_trade	0.0018（0.449）	0.0011（0.0025）	0.0015（0.0025）	0.0012（0.0025）	0.0011（0.0025）	0.0008（0.0025）
L.*fdepth*	−0.197 **（0.007）	−0.119（0.090）	−0.144 *（0.007）	−0.148 *（0.088）	−0.149 *（0.086）	−0.140（0.089）
government	−5.731（5.570）	−8.828（5.847）	−8.65（5.736）	−8.822（5.811）	−7.672（5.743）	−5.603（5.990）
L.*topenness*		0.086（0.072）		0.078（0.071）		0.072（0.072）

续表

变量	人口规模		国土面积		人均 GDP	
	（1）	（2）	（3）	（4）	（5）	（6）
常数项	− 167. 307 *** (4. 091)	− 134. 369 (44. 682)	− 157. 124 *** (46. 215)	− 143. 589 *** (44. 490)	− 128. 497 *** (47. 163)	− 103. 995 *** (47. 718)
门槛值	3563452. 4 **	5183389. 8	32868	702. 4	3212. 69	3212. 69
F 检验	30. 63	6. 04	11. 42	8. 79	12. 24	6. 07
样本数	237	237[a.]	237	237	237	237
R^2	0. 2079	0. 1299	0. 1458	0. 1397	0. 1487	0. 1300

注: 括号内为标准差; ＊p < 0.10, ＊＊ p < 0.05, ＊＊＊p < 0.01。a. 为了节约数据, 我们使用滞后一期金融开放度数据作为门槛, 如此依然可以保证模型具有 237 个样本量。

不过, 经济发展水平门槛效应与基本模型是不太一致的。一方面, 模型（5）和模型（6）显示, 随着经济发展水平提高, 贸易开放的波动效应也提高, 而金融开放降低经济波动效应的能力会下降。不过, 尽管与基本模型不一致, 这也和模型样本时间区间内新兴市场经济体的经济增长、贸易开放、经济波动情况是一致的。因此, 可能是样本时间区间内经济增长与波动情况的复杂性导致了本章研究结果的不显著与不一致。

（二）变量替换

从表 5.15 和表 5.16 可以看到, 在用管理质量或法律规范替代政府效率时, 除了金融发展水平显著性上升, 而制度显著性下降之外, 其他结果与基本模型完全一致, 说明基本模型的结果是比较稳定的。

表 5. 15　　　　　　　　　　变量替换（regulatory）

变量	贸易开放门槛效应			金融开放门槛效应		
	人口规模	国土面积	经济发展水平	人口规模	国土面积	经济发展水平
	（1）	（2）	（3）	（4）	（5）	（6）
ln*gdpper*	2. 140 ** (0. 854)	2. 189 ** (0. 873)	2. 364 *** (0. 865)	2. 125 ** (0. 854)	2. 218 ** (0. 870)	2. 203 ** (0. 865)

续表

变量	贸易开放门槛效应			金融开放门槛效应		
	人口规模	国土面积	经济发展水平	人口规模	国土面积	经济发展水平
	（1）	（2）	（3）	（4）	（5）	（6）
cpi	0.558 *** (0.173)	0.558 *** (0.173)	0.548 *** (0.172)	0.558 *** (0.173)	0.562 *** (0.173)	0.554 *** (0.173)
vterm_trade	− 0.00168 (0.001)	− 0.00163 (0.001)	− 0.00157 (0.001)	− 0.00161 (0.001)	− 0.00158 (0.001)	− 0.00155 (0.001)
L. *fdepth*	− 0.0398 * (0.024)	− 0.0426 ** (0.021)	− 0.0448 ** (0.021)	− 0.0396 * (0.024)	− 0.0420 ** (0.021)	− 0.0412 * (0.021)
regulatory	− 2.558 * (1.528)	− 2.543 * (1.536)	− 2.003 (1.552)	− 2.361 (1.535)	− 2.371 (1.532)	− 2.201 (1.551)
L. *topenness*	0.0433 *** (0.014)	0.0434 *** (0.014)	0.0580 *** (0.019)	0.0451 *** (0.016)	0.0441 *** (0.015)	0.0482 *** (0.015)
L. *crosst1*	− 2.60e − 11 (0.000)					
L. *crosst2*		− 1.14e − 09 (0.000)				
L. *crosst3*			− 6.47e − 07 (0.000)			
L. *fopenness*				− 0.0825 (0.155)	− 0.0849 (0.154)	− 0.0263 (0.187)
L. *crossf1*				− 1.27e − 09 (0.000)		
L. *crossf2*					− 1.01e − 07 (0.000)	
L. *crossf3*						− 4.76e − 06 (0.000)
常数项	− 15.11 ** (6.687)	− 15.42 ** (6.794)	− 17.36 ** (6.883)	− 15.01 ** (6.680)	− 15.56 ** (6.743)	− 15.80 ** (6.819)
样本数	237	237	237	237	237	237
R^2	0.0590	0.0591	0.0610	0.0567	0.0575	0.0579

注：括号内为标准差；* $p < 0.10$，** $p < 0.05$，*** $p < 0.01$。

表 5.16 　　　　　　　　　　　　　　**变量替换（rule_law）**

变量	贸易开放门槛效应			金融开放门槛效应		
	人口规模	国土面积	经济发展水平	人口规模	国土面积	经济发展水平
	（1）	（2）	（3）	（4）	（5）	（6）
$lngdpper$	2.284 *** (0.817)	2.401 *** (0.848)	2.414 *** (0.822)	2.285 *** (0.817)	2.413 *** (0.839)	2.311 *** (0.822)
cpi	0.585 *** (0.164)	0.587 *** (0.164)	0.573 *** (0.163)	0.582 *** (0.164)	0.585 *** (0.164)	0.578 *** (0.164)
$vterm\_trade$	−0.00181 (0.001)	−0.00175 (0.001)	−0.00168 (0.001)	−0.00175 (0.001)	−0.00174 (0.001)	−0.00169 (0.001)
L. $fdepth$	−0.0332 (0.024)	−0.0355 * (0.022)	−0.0395 * (0.021)	−0.0334 (0.024)	−0.0359 * (0.021)	−0.0360 * (0.021)
$rule\_law$	−2.730 ** (1.346)	−2.820 ** (1.379)	−2.187 (1.426)	−2.573 * (1.353)	−2.624 * (1.352)	−2.431 * (1.395)
L. $topenness$	0.0415 *** (0.014)	0.0411 *** (0.014)	0.0536 *** (0.019)	0.0433 *** (0.015)	0.0420 *** (0.015)	0.0458 *** (0.015)
L. $crosst1$	−2.87e−11 (0.000)					
L. $crosst2$		−2.44e−09 (0.000)				
L. $crosst3$			−5.12e−07 (0.000)			
L. $fopenness$				−0.0785 (0.154)	−0.0805 (0.153)	−0.0468 (0.186)
L. $crossf1$				−1.43e−09 (0.000)		
L. $crossf2$					−1.19e−07 (0.000)	
L. $crossf3$						−0.00000288 (0.000)
常数项	−17.04 ** (6.721)	−17.86 *** (6.930)	−18.29 *** (6.810)	−17.02 ** (6.726)	−17.81 *** (6.823)	−17.30 ** (6.783)
样本数	237	237	237	237	237	237
R^2	0.0538	0.0545	0.0566	0.0534	0.0545	0.0542

注：括号内为标准差；* $p < 0.10$，** $p < 0.05$，*** $p < 0.01$。

六、小结

通过本节的模型分析，可以发现经济波动的国家规模、经济发展水平门槛效应尽管和经济增长模型基本保持一致，但更加不显著。这可能和本节样本时间区间内，经济全球化加速背景下，新兴市场经济体、发达国家高速经济发展及相应的频繁的经济、金融危机有关。要找出国家规模和经济发展水平对经济开放的门槛效应，可能需要更长的时间序列，更多的国家样本，以及更加精巧的计量模型处理技巧。

第三节　经济开放度选择模型

随着学者们越来越清楚地认识到经济开放的收益与成本会受到一系列可能的宏观经济、金融、制度因素的影响，一些重要文献开始转向直接对影响经济开放度选择的因素进行经验实证分析。不过，一方面，可能是因为世界各国的贸易开放水平相对已比较高；另一方面，可能是因为贸易开放的负面效果没有金融开放直接和显著，这些直接的经验实证分析主要集中在实证检验金融开放的决定因素上（Chinn & Ito，2006；王曦等，2015；等等）。

一、模型设定

由于贸易开放与金融开放对经济增长、经济波动的作用机制存在本质上的差别，能够影响它们的作用效果的各种因素便存在差异，所以需要分开进行模型设定。

（一）贸易开放决定的模型设定

尽管早在 1841 年，李斯特就提出了贸易开放度需要同一国的经济发展阶段相适应的论断，国内外对最优贸易开放度选择的研究并不多。国外只有库茨涅茨（Kuznets，1960）提出了大国一般应当具有相对较小的经济开放度的论断。国内的重要文献比较多，例如，朱立南（1995）、曲如晓（1997）、吴园一（1998）、商务部研究院课题组（2005）等，也比较深入地分析了贸易开放度选择的决定因素，但大多是从理论上提出或进行经验归纳，提出的影响因素大多难以找到合适的量化指标，例如，经贸发展战略、国内经济增长方式、民族工业承受能力等，至今也没有学者更进一步进行更加深入的实证分析。本章综合前面学者提出的贸易开放度选择决定因素，并结合指标是否可量化、数据可得性、简洁性等，在选择国家规模和经济发展水平作为解释变量之外，再选择金融发展水平和制度发展水平作为控制变量来解释世界各个国家或地区的贸易开放程度。同时，因为贸易开放决定因素大多难以量化，为了减少遗漏变量的影响，本章在解释变量中加入贸易开放的滞后一阶值作为解释变量。为了减少其他解释变量与滞后被解释变量之间的相互影响，其他变量都直接取二阶滞后。回归基本模型见式（5－5）。

$$topenness_{it} = \alpha + \lambda_i + \delta_t + \beta_1 \times topenness_{it-1} + \beta_2 \times population_{it-2} \quad (5-5)$$
$$+ \beta_3 \times gdpper_{it-2} + \theta' X_{it-2} + \varepsilon_{it}$$

其中，$topenness$ 为贸易开放度，$population$ 表示国家规模，$gdpper$ 为人均 GDP，X 为控制变量，θ' 为控制变量向量的系数向量，λ_i 表示个体固定效应，δ_t 表示时间固定效应，ε_{it} 是残差项，i 表示不同国家或地区，t 表示年份。

（二）金融开放决定的模型设定

本章借鉴钦和伊藤（Chinn & Ito，2006）、高丝等（Kose et al.，2009）、邓敏和蓝发钦（2013）、陈中飞等（2018），除了将国家规模和经济发展水平设定为解释变量之外，设定控制变量包括：前期贸易开放，以体现金融经济是为实体经济服务的功能；政府盈余，以体现一国政府通过通货膨胀来为财政赤字融资的可能性，而潜在的通货膨胀对国际资本流动有重要的影响；外汇储备，以体现政府应对国际收支危机的能力；通货膨胀水平，以反映宏观经济稳定性；金融发展水平，以体现国内金融市场应对国际资本流入、流出波动的能力；制度发展水平，以体现制度环境的影响。参照艾森曼和帕斯卡（Aizenman & Pasricha，2013），本章解释变量均取滞后一期值，以控制潜在的内生性问题。回归模型设定见式（5－6）。

$$fopenness_{it} = \alpha + \gamma_i + \delta_t + \beta_1 \times population_{it-1} + \beta_2 \times gdpper_{it-1} + \theta' \times X_{it-1} + \varepsilon_{it}$$

$$(5-6)$$

其中，$fopenness$ 表示金融开放度，$population$ 表示国家规模，$gdpper$ 表示人均 GDP，X 表示控制变量向量，θ' 表示控制变量向量的系数向量，λ_i 表示个体固定效应，δ_t 表示时间固定效应，ε_{it} 表示残差项，i 表示不同国家或地区，t 表示年份。

二、指标选择与数据来源

本章贸易开放度和金融开放度依然使用事后开放度。因为国土面积不随时间变化，其直接作为解释变量估计面板模型受到限制，因此国家规模只选择人口规模表示；经济发展水平使用 2010 年不变价格人均 GDP 变量；通货膨胀率选择最为常用的消费者价格指数；政府净债务使用政府净债务占 GDP 的比重表示；金融发展水平依然选择一国广义货币占 GDP 的比重；制度发展水平则使用政府效率指标。其中，三个较大的正值变量国家规模、经济发展水平和外汇储备取对数。数据来源具体见表 5.17。

表 5.17　　　　　　　　　　变量与数据来源

类别	变量	变量界定	数据来源
被解释变量	贸易开放度 (topenness)	（出口额＋进口额）/GDP	WDI
	金融开放度 (fopenness)	（对外总资产＋对外总负债－外汇储备）/GDP	WDI/ Updated EWN 1970—2011
解释变量	国家规模 (population)	总人口数，取对数	WDI
	经济发展水平 (gdpper)	不变价格人均 GDP 滞后值，取对数	WDI
	前期贸易开放度	贸易开放度滞后值	WDI
	通货膨胀 (cpi)	通货膨胀率	WDI

续表

类别	变量	变量界定	数据来源
解释变量	政府净债务 （*netdebt*）	一般政府净债务/GDP	WEO
	外汇储备 （*reserve*）	外汇储备（不包括黄金）， 取对数	WDI
	金融发展水平 （*fdepth*）	M2/GDP	WDI
	制度发展水平 （*government*）	政府效率	WGI

注：WDI（World Development Indicators）；EWN Ⅱ（External Wealth of Nations Mark Ⅱ Dateset）；WGI（World Governance Indicator）。

三、样本选择与初步统计

本章以第四章214个国家或地区1992～2018年数据为基础选择样本，样本要兼顾所有数据来源及数据可得性。在贸易开放度决定模型中，最终选定118个国家或地区作为样本（具体见本书附录四），样本时间区间为1996～2017年。在金融开放度决定模型中，因为一般政府净债务数据缺失严重，最终选定44个国家或地区作为样本（具体见本书附录五），样本时间区间为2000～2011年。由于样本观测值比较充足，所以本章保留的样本中缺失值比较少，一般时间序列两端的缺失值直接利用临近值补足，中间缺失的数据取相邻值的平均值。

由于贸易开放度决定和金融开放度决定模型中样本数不一致，且很多变量在两个模型中同时出现，而这里只是对这些数据有一个初步的整体印象，所以只对包含了所有变量的金融开放决定模型中的变量进行初步统计。简单描述统计见表5.18。

表5.18 经济开放决定模型样本数据描述统计

变量	样本量	平均值	标准差	最小值	最大值
fopenness	528	2.173	2.436	0.17	14.017
topenness	528	76.336	38.281	19.798	311.354

续表

变量	样本量	平均值	标准差	最小值	最大值
ln*population*	528	16. 261	1. 759	11. 304	19. 557
ln*gdpper*	528	8. 997	1. 328	6. 05	11. 425
fdepth	528	62. 581	36. 906	5. 21	232. 867
cpi	528	5. 772	7. 103	− 30. 856	54. 915
ln*reserve*	528	22. 884	2. 198	12. 498	27. 861
netdebt	528	40. 551	66. 429	− 131. 102	591. 053
government	528	0. 385	0. 954	− 1. 772	2. 354

各变量之间相关系数见表 5.19。从相关系数中可以看到，一般变量之间相关系数都小于 0.6，存在共线性的可能性不高。只有人口与贸易开放度、外汇储备相关系数大于 0.6，经济发展水平与制度之间的相关系数大于 0.8，但这些变量都是模型中不可缺少的。

表 5. 19 经济开放决定模型变量相关系数

变量	（1）	（2）	（3）	（4）	（5）	（6）	（7）	（8）	（9）
fopenness	1. 000								
topenness	0. 286	1. 000							
ln*population*	− 0. 232	− 0. 631	1. 000						
ln*gdpper*	0. 321	− 0. 129	− 0. 057	1. 000					
fdepth	0. 312	− 0. 027	0. 069	0. 449	1. 000				
cpi	− 0. 091	0. 040	0. 030	− 0. 343	− 0. 322	1. 000			
ln*reserve*	− 0. 092	− 0. 458	0. 653	0. 558	0. 403	− 0. 268	1. 000		
netdebt	0. 379	0. 345	− 0. 117	− 0. 308	0. 073	0. 085	− 0. 472	1. 000	
government	0. 375	− 0. 113	− 0. 087	0. 879	0. 495	− 0. 340	0. 440	− 0. 266	1. 000

注：受空间限制，在表格第一行使用数字按顺序表示第一列变量名。

四、基本模型结果

由于贸易开放和金融开放的决定因素存在显著区别，本章对其分别进行估计。对于贸易开放的决定模型，经过 F 检验、Hausman 检验和对时间虚拟变量进行联合检验，确定使用个体时间双固定效应模型进行估计，估计结果见表5.20。因为在解释变量中加入了被解释变量的滞后变量，所以我们先估计模型（1），然后逐步加入另外两个控制变量，分别为模型（2）和模型（3）。从模型（1）~模型（3）可以清楚地看到：人口规模对贸易开放的决定有显著影响，而且，与理论预期一致，大国应当具有相对较小的贸易开放度；但是，经济发展水平系数虽然也很显著，其方向却与理论预期相反，显示人均 GDP 高的国家选择了相对低的贸易开放度。这个结论与张子杰（2011）中的结论一致，可能反映了我们选择的贸易开放度指标存在的缺陷，即服务业在 GDP 中所占比重随人均 GDP 升高而上升，但服务业可贸易程度远低于制造业和初级产品。作为对此猜测的一个验证，我们将样本区分为发展中国家或地区与发达国家，并分别进行回归，结果见模型（4）和模型（5）。结果发现，发展中国家或地区的人均 GDP 系数依然显著，但大国不再显著。考虑到发展中国家或地区包含的范围非常广泛，这个结果能够在一定程度上验证我们的猜测。要消除 GDP 结构对贸易开放度测量的影响，可能需要使用基于规则的贸易开放度指标，但这个指标难以获取，因此本章不再做进一步的探究。对于控制变量，金融发展水平显著且对贸易开放度决定产生正向影响，与理论预测一致。

表 5.20　　　　　　　　　　贸易开放度的决定模型

变量	全样本			发展中国家（地区）	发达国家
	（1）	（2）	（3）	（4）	（5）
L. *topenness*	0.829 ** (0.011)	0.829 ** (0.011)	0.829 ** (0.011)	0.829 ** (0.012)	0.811 ** (0.039)
L2. ln*population*	−7.004 ** (2.543)	−6.729 ** (2.535)	−6.801 ** (2.559)	−7.173 ** (2.796)	−16.65 ** (7.933)

变量	全样本			发展中国家（地区）	发达国家
	(1)	(2)	(3)	(4)	(5)
L2. ln*gdpper*	− 6. 147 ** (1. 446)	− 5. 832 ** (1. 443)	− 5. 778 ** (1. 467)	− 6. 088 ** (1. 604)	− 5. 547 (7. 993)
L2. *fdepth*		0. 00000475 ** (0. 000)	0. 00000475 ** (0. 000)	0. 00000476 ** (0. 000)	0. 0480 ** (0. 020)
L2. *governemnt*			− 0. 184 (0. 889)	− 0. 0756 (0. 954)	− 1. 740 (1. 708)
常数项	179. 9 ** (46. 811)	172. 9 ** (46. 678)	173. 5 ** (46. 805)	180. 7 ** (51. 427)	344. 5 ** (132. 068)
样本数	2360	2360	2360	2140	220
R^2	0. 7431	0. 7450	0. 7450	0. 7438	0. 8595

注：括号内为标准差；* $p<0.10$，** $p<0.05$，*** $p<0.01$。

对于金融开放决定模型，经过 F 检验、Hausman 检验和时间虚拟变量联合检验，确定使用个体时间双固定效应模型进行估计，估计结果见表 5.21。首先，我们对全样本进行估计，结果见模型（1）。从模型（1）可以看到，金融开放选择依然显著地随人口规模的扩大而降低，与理论预期一致；但是经济发展水平的系数再次与预期不一致，显示随着经济发展水平的提高，金融开放度降低。为了验证人口规模和经济发展水平影响的非线性，这里一方面加入人口规模和人均 GDP 的平方项，见模型（2）~模型（4）；另一方面对样本按发达国家和发展中国家或地区进行分类回归，结果见模型（5）和模型（6）。从模型（2）~模型（4）中人口规模和人均 GDP 的平方项可以清晰地看到，人口规模依然保持了原结论，而人均 GDP 系数则显著地显示出，随着经济发展水平的提高，其对金融开放度选择的影响将由负转正。模型（5）和模型（6）中，对于发展中国家或地区，经济发展水平对金融开放度选择的影响不显著，但发达国家经济发展水平对金融开放度选择具有显著的正向影响，验证了模型（2）~模型（4）的结果。控制变量对金融开放决定的影响则显得比较复杂，可能需要对其各自进行更加深入的探讨。

表 5.21　　　　　　　　　　　　金融开放的决定模型

变量	全样本				发达国家	发展中国家（地区）
	（1）	（2）	（3）	（4）	（5）	（6）
L. lnpopulation	- 5.676 *** (1.232)	40.53 *** (8.277)	- 2.091 (1.317)	31.49 *** (8.293)	- 1.785 (5.807)	- 3.499 *** (0.756)
L. lngdpper	- 1.420 ** (0.642)	- 1.196 * (0.621)	- 22.59 *** (3.496)	- 18.09 *** (3.603)	10.68 ** (4.361)	0.460 (0.434)
L. cpi	0.0227 *** (0.007)	0.0202 *** (0.007)	0.0245 *** (0.007)	0.0222 *** (0.007)	0.165 ** (0.080)	0.0141 *** (0.004)
L. fdepth	0.0358 *** (0.004)	0.0371 *** (0.004)	0.0322 *** (0.004)	0.0339 *** (0.004)	0.0705 *** (0.010)	- 0.0088 *** (0.003)
L. lnreserve	0.120 (0.109)	0.0616 (0.106)	0.0356 (0.105)	0.00940 (0.104)	0.580 * (0.307)	0.0585 (0.069)
L. topenness	- 0.0068 *** (0.002)	- 0.0077 *** (0.002)	- 0.0094 *** (0.002)	- 0.0096 *** (0.002)	0.00890 (0.019)	- 0.00149 (0.001)
L. netdebt	0.0138 *** (0.002)	0.0143 *** (0.001)	0.0128 *** (0.001)	0.0134 *** (0.001)	0.0245 *** (0.009)	0.0121 *** (0.001)
L. government	- 0.692 ** (0.300)	- 0.777 *** (0.290)	- 0.945 *** (0.291)	- 0.956 *** (0.285)	- 1.136 (0.945)	0.000444 (0.0185)
L. lnpopulation^2		- 1.407 *** (0.249)		- 1.045 *** (0.255)		
L. lngdpper^2			1.323 *** (0.215)	1.052 *** (0.221)		
常数项	102.9 *** (22.194)	- 272.7 *** (69.948)	127.8 *** (21.668)	- 156.3 ** (72.482)	- 102.8 (91.366)	53.37 *** (14.146)
样本数	484	484	484	484	121	363
R^2	0.4433	0.4824	0.4892	0.5089	0.7978	0.5811

注：括号内为标准差；* $p < 0.10$，** $p < 0.05$，*** $p < 0.01$。

五、稳健性检验

在基本模型部分，我们已经通过滞后解释变量在一定程度上考虑了内生性问题，并通过分组回归、加入非线性项等检验了模型的稳定性。这里准备通过替换基本回归模型中的经济开放度指标对基本模型结果的稳定性做进一步的检验。不过，由于基于规则的贸易开放度测度结果难以找到，这里仅对金融开放决定模型进行稳健性检验。我们使用 Chinn-Ito 的最新数据 Kaopen_2016 替代基于结果的金融开放度数据。另外，由于数据的时间序列不再受限于基于结果的金融开放度，样本时间区间扩展到 2000~2016 年，样本国家依然与本书附录五保持一致。经过 F 检验和 Hausman 检验，确定采用固定效应回归模型。在对时间虚拟变量进行联合检验时，F 值为 1.47（p = 0.1101），因此应采用个体固定效应模型，但考虑到 2000~2016 年次贷危机、欧债危机可能产生的影响，这里同样保留双固定效应模型，以做对比，结果见表 5.22。

表 5.22　　　　　　　　　基于规则的金融开放度决定模型

变量	(1)	(2)
L. ln*population*	− 0.387 *** (0.080)	− 0.435 *** (0.096)
L. ln*gdpper*	0.234 *** (0.051)	0.154 ** (0.067)
L. *cpi*	− 0.00300 *** (0.001)	− 0.00342 *** (0.001)
L. *fdepth*	− 0.000716 (0.000)	− 0.000956 * (0.001)
L. ln*reserve*	0.00616 (0.012)	− 0.0128 (0.013)
L. *netdebt*	− 0.000132 (0.000)	− 0.000241 (0.000)

续表

变量	(1)	(2)
L. government	0.0943 *** (0.032)	0.100 *** (0.032)
L. topenness	0.00118 *** (0.000)	0.00113 *** (0.000)
常数项	4.660 *** (1.189)	6.668 *** (1.813)
国家效应	是	是
时间效应	否	是
样本数	704	704
R^2	0.1367	0.1656

注：括号内为标准差；$* p < 0.10$，$** p < 0.05$，$*** p < 0.01$。

从表 5.22 可以看到，一方面，人口规模和人均 GDP 都非常显著，并且符号方向和理论预期一致，也和加入了人口规模和人均 GDP 平方项以后的非线性估计结果一致，说明基本模型中关于基于结果的经济开放度测度受到 GDP 结构影响的猜测可能是对的，因此世界各国或地区金融开放度的选择随着国家规模扩大而变小，随着经济发展水平的提高而提高。另一方面，在采用了基于规则的金融开放度测度以后，控制变量系数基本上都显示出了和理论预期一致的符号，并且显著。

六、小结

本节的实证结果发现，一般而言，国家规模越大、经济发展水平越高的国家应当选择相对较小的经济开放度。基于规则的经济开放度决定模型明确地得出了这个结论。而对于基于结果的经济开放度决定模型，可能是其测度结果受到 GDP 结构的较大影响，其直接回归模型结果与理论预期不完全一致，但在利用人口规模和人均 GDP 的平方项进行调整，或依据经济发展水平对样本进行分组后，同样显示出了与理论预期一致的结果。

第四节　本章小结

　　本章广泛地利用了各种直接和间接方法实证检验国家规模和经济发展水平对一国经济开放度选择的影响。结果，直接方法比较明确地得出，国家规模越大、经济发展水平越低的国家或地区应当选择相对较低的经济开放度。也即，发展中大国一般应当选择相对较小的经济开放度。不过，在用基于结果的经济开放度测度结果作为决策依据时，需要进一步考虑 GDP 构成造成的测度误差。另外，基于经济增长和经济波动的间接方法则没有得出比较明确的结果，这可能和经济增长、经济波动影响因素本身的复杂性有关。不过，虽然不够明确，两种间接模型还是显示出一般贸易开放度应随国家规模的增大而降低，而金融开放度应随经济发展水平的提高而提高。

第六章
发展中大国经济开放度选择的历史经验

　　20世纪80年代以来，经济自由化、全球化成为世界经济发展的主流趋势，世界范围内几乎所有国家或地区都开始不同程度地实施经济开放战略。尤其是以美英为代表的发达国家，一方面在实践中积极地、不遗余力地推动世界各国的经济开放，另一方面在意识形态上极力鼓吹新自由主义。当前的主流经济学家不断地批判经济保护主义，并以"亚洲四小龙"等新兴经济体外向型经济发展战略的成功为例，指出积极推动经济自由化、经济开放才是发展中国家或地区实现经济发展的唯一选择。但是，通过对众多文献的全面考察，我们发现无论是理论还是实证都无法确定经济开放与经济发展之间存在正相关关系。这说明经济开放促进经济发展可能是有前提条件的。为了找出这些可能的影响因素以及它们的作用机制，我们就需要从历史这个天然的实验室里细心地勘探。

　　为了更加清楚地展现发展中大国经济开放度选择的历史经验，笔者在本章中将对当前主要发达国家的经济开放过程进行梳理，并在最后通过对比，对发展中大国经济开放度选择的历史经验进行总结。不过，由于经济开放制度的复杂性，这里有两点需要事先说明。第一，由于真正意义上的金融开放是20世纪80年代以后才兴起的，本章对经济开放历史经验的考查实际上主要是针对贸易开放，对资本账户开放的考察放在第八章经济开放路径历史经验分析部分进行。第二，由于能够对国际贸易产生阻碍或促进作用的政策、制度，甚至措施范围很广，所以我们的论述不仅限于直接的贸易开放政策，也会包括重要的产业政策、直接的行政措施等。

第一节　英国的经济开放历程

英国是自由贸易思想和政策的发源地，但是通过对英国经济发展史的考查却很容易发现，在英国完成工业革命，确立自己的经济霸权之前的几百年里，它一直坚持比较连贯的贸易保护和国家干预，直至毫无疑问地确立了对世界各国的工业优势以后，才开始积极主张并走向自由贸易。然而，在实行自由贸易不到一百年以后，随着其工业优势被美国超过，英国再一次转向贸易保护。

中世纪末期的西欧处于一个政治、经济、社会大转型的时期。一方面，随着商业的恢复和发展，作为西方国家一种重要经济力量、政治力量的商人阶级逐渐形成。另一方面，随着民族意识的觉醒，欧洲开始从领主制、分封制国家向君主制的中央集权的民族国家转变。在这种转变过程中，商人阶级和新君主们形成了非正式的联盟关系。商人们急需公共权力来保护他们的产权和利益，并在大范围内维持社会稳定与秩序，这就在客观上要求民族国家的产生；在民族国家的形成过程中，无法避免的联合、吞并和征服的战争形成了巨大的财政负担，而这些新的收入主要来自商人。因此，伴随着民族国家的兴起，提倡"奖出限入"政策的重商主义思想也开始兴起。英国的重商主义从1485年英国国王亨利七世即位之日开始，而实际上在此之前，已早有类似于重商主义的措施（萧国亮和隋福民，2007）。在中世纪末期，英国经济无疑相对于欧洲大陆是落后的。众所周知，中世纪的大规模贸易主要集中在两个地区。一个是主要受意大利人控制的南方的地中海贸易区，另一个是主要受低地国家控制的北方的波罗的海贸易区。而英国人还没有为远程贸易做好准备（Lipson，1915）。在英国的海外贸易中，外商占有举足轻重的地位。此外，在英国的贸易结构中，主要还是出口初级产品羊毛。大约从13世纪中期起，低地国家的羊毛制品先是控制了英国的出口市场，后是汹涌进入英国国内，并在1300年时开始主导英国国内的市场。这样，英国与佛兰德等低地国家总体上形成了输出羊毛并输入成品的贸易结构关系，英国的繁荣不可避免地受到侵蚀（Miller，1965）。

正是在这种背景下，英国开始实施贸易保护政策，扶植毛纺织业。在 19 世纪 20 年代英国开始向自由贸易转变之前的 500 多年里，英国坚持了相对连贯的贸易保护政策。特别值得指出的是，在工业革命之前的几百年里，纺织业，包括毛纺织业和随后的麻纺业、丝纺业和棉纺业一直是英国工业中举足轻重的部门。①

英国的工业可以说是从羊毛纺织业开始的。在中世纪末期，作为重要的羊毛产地，英国并不是一开始就在纺织业上具有比较优势的，最多只能说是具有潜在的比较优势。对纺织业，或者说对工业部门的扶植和保护就是从羊毛加工业开始的。早在 1258 年，英国就颁布了具有强烈的贸易保护主义内涵的《牛津条例》，据此，"英国所生产的羊毛必须在国内加工生产，不准卖给外国人；人人都必须穿用本国织造的呢绒"。② 1275 年，羊毛出口税在英国开征，此后又多次调高税率。爱德华二世（1307 ~ 1327 年在位）"企图禁止外国呢绒的输入，规定只有供贵族使用的不在此限。"③ 爱德华三世（1327 ~ 1377 年在位）被认为是有意致力于发展本国羊毛纺织业的君主，他不仅提高羊毛出口税、禁止羊毛呢布的进口、秘密引进佛兰德的纺织工人、建立羊毛贸易中心，而且组建了掌控羊毛出口的辛迪加斯特普尔公司。爱德华四世（1461 ~ 1483 年在位）继承并发展了这一政策，他命令外国商人在向英国输入商品时必须输出等值的英国纺织品。1463 年，他实际上禁止进口所有外国纺织品及许多其他外国产品。都铎王朝的君主们采取了进一步的，可以被称为幼稚产业保护政策的羊毛纺织业促进政策。亨利七世（1485 ~ 1509 年在位）不但进一步提高羊毛出口赋税，引进低地国家的熟练工人，而且派遣皇家使团选择适合羊毛加工业的地点，并进一步排挤汉萨商人，扶植本国商人。④ 1552 年，爱德华六世（1547 ~ 1553 年在位）断然下令，收回给予汉萨

---

① 根据恩格曼（Engerman，1994），迟至 1800 年，英国纺织品（包括毛纺织品、麻织品、丝织品和棉纺织品）出口还占其工业制成品出口的 62.4%。

② 梅俊杰. 自由贸易的神话：英美工业化考辨 [D]. 上海：上海社会科学院，2008.

③ 皮朗. 中世纪欧洲经济社会史 [M]. 上海：上海人民出版社，1964.

④ 亨利七世先于 1486 年成立了伦敦冒险商人协会，以此垄断了同安特卫普的出口联系，随后又规定汉萨商人只许出口完全制成的呢布，受优惠的商品限于来自汉萨城市的特产。在 1493 年伦敦市民攻击汉萨商人居住区之后，又乘机把汉萨商人从英国与尼德兰的贸易中排挤出去，并且将其住地置于英国关税官员的监督之下。

商人的全部特权和特惠措施，只保留那些与其他国家商人相同的普通贸易权利。英国扶持本国工商力量，反对外国商人控制外贸的斗争由此取得决定性的胜利（高作钢，1985）。伊丽莎白在位时期（1558～1603年），英国实施了更加积极的贸易保护主义，不但更加坚定地打击外商，对内保护，而且积极利用大规模投资建立起来的海航霸权占领新市场，垄断殖民市场。经过几百年相对连贯的保护和扶植，英国的羊毛纺织业终于一步步成长起来。14世纪上半叶，英国自产的毛纺织品稳步地收复此前由进口货所占据的国内市场，并且开始增加对外出口。到14世纪末，羊毛出口逐渐减少，呢绒出口稳步增加。15世纪中叶，出口呢绒所耗羊毛稳超羊毛出口量，呢绒织造已成为英国第一大出口产业。与此同时，毛纺织品从外国的进口实际上已告停止。进入16世纪，羊毛输出已减少到无足轻重的程度，呢绒出口则逐年增长，在出口贸易中占绝对支配地位。1564～1565年，单呢布一项就占了所有出口品总值的78%，各类的羊毛、羊毛皮和衣着加总，则占到90%以上（Stone，1949）。

　　不过，在进入18世纪以前，除了羊毛纺织业以外，英国产业和贸易政策的目标主要是征服贸易（通过殖民化和《航海法案》来实现）和提高政府收入。而到了乔治一世时期（1714～1727年在位），英国开始以提升制造业为政策目标（张夏准，2009）。英国第一任首相沃波尔在国会通过国王的致辞提出新的法规时声称："没有什么比出口制成品，进口原材料，更有助于提高公共福利了，这是显而易见的。"[①] 沃波尔在1721年对重商主义的法律进行了改革，根据布里斯科的总结，立法改革的基本原则是："必须保证厂商的产品在国内免受国外制成品的竞争；必须确保制成品的自由出口，并尽可能予以奖励和补贴。"[②] 英国贸易保护和产业扶植政策最典型，也是最成功的制造业是棉纺织业。早在1675年，议会就讨论了英国纺织业界已感受到的印度输英纺织品的竞争压力，并对棉布征收了关税。此后，又多次调高关税，到1712年，此项从价税已达68.3%（O'Brien，Griffiths & Hunt，1991）。鉴

---

① 李斯特. 政治经济学的国民体系［M］. 北京：华夏出版社，2009.
② Brisco N A. The Economic Policy of Robert Walpole［M］. New York：Columbia University Press，1907.

于印度软棉织品超强的竞争力，光是一般的关税措施已嫌不够，禁止输入和消费的法律于是出笼。1721 年，议会更进一步禁止进口白布在英国印染后就地销售，并立法规定，从次年圣诞节后，不管任何人，在不论任何衣着或服饰中，凡使用或穿戴任何上色、印染的软棉布，在英国均属违法行为（金德尔伯格，2003）。至此，1721 年的法律有效地关闭了本国市场，阻挡了亚洲纺织品的进一步渗透，特别是英国市场最终对印度软棉布关上了大门（O'Brien，Griffiths & Hunt，1991）。得益于这些严密的贸易保护，到 1750 年时，英国经济已经比印度之外的其他任何一个经济体生产着数量大得多的、完全或部分由棉花纤维制造的纱、布、成品纺织品（O'Brien，Griffiths & Hunt，1991）。及至 18 世纪末，棉纺织业已取代毛纺织业，成为英国的首要产业，这是英国产业发展中的一个新的里程碑（Cameron，1993）。而正是对棉纺织业的扶植和保护，使得外贸首次成为国民收入强有力的"增长引擎"（Cain & Hopkins，1980）。更关键的是，罗斯托（1997）指出："1700 年和1720 年禁止进口的立法，导致了保护性的高额关税。在高额关税的保护下，英国的发明者和革新者终于解决了用棉线作经线的问题，从而以机器同印度人的灵巧的双手展开了竞争""那些进行议院游说反对进口印度棉织品而且达到了目的的人们，实际上促成了以国货取代进口货为根本目的的第一次起飞。这一过程为后人所效法。"[1]

沃波尔的保护主义政策延续到了下一个世纪，帮助英国赶超并最终远远领先于欧洲大陆的竞争对手。1820 年，英国在制成品进口上的平均关税税率是 45%～55%，与此相对照，低地国家是 6%～8%，德国和瑞士是 8%～12%，法国接近 20% 左右（Bairoch，1993）。

从 20 世纪 20 年代开始，随着英国工业革命的基本完成，对外工业优势的树立，在工业家及其支持者的推动下，英国的对外贸易政策开始逐渐向自由贸易转移，但这个转变过程也是逐渐实现的。1825 年，议会开始允许熟练工人向国外移民。1833 年，一些进口关税被削减。英国自由贸易的重要突破发生于 1842 年。这一年，首相皮尔推行了非常自由的关税改革，不但大幅削减了进口关税，而且取消了始自 1774 年的机器出口禁令。但是，直到 1846

---

[1] 罗斯托. 这一切是怎么开始的——现代经济的起源［M］. 北京：商务印书馆，1997.

年《谷物法》的废除才正式标志着英国开始了自由贸易的新纪元。更进一步，1860 年发布预算案和签署英法自由贸易协定（即《科布登－谢瓦利埃条约》）之后，英国才取消大部分关税。"1848 年，英国有 1146 种应纳关税商品，到 1860 年只剩下 48 种，不包括 12 种针对奢侈品和半奢侈品的作为财政收入的关税。英国关税制度原本是欧洲最繁杂的，现在只需《惠特克年鉴》中半页纸就能印刷完毕。"① 至此，英国实现了彻底的自由贸易。不过，很明显，英国自由贸易政策的确立是以其工业绝对优势的确立为前提的。布罗代尔（1993）提出，英国于 18 世纪不再坚持重商主义，这足以证明，世界的时钟已敲响大不列颠强盛的钟声。再过一百年后（1846 年），英国能够开放自由贸易，不冒任何风险。贝罗奇（Bairoch，1993）则写道："即使从整个联合王国来看，在 1800 年，占 8% ~ 10% 西欧人口的英国生产了欧洲 29% 的生铁，这个比例在 1830 年达到 45%；更显著的事实是，1830 年，英国人均工业生产总值超过西欧其余部分 250%，而在 1800 年这个数字是 110%。由此，我们不难理解工业家及其支持者为建立更有效的自由贸易制度而做出的努力。"②

在随后的近百年时间里，即使在 19 世纪 70 年代后半叶西欧大陆国家纷纷再次转向贸易保护之后，英国一直坚持自由贸易制度。不过，19 世纪 80 年代以后，随着其他国家，尤其是德国、美国工业革命的完成和英国在某些产业上优势的丧失，英国一些厂商开始寻求保护。进入 20 世纪，贸易保护主义重新成为英国一系列政策中的热点之一。直到 1932 年，当英国最终承认它已经失去了制造业的霸主地位之后，它便开始重新大规模征收关税，这也标志着自由贸易时代的终结（Bairoch，1993）。

从对英国贸易政策选择的历史经验可以看出，英国贸易政策的选择具有两个明显的特征：第一，英国在其完成工业化，并获得主导产业上的相对优势时选择自由贸易政策，但在其经济处于发展中的赶超阶段时，则选择了贸易保护主义政策；第二，英国在经济发展阶段实施的贸易保护

① Fielden K. The Rise and Fall of Free Trade [M]//Bartlett C J. Britain Pre-Eminent. Problems in Focus Series. London：Palgrave，1969：76 – 100.

② Bairoch P. Economics and World History—Myths and Paradoxes [M]. The University of Chicago Press，1993.

主义是一种积极的贸易保护主义，一方面，通过限制出口原材料、进口制成品来保护国内工业，另一方面，政府和商人合作，积极开拓海外市场，可以说海外市场的开拓是英国实现工业革命突破的一个重要拉动因素。

第二节　西欧其他发达国家经济开放历程

对于西欧其他发达国家，由于在其工业化阶段（大致在 19 世纪初到 20 世纪初）的领土、政治处于不断变动之中，众多国家在不同时期所处的经济发展阶段、经济结构不尽相同等众多复杂因素的影响，要详细讨论其经济开放历程是一件困难的事情。因此，本书在这里不准备对各国这一发展阶段的经济开放历程一一详细考查，而是准备以《剑桥欧洲经济史（第八卷）》对西欧各国 1815 年到第一次世界大战为止的贸易开放政策的叙述为基础，结合其他学者对这一时期西欧各国贸易政策的评述，对其做一个总的概括。学者们一般将 1815～1914 年西欧各国贸易政策的发展历程划分为下面的五个时期。

第一个时期是 1815～1846 年。在这一时期，在西欧大陆，除了少数几个小国之外，几乎整个欧洲都一直处于高度贸易保护主义时期。贝罗奇（Bairoch，1993）将 1815～1825 年的欧洲描述为保护贸易的海洋，其中有一些自由贸易的小岛。这一时期西欧主要国家的贸易政策见表 6.1。在这一时期，随着英国逐渐认识到它的工业领导地位并据此推论欲采用自由贸易政策时，其他欧洲国家也开始意识到自己的落后并试图在一种新的重商主义中寻求后起直追的办法（马赛厄斯和波拉德，2004）。这一时期，法国、奥匈帝国、俄国、西班牙、葡萄牙、比利时、瑞典、挪威和芬兰都实施了高度的贸易保护主义政策，只有挪威在 1842 年开始调低进口关税。德国是一个例外。除此之外，荷兰和丹麦这两个小国均采用了自由贸易政策。

表 6.1   1820 年左右主要欧洲国家商业政策概览

国家	制成品进口		农业保护	出口关税	内部税	航行法律
	禁止	平均关税 a				
奥匈帝国	大量	b	c	有	有	自由
丹麦	极少	30	适度	c	有	自由
法国	大量	b	适度	极少	无	保护
葡萄牙	无	15	严格	有	无	自由
普鲁士	无	10	适度	无	c	自由
俄国	大量	b	适度	有	无	c
西班牙	大量	b	严格	有	有	保护
瑞典（挪威）	大量	b	c	有	有	c
瑞士	极少	10	适度	有	有	自由
荷兰（比利时）	无	7	适度	有	无	轻微保护
联合王国	极少	50	严格	有	无	保护

注：a 引用的数据是非常近似的数据。b 就禁令的重要性而言一点也不显著。c 信息不完全或很难分开。

资料来源：彼得·马赛厄斯，悉尼·波拉德. 剑桥欧洲经济史（第八卷）[M]. 北京：经济科学出版社，2004.

第二个时期是 1846～1860 年。在这一时期，随着英国在欧洲大陆宣传自由贸易思想，西欧大陆各国开始向自由贸易转变，但总的来说还是处于严格的贸易保护主义阶段，只有一些较小的国家较早、较快地转向了自由贸易。1860 年前，法国高度保护主义的关税体制基本上没有被触动。在德国，19 世纪 40 年代末期及 50 年代，关税同盟一直开展保护主义运动，19 世纪 50 年代生效的关税法是极具保护主义色彩的。奥匈帝国在 1851 年前一直保持极端的禁止性关税体制，1852 年 2 月生效的新关税法取消了几乎所有的禁令，对制造品征收 20%～30% 的从量关税。在俄罗斯，保护主义政策在 1857 年前基本上没有改变。西班牙在 1841～1849 年进行了小心翼翼的自由化改革，将禁止贸易的商品种类降低到了 7 种，但提高了许多商品的关税水平。从上可见，主要的欧洲国家总体上仍然实行保护主义的贸易政策，但在某些情况下，也去除了重商主义体制的遗迹。但欧洲大陆的各个小国却明显实行较为自由的贸易政策。1846~1860 年荷兰的贸易政策更加自由化。比利时从 1850 年起签订了一系列贸易协定，这些贸易协定使保护主义有所放松，1850~1853 年实施的一系列法律也使贸易政策更趋自由化。瑞士 1850 年 2 月生效的关税法看起来更加自由。瑞典 1857 年显著地转向了自由贸易。挪威于 1842 年首次出现明显的自由化趋势，1851~1857 年期间表现得更为显著。丹麦也继续变得更自由。葡萄牙在 1842 年后基本上一直在追求自由贸易政策。只有芬兰依然坚持贸易保护。由上可见，1860 年以前欧洲大陆只有一些小国采用了真正的自由贸易政策，包括荷兰、丹麦、葡萄牙和瑞士，还可以加上瑞典和比利时。

第三个时期是 1860~1879 年，这一时期的欧洲进入自由贸易时期。1860 年，英国和法国这两个欧洲最大的经济体签订的《英法商业条约》标志着欧洲进入了欧洲自由贸易时期，欧洲几乎所有国家都进入了自由贸易时期。

第四个时期是 1879~1892 年。在这一时期，欧洲大陆逐渐恢复到贸易保护主义。德国是第一个实行关税政策重大改变的重要国家，它于 1879 年 7 月制定了新关税法，这也标志着欧洲大陆逐渐恢复到贸易保护主义。其实，1877 年的俄罗斯、奥地利、西班牙在德国之前就实行了保护主义的关税改革。意大利于 1878 年向贸易保护转变，1887 年进行了重大政策修改。法国于 1881 年 1 月引入了对船运的双重奖励制度，1885 年大范围地改变了农产品的进口关税，1889 年通过了一个明显带有保护主义色彩的新关税法。与这些欧洲主要国家相比，欧洲小国的贸易政策发展却没有采取一致的方式，荷兰继续坚持其自由贸易政策，瑞典变成了欧洲小国中保护主义程度最高的国家，其他小国的贸易政策处于这两个极端之间，但最终都采取了某种程度的保护主义。

第五个时期是 1892~1914 年。1892 年，法国采纳所谓的"梅林关税"，标志着贸易保护主义的彻底回归。在这一时期，欧洲大陆所有大国到 1913 年都采用了很高保护水平的贸易政策，而小国则不完全一致（Bairoch，1993）。而且，虽然小国总体上也趋向于贸易保护，但小国采取的保护主义的形式没有那么激进。荷兰依然坚持自由主义政策。其他以农业为主的小国没有效仿荷兰的政策。像北欧国家（丹麦、芬兰、挪威）那样，南欧和东欧国家（比利时①、希腊、葡萄牙、罗马尼亚和塞尔维亚）大幅度地提高了它们的关税，并扩大了适用范围。在三个已工业化的小国中，无疑，瑞典是保护主义程度最高的，比利时和瑞士的贸易政策可以被描述为温和的保护主义（马赛厄斯和波拉德，2004）。

综合上面对 1815～1914 年欧洲大陆国家贸易政策的简单考查，我们可以看到一个很明显的特征：在转向自由贸易时，尽管参差不齐，小国要比大国更早、更快地转变；在回归贸易保护时，大国行动一致，而小国却不平衡；而且，在整个时期，能够一直坚持自由贸易的，全部是小国。另外，在 1892～1914 年欧洲大陆全面恢复到贸易保护主义时期时，尽管小国的行动出现分化，但可以看到那些农业为主的国家基本上全部都实行了高度的贸易保护，而三个工业化程度比较高的小国中，只有瑞典实施了较高的贸易保护主义政策。

第三节　美国经济开放历程

作为当前唯一的超级大国，美国的经济发展史是后发发展中大国成功赶超战略的经典典范。今天，美国也是自由贸易最积极的鼓吹者和推动者。然而，通过对美国经济发展史的考查却很容易发现，美国在第二次世界大战以前上百年的时间里一直是贸易保护程度最高的国家。贝罗奇（Bairoch，1993）指出，美国远不是人们所想的自由贸易的国度，相反可以被视为"现代贸易保护主义的来源和堡垒"。直到在第二次世界大战前后成为毫无争议的超级大国之后，美国才转向自由贸易，并于战后积极推动全球贸易自由化。

作为英国的前殖民地，美国在 1776 年独立时几乎就是一个纯粹的农业国，直到 1801 年，其 326 家股份公司中，仍然只有 8 家属于制造业，仅占2.4%（张少华，1996）。在这种背景下，深受亚当·斯密影响的美国人崇尚

---

① 疑原文有误，因为一般认为比利时在 1900 年前后是高度发达的工业国。而且，下文在分析工业化小国贸易政策时，又指出比利时只是实施了温和的保护主义政策。

自由贸易①，尽管首任财政部部长汉密尔顿早在 1791 年提交国会的《关于制造业发展的报告》中就提出通过关税保护制度保护美国幼稚产业，以促进美国工业的建立和发展，从独立直到 1807 年的 30 多年里，美国一直坚持自由贸易。仅仅在 1789 年，为了财政目的对麻、玻璃、钉子等一些商品外的所有商品统一征收 5% 的关税，在 1792 年时调高到 12.5%（张夏准，2009）。根据比较优势进行的自由贸易确实为美国带来了前所未有的商业繁荣，但是，当美国商业规模和商业船队的扩大使英国感觉到海洋霸权受到威胁时，英国开始打击美国海洋力量，大肆侵犯美国的海洋权利和主权。在这种背景下，美国通过了 1807 年的《禁运法案》，全面断绝对外贸易联系，借此与英国对抗。但结果是，尽管英国因为国内粮食、棉花供应短缺、价格上涨，制成品出口滞销而带来一定的损失，但最先承受不住的却是美国自己。美国沿海地区的商贸、航运业以及民生受到严重打击，南部和西部的农业也受到很大损失。因此，1809 年麦迪逊继任总统后，一方面立即调整禁运政策，另一方面明确指出，应当促进国内制造业的加速发展，从而在一些基本制造业产品上摆脱对别国的依赖（张少华，1996）。随后，因商务和边境矛盾激化导致的 1812～1814 年第二次英美战争彻底粉碎了民主共和党将美国建成一个自由贸易的农业国的梦想。从 1807 年美国对英国禁运，到 1812～1814 年英美战争，这一系列隔断贸易的行为，尽管使美国沿海地区形成了大量失业和经济困难，但也为美国制造业的建立提供了前所未有的机会。美国 1800～1806 年一共新开工厂 6 家，而 1807 年新开 4 家，1808 年新开 7 家，1809 年新开 26 家……1814 年新开 128 家，1807～1814 年一共新开 350 家（Attack & Passell，1994）。这是美国的第一次贸易保护，虽然不是有意的，但实质的效果是美国的制造业开始建立了，并使美国开始认识到没有自己工业基础的所谓自由贸易及其所带来的繁荣是弱不禁风的。

随着工业化开始启动，美国才真正开始引起了英国政府和工商业资产阶级的不安。因此，1814 年底，英美第二次战争结束后，英国马上开始对美国

---

① 亚当·斯密将美国判断为一个像波兰的国家，并在《国富论》中警告美国不要试图去发展工业："假使美洲人联合起来，或用其他激烈手段，阻止欧洲制造品输入，使能够制造同种物品的本地人有独占的机会，因而使本地大部分资本，转投到制造业上来，结果将不但不能加速他们年产物价值的增进，恐怕还会加以阻碍，不但不能使国家渐臻于富强，恐怕还会加以妨害"。

大量倾销商品，以摧毁美国禁运、战争时期开始建立的工业基础。布鲁厄姆（Brougham）在帝国议会中宣称：为了将美国那些在战争中（1812 年战争）而不是在自然过程中产生的新兴制造业扼杀在摇篮里，在最初的出口中出现亏损是值得的（Clark，1916）。战后自由贸易的恢复效果是明显的，一方面，美国再次出现了前所未有的商业繁荣，另一方面，国内商品价格的大幅下降导致新建的制造业要么倒闭，要么在倒闭的风险中苦苦挣扎。但是，和第一次英美战争结束后，美国在亚当·斯密的影响下选择自由贸易不同，美国上一次自由贸易中的商业繁荣遭到英国霸权肆意打压时的无奈，使原本支持自由贸易的民主共和党转向支持贸易保护，禁运和战争期间形成的制造业已经初步形成一个压力集团，第二次英美战争导致的美国民族主义高涨使美国这一次倾向于选择贸易保护。在此背景下，1816 年，美国国会通过了美国历史上第一个真正意义上的以保护民族工业为目的的保护主义法案，即 1816 年《关税法案》，该法案将平均关税税率提高到 25%。

从 1816 年开始，美国正式走上了贸易保护之路，尽管中间因为不同利益集团力量的消长有过一些调整，但总体上可以说美国维持世界最高的保护关税水平一直到 20 世纪 30 年代。1816 年至 20 世纪 30 年代的美国贸易保护历程可以大致划分为两个阶段：1816~1860 年波动的贸易保护阶段和 1861 至 20 世纪 30 年代稳定的高贸易保护阶段。1816~1860 年美国关税水平经过了几次比较重要的调高和调低，但总体维持了比较高的关税水平。1828 年，美国国会通过了关税法案（《厌恶关税法案》），将制造品关税提高到 50%。1832 年关税法案将关税小幅降低至 40%。1833 年关税法案规定，将在 10 年内将关税水平逐渐降低到 20%。1842 年关税法案将关税再次提升到 40%，并且关税覆盖品种从原来的 50% 上升到 65%。1846 年关税法案将关税降低到 25%。1857 年进一步降到 17%。这一阶段关税的降低主要是为了照顾南方种植业主的利益，避免美国的分裂，但是北方制造业贸易保护的利益诉求和南方种植业自由贸易的诉求最终还是导致了美国的内战。内战期间，联邦政府出台了 1861 年《莫里尔法案》，并于 1861~1862 年两次上调关税税率，美国开始了长达半个多世纪稳定的高贸易保护时期。从 1861 年到 20 世纪 30 年代，除了 1913 年以后的短暂几年，美国的关税长期高达 49%。直到 1913 年《安德伍德关税法案》出台，贸易保护水平才开始有所降低，被允许自由入境的商品种类大幅增加，平均进口关税水平大幅下降，制成品平均关税从44%降低到25%。1922年，美国出台紧急关税法案，关税水平调整到30%。1930年，美国出台了最后一个，也是最为有名的保护主义法案《斯穆特－霍利关税法案》，将关税税率调整到48%。许多人预言美国通过保护而成长的产业将无法面对国际竞争，但结果是，在进入20世纪时，美国在保护主义中成长为世界第一大经济体，拥有最强大的制造业和最有竞争力的公司。截至1913年，美国工业产品已占世界工业总产品的1/3以上，比英国、法国、德国、日本四国工业产品的总量还多。从1897年开始，美国出口就超过进口，成为国际贸易体系中的顺差国。

在这种背景下，美国的贸易政策开始向自由贸易转变。虽然由于政治因素的影响，直到1934年，《互惠贸易法案》的颁布才标志着美国正式转向了贸易自由化的道路。从此，美国就成为贸易自由化最积极的鼓吹者和推动者。不过，可以很明显地看到，和英国一样，美国向自由贸易的转变是以其获得工业部门的绝对主导地位，以及进出口商品结构的变化为前提的。美国总统尤利塞斯·格兰特（1869~1877年在位）早就说过，"英国依靠保护贸易达数世纪之久，把它推行到了极点并获得良好的结果。毫无疑问，英国今天之所以如此强大，应当归功于这一制度。两个世纪之后，英国便开始发觉宜于采用自由贸易政策。那么，先生们，基于我对本国的了解，我深信，不出两百年，美国从保护贸易中得到了她所能得到的一切的时候，自然也会采取自由贸易的政策"。[①] 兰德斯（2007）在其名著《国富国穷》中也指出："在这一点上，美国是追随百年之前英国的先例：它已经拥有世界上最富、最强大的经济，就放弃了自己原有的保护主义习性。"[②] 即使是主张自由贸易的学者也不得不承认美国自由贸易政策的选择是和其经济发展水平相关的。道格拉斯·欧文（2003）指出："20世纪初，经济结构的变化导致了经济利益的重组，那些在19世纪还惧怕国际竞争的主要制造业，在20世纪摇身一变成了出口商。这些主要的制造业包括钢铁、机械和一些新兴工业，例如，电子设备制造业和汽车业。结果，这些行业从进口保护中所获致的利益，远不及打

[①] 梅俊杰. 自由贸易的神话：英美工业化考辨 [D]. 上海：上海社会科学院, 2008.
[②] 戴维·S. 兰德斯. 国富国穷 [M]. 北京：新华出版社, 2007.

开出口市场的利益。正是由于经济利益的这种改变，才最终导致了贸易政策的改变。"① 巴格瓦蒂（2010）指出，即便是受到前面提到的局部利益和国家利益因素的驱使，美国人仍确信整个国家很可能在自由贸易这个达尔文式的竞争中幸存下来，并且相信这是其国家利益之所在。美国的信心促使其支持第二次世界大战后的贸易自由化。直到 2008 年，美国总统小布什还在国情咨文中指出："保持美国的竞争力要求我们为美国制造和种植的所有东西打开更多的市场……我们想世界上所有地方的人都购买美国产品。在一个开放的市场和公平的竞争场上，无人能竞争过美国工人。"②

相对于英国贸易开放政策的选择及其对工业发展的影响而言，美国的情况可能会更加复杂。从美国贸易开放的经验里，我们可以注意到以下几个特征。第一，作为一个大国，美国实施了更高，而且更为连续的贸易保护，但是我们也更加难以将美国工业发展的原因仅仅归因于贸易保护。英国的贸易保护是一种积极的贸易保护，在保护中依然不断地扩大对外贸易，而美国的贸易保护则相对是更加封闭的。除了很高的平均关税水平之外，美国与世界的地理距离也天然地形成了一种贸易保护的障碍。但是，在研究贸易保护对美国经济发展的影响的时候，我们可能还不得不注意美国所拥有的很多英国没有的特征，如庞大的国内市场。自由经济的代表人物马歇尔（Marshall，1926）也承认：对外贸易对美国不是必需的，当独立使美国的国内市场大于整个西方市场，贸易保护不可能对美国形成多大损害，美国给予亟须帮助的产业以必要的帮助（带来的好处）有可能冲销了保护政策带来的其他经济损失。事实上，"大部分经济学家们相信，美国市场巨大而且互相联系，不仅刺激了国内市场竞争，而且大大削弱了保护主义政策所带来的副作用"。③ 第二，我们不能简单地理解贸易保护，我们应当在注意到美国高度贸易保护的同时，一方面，作为移民大国获得了源源不断的移民劳动力，以及他们所掌

---

① 道格拉斯·欧文. 备受非议的自由贸易 [M]. 沈阳：辽宁教育出版社，2003.

② Bush G W. Address Before a Joint Session of the Congress on the State of the Union [OL]. January 28, 2008. https://www.presidency.ucsb.edu/documents/address – before – joint – session – the – congress – the – state – the – union – 18.

③ 托马斯·麦克劳. 现代资本主义：三次工业革命中的成功者 [M]. 南京：江苏人民出版社，2006.

握的技术、经验；另一方面，随着国家的扩张，其地域范围、自然资源供应、市场规模都一直处于不断的外生增长过程中。第三，美国所实施的自由贸易一直都是打了折扣的，即使是战后积极推动全球自由贸易的时期，美国也没有实施像英国历史上那样的真正意义上的自由贸易，而是使用了种类繁多的隐性非关税壁垒：自愿出口约束、《多种纤维协定》下的纺织品和服装配额、农产品保护和补贴、单边贸易制裁、公平贸易原则等。而且，美国也不是从总体上推进自由贸易，而是重点推进那些处于竞争优势地位产品的自由贸易，而对于处于"比较劣势"的商品，例如，成衣和纺织品，则是坚决保护。根据财政部关税司（2015），美国 2012 年平均进口关税率只有 4.7%，但关税分布比较分散，机械、电子、化工等美国居于优势地位的产品税率为零，占 37%；25.1% 税目产品的税率在 5.1%～14.1% 之间；6.7% 的税目则属于关税高峰（税率高于 14.1%），其中将近一半为纺织品和服装，其他的主要为农产品。

第四节　日本经济开放历程

当将目光转向日本的经济开放历程时，首先，我们不得不对其与欧美国家经济开放过程中的政治、经济、社会、历史、文化背景的巨大差异，进而对贸易保护手段的差异做一个说明。日本在历史上一直是专制体制国家，政府在经济、社会中一直处于主导地位，即使在近现代转向了民主制，但巨大的历史惯性使得人们对于政府在贸易政策制定过程中的主导地位依然有一种默契的认同。保罗·克鲁格曼（1997）评价说："在高增长的亚洲经济中，商界与政府的精英之间存在着一种默契的合作关系……这种密切关系在整个经济里起着重要的作用，它允许商界和政府通过合作使国民福利最大化"。[1] 琼·罗宾逊（1997）也认为："日本经济有着严格的纪律并接受中央的指导"。[2] 而对于欧美国家，虽然政府在贸易政策制定中也具有重要地位，但更

---

① 保罗·克普格曼. 萧条经济学的回归［M］. 北京：中国人民大学出版社，1997.

② 琼·罗宾逊. 现代经济学导论［M］. 北京：商务印书馆，1997.

多的是工商界利益诉求的一种能动反应。因此，我们必须在更广义的范围内理解贸易保护的概念。张夏准（2009）指出，在考察日本的经济开放历程时，需要综合考虑贸易政策、产业政策和技术政策。在这里，我们应把重点放在贸易政策和产业政策上。

与其他国家或地区相比，日本的经济发展过程具有显著的特殊性。第一，在第一次世界大战以前，它是东亚地区唯一一个在西方国家殖民过程中实现了初步工业化，然后在两次世界大战中作为侵略者的国家。第二，在两次世界大战以后，它又由于地缘政治的原因，一次又一次获得了经济发展的重要的外部推动力。但是，无论如何，作为一个曾经的发展中小国，如今最为重要的发达经济体之一，它在经济发展中对对外贸易的依赖与对国内市场的保护都是非常典型的。而且，日本的贸易保护政策和产业政策一直是紧密结合在一起的。

在明治维新前的德川幕府时期，日本的经济已经获得了一定的发展水平。一方面，其农业生产率已经达到了较高的水平，例如，其稻米生产率已经相当于今天东南亚国家的平均水平（柚木学，1990）；另一方面，手工业也获得了一定的发展，主要是利用剩余农产品发展起来的酿造业、纺织业等农产品加工业。但是，总体而言，日本仍然处于农业经济占主导地位的时期。在这个时期，由于日本政府担心金银铜过度流向海外，逐渐开始进行贸易限制。18 世纪末，外国开始向日本施压，要求日本开国或者通商。1854 年，日本与美国签订了《神奈川条约》。从此，日本开始进入被迫的经济开放时期。但是，这里必须强调的是，日本并没有像东亚其他国家或地区那样成为殖民地、半殖民地。除了关税权的丧失之外，日本政府对国内经济依然具有很强的指导、控制能力。贸易开始后，日本持续实现了贸易顺差。因此，1866 年，英美各国迫使幕府降低关税率到 5%。然后，直到松方通货紧缩，日本一直处于贸易逆差状态。尽管由于产业结构的原因，日本并没有因为自由贸易而受到比较大的冲击，但进口棉织品的流入还是给日本政府和业界带来了一定程度的刺激和危机感。

1868 年明治维新后，日本政府开始运用国家政权的力量实行殖产兴业政策，即以各种政策为杠杆，用国库资金来加速资本的原始积累过程，并且建立样板工厂，大力扶植日本近代工业企业的成长。1870 年 10 月，明治政府成立了工部省，作为全面推行殖产兴业政策的领导机关。1873 年 11 月，明治政府又成立了内务省，它与工部省配合，共同推行殖产兴业政策。纺织业，严格来说是棉纺织业，是日本最先实现机械化突破的工业部门。在被迫经济开放后，为了遏止英国产棉线、棉布的进口，明治政府于 1878 年设立了样板纺织工厂，官营爱知纺织所和广岛纺织所。借鉴这些官营工厂的经验，民间资本开办了真正的近代纺织厂。1890 年，日本机械制棉线生产额开始超过进口额，然后开始向中国、印度等东亚、东南亚市场出口。在国内海运业市场，为了将外国资本挤出，政府将国有船只出售给 1872 年由大阪商人创设的邮便蒸汽船，对海运业进行保护。1873 年，岩崎弥太郎将其九十九商会改名为三菱商会，与邮便汽船会社相抗衡。之后，在政府的大力扶持下，势力大增的三菱，战胜了美国的太平洋汽船、英国的 P&O 汽船，独占了日本沿岸航线。在造船业方面，日本制定了航海奖励法、造船奖励法，在甲午战争后的经营热潮中，有实力的造船企业积极引进技术，投资设备。不久，其中的三菱长崎造船所、川崎造船所脱颖而出。以第一次世界大战为契机，日本造船工业获得了突破性的进展。一战前，日本拥有制造 1000 吨以上船舶造船能力的造船所只有 9 所，而 1918 年达到了 49 所（浜野洁等，2000）。而引领机械工业发展的则是东京、大阪的炮兵工厂，横须贺、吴的海军工厂等军工厂。正是由日本政府主导的殖产兴业政策为日本建立了作为日本工业化基础条件的大工业制度，并使日本在第一次世界大战前初步实现了工业化。但是，随着日本工业化程度的提高，日本国内市场狭小的矛盾开始显现。日本关西学院大学经济学部教授柚木学（1990）观察到了这个问题，并对其做了解释："第一次世界大战期间，日本经济开始出现了向新局面转换的兆头，即加强了向海外出口工业品的倾向，轻工业品的贸易量在国民收入中所占的比重提高。怎样评价当时日本经济中贸易量增大的倾向呢？……简言之，它说明日本的强制性资本积累政策，孕育了高工业生产率和狭小的国内市场的矛盾，表明了日本经济的缺陷。……怎么解决这个矛盾呢？首先是扩大对海外出口……第二个是解决高工业生产率和狭小国内市场矛盾的对策，是依靠军事需要。"[1] 可见，作为一个发展中小国，为了实现工业化，日本在实施贸易保护的同时也无法脱离国际市场。

---

[1] 柚木学. 试论战前的日本工业化 [J]. 现代日本经济，1990 (1)：1 - 4.

在两次世界大战期间，日本的产业政策对重化学工业化的发展也起到了重要作用。不仅如此，在20世纪30年代后半期，政府开始利用计划经济的手段介入产业发展。例如，1936年制定的汽车制造实业法严格限制了进驻日本的外资汽车制造商的生产活动，对于获得政府许可的日本企业则采取补助培育政策，以达到实现汽车国产化的目标。到了1937年以后的统治经济时期，在这种"实业法"基础上制定的政府产业政策被广泛实施。两次世界大战是人类的一场悲剧，但对于日本经济而言，巨大的战争需求使其获得了快速发展。日本1890～1940年产业结构变化过程可参见表6.2。

表6.2   日本 NDP 的构成（1890～1940 年）

年份	总额（亿日元）	构成比（％）		
		第一产业	第二产业	第三产业
1890	10.77	47.1	13.6	39.4
1900	22.74	39.5	18.7	41.8
1910	36.28	33.1	23.1	43.8
1920	136.71	32.9	26.5	40.6
1930	130.62	18.5	32.1	49.4
1940	356.41	20.9	45.6	33.5

资料来源：浜野洁，等. 日本经济史：1600—2000 [M]. 南京：南京大学出版社，2010.

第二次世界大战以后，日本的贸易政策经历了从贸易保护向自由贸易的转变。但是，这个转变过程也是由日本在国际市场上竞争优势的确立，以及日本小国的天然局限性所决定的。而且，即使如此，日本向自由贸易的转变也是渐进的，甚至在转向自由贸易之后，与国内产业政策相结合的隐性的贸易保护措施也不鲜见。战后日本的贸易政策转变可以划分为三个阶段：战后至1960年的贸易保护主义时期；1961年至20世纪70年代中期的形式贸易自由化时期；20世纪70年代中期以后的贸易自由化时期。

第二次世界大战结束时，尽管日本已经成为一个工业国，但是作为一个后发国，而且在战争中生产的重点在于满足军需的需要，无力进行技术更新，日本的工业技术水平和劳动生产率与欧美主要资本主义国家相差悬殊。据

1949 年日本工业技术厅公布的《技术白皮书》，与美国相比，日本造船部门的技术水平落后 30 年，钢铁部门落后 20 ~ 30 年，即使是日本最有优势的纺织工业部门，机械化水平也落后 10 年。另外，战后日本经济受到了极大破坏，几乎到了崩溃的边缘。在这种背景下，日本政府对对外贸易和外汇实行了严格的控制。管理方面，日本 1945 年 12 月设立了贸易厅，作为集中管理外贸的机构，政府对对外贸易采取统购统销。在外汇管理方面，1949 年 3 月，政府设立了外贸和外汇管理委员会，负责管理外汇和外贸业务，公布了外汇分配制度和外贸交易预算制度。在这一时期，日本事实上实施了严格的进口替代战略。

20 世纪 50 年代末，日本经济在一定程度上得到了恢复，一些商品开始能够在国际市场上同外国商品竞争。同时，随着日本对外出口的扩大，欧美国家要求日本也相应地开放国内市场，日本面临实行贸易自由化的压力越来越大。例如，从 1959 年开始，美国与日本之间的贸易就开始转为逆差。在这种背景下，日本政府于 1960 年 6 月制定了《贸易和外汇自由化大纲》，开始实施贸易自由化。但是，在这一阶段，尽管从总体上看日本经历了快速贸易自由化的过程，通过细致的考查却可以发现，日本在这一时期一方面取消了全面贸易保护，另一方面却与产业政策结合实施了更具有针对性的产业保护，其保护产业的选择是与其重要性及国际竞争力发展水平相适应的。在贸易自由化政策实施过程中，为了尽可能减少贸易自由化对国内市场带来的冲击，日本政府坚持了以下原则：第一，尽快地实行原材料的进口自由化，降低原材料成本；第二，对有竞争力的国内制成品以及使消费者收益较大的商品优先实现进口自由化；第三，尽可能延迟被扶植产业的进口自由化（李东，1996）。结果，从总体上来看，日本实现了快速的贸易自由化，1964 年日本进口自由化率达到 93%，1972 年达到了 97%（马成三，1991）。但是，对于重点产业则推迟实行自由化，甚至提高其保护程度，直至可以和欧美国家相关产业竞争才实行自由化。例如，小汽车的进口自由化是在 1965 年开始实行的，当时进口满足国内需求的比率只有 2%，而出口在总产量中的比重则已经达到 16%；电子计算机的进口自由化直到 1975 年才实行（李明圆，2005）。在具体贸易政策措施上，一方面，日本大幅提高了重点产业，主要是重化工业的关税有效保护率；另一方面将保护手段从关税壁垒转向了非关税壁垒，除了规定配额制、进口许可证制度以外，还规定了许多严格和烦琐的技术安全标准、卫生检疫制度、环境标准等，实施过程中还有隐性的规定。这些非关税壁垒，都在隐性地保护着日本的国内市场，严格控制着外国商品的进入。在对国内相关产业进口进行差别保护之外，日本还通过制定和推行一系列振兴出口政策，充分有效利用贸易自由化，不断扩大出口，国际收支顺差不断增加，而且在此过程中不断提升产业结构，充分实现了其"贸易立国"战略。总之，在这一阶段，通过促进出口、差别保护进口，日本实际上实施了积极的出口导向战略，使本国经济实现了产业结构的合理化和高级化，成为排在美国之后的第二大经济体，在国际贸易中实现了巨额贸易顺差。而且，随着日本相关产业国际竞争力的增强，日本与美欧，尤其是美国相继在纤维、彩电、钢铁、汽车等产业领域产生了激烈的贸易摩擦。在这种背景下，日本不得不进一步加快贸易自由化的进程，而且日本相关产业国际竞争力增强所导致的大量贸易顺差也使其无畏贸易自由化的国际竞争。

通过对日本经济开放历程的考查，我们可以看到日本贸易政策制定的三个特征：第一，在日本经济发展过程中，日本一直实施高度的贸易保护，直到 20 世纪 70 年代中期以后，日本成为世界第二大经济体，其主要产业具有很强的国际竞争力，在国际市场上获得大量贸易顺差才真正转向自由贸易；第二，日本的贸易保护政策比 19 世纪英美工业化时期更加复杂，由于其专制主义的历史惯性，由于市场结构已经因为规模经济和技术垄断而变得更加复杂，日本实施了与产业政策紧密结合的宽泛的贸易保护主义手段；第三，作为一个小国，日本国内市场无力支撑高工业生产率所需要的庞大市场需求，所以随着工业化的发展，日本很快便转向了"贸易立国"战略，大力推进出口导向战略，而不是进口替代战略。此外，需要进一步指出的是，即使在 20世纪 70 年代中期日本转向真正的自由贸易之后，像美国一样，它也从来没有达到过历史上英国曾经实现的自由贸易水平，而是依然在不断地实施更加隐蔽的贸易保护政策。例如，即使到了 20 世纪 90 年代初，日本出口结构中，制成品比重高达 96.1%（欧共体一般为 70%~80%），而进口结构则正好相反，仅原料、燃料一项就占了 61.2%（同期欧共体只有 20%~30%），制成品进口 24%（张磊，1997）。从这种反差就可以看出日本当今的贸易自由化其实仍然是很有限的。

第五节　发展中大国经济开放历史经验总结

通过对当今主要发达国家或地区经济开放历程的考查，可以很容易发现，发展中大国几乎毫无例外地采取了贸易保护主义措施，而小国的贸易政策则不平衡，但相对倾向于自由贸易政策。另外，无论是大国还是小国，一旦经济达到较高发展水平，或获得了较高水平的国际竞争力，它们都倾向于转向自由贸易。不过，我们也不得不强调一点，即除了英国在 1860～1914 年采取过毫无保留的真正意义上的自由贸易之外，包括在今天经济全球化的年代，所谓的自由贸易都是相对的、有所保留的。具体而言，可以将当今主要发达国家或地区经济开放历史经验总结为以下三点：

第一，在处于经济发展阶段时，除了 1860～1879 年自由主义时期外，大国无一例外采取了贸易保护措施而小国则不确定，但相对倾向于采取自由贸易。美国是典型的大国，它在整个发展史上都实施了高度贸易保护主义政策，是一个经典的例子；法国、德国等相对较大的国家同样采取了比较严格的贸易保护主义措施。而对于小国，则要么如荷兰、瑞士一直坚持自由贸易，要么如比利时、挪威、瑞典、日本等一样在贸易保护和自由贸易之间转变，但总的趋势是向自由贸易转变。大国和小国的这种区别是和其国家规模特征密切相关的。例如，马赛厄斯和波拉德（2004）在分析欧洲 1846～1860 年向自由贸易转变阶段的特征时就指出："从上可见，主要的欧洲国家（大国）总体上仍然实行保护主义的贸易政策……但欧洲大陆的各个小国却明显实行较为自由的贸易政策……正因为这些国家的规模较小，才促使他们在经济上实行专业化，这从两个方面影响了它们的贸易政策。首先，它们缺少某些生产部门，因此没有必要利用进口关税来保护这些产品。其次，专业化还意味着小国大多数工业部门比大国同样工业部门的出口份额要高。国内市场仅代表了这些部门流通渠道的一小部分，因此对国内市场的保护就不及海外扩张重要了。"[1]

---

[1]　彼得·马赛厄斯，悉尼·波拉德. 剑桥欧洲经济史（第八卷）［M］. 北京：经济科学出版社，2004.

而对于大国，情况则刚好相反。例如，对于美国坚持贸易保护，自由主义的代表人物马歇尔（Marshall，1926）不得不承认："对外贸易对美国不是必需的。当它获得独立使它的国内市场大于整个西方市场，贸易保护不可能对它有多大损害。它给予急需帮助的产业以必要的帮助（带来的好处）有可能冲销了保护政策带来的其他经济损失。"① 贝罗奇（Bairoch，1903）也谈到了国家大小与贸易政策的关系："在整个 19 世纪，相对于澳大利亚和加拿大，新西兰保持着一种更自由的关税水平。这可以从国家大小，以及新西兰是以农业为主的国家的角度来解释。除了与农产品出口有关的一些加工业之外，新西兰本国的市场太小了，以致它无法支撑一种真正的工业化。"②

第二，无论是大国还是小国，当其经济处于发展中阶段时，一般采取贸易保护主义政策，但是一旦获得较高的发展水平，或获得了较高的国际市场竞争力，就会马上转向自由贸易。历史上的英国和美国都是最为典型的例子。兰德斯（1997）在《国富国穷》中指出："1815 年以后，英国人已确信自己的霸权，开始废除原本重商主义精神而实行的一些限制，例如，禁止出口机器和禁止工匠外迁的规定，以及某些重大关税壁垒和航海法。与此同时，他们以无可指责的国际分工和贸易互惠的理由，力图说服别的国家也照样做。他们取得了某些进展，但可惜的是，多数其他国家权衡利弊得失和考虑到经典学说，认为英国人的这种做法是一种手段，企图让他们继续充当农业国。"③ 英国史学家莫顿（Morton，1999）也承认，1820 年时，"英国的工业的确拥有世界垄断的地位。……虽然制造商为了降低工资而乐于谈论外国竞争，但实际上其他国家无一拥有任何可观的大规模工业或者富裕的制成品可供出口。"④ 马赛厄斯和波拉德（2004）也确认，当英国在 1840 年代展开贸易自由化时，"这个国家已走过了将近一个世纪的工业发展，比邻国领先了 40~60 年。"⑤ 肯伍德和拉菲德（Keenwood & Lougheed，1983）指出：

---

① Marshall A, Keynes J M. Official Papers [M]. London: Macmillan, 1926.

② Bairoch P. Economics and World History—Myths and Paradoxes [M]. The University of Chicago Press, 1993.

③ 戴维·兰德斯. 国富国穷 [M]. 北京：新华出版社，2007.

④ Morton A. A People's History of England [M]. Lawrence & Wishart, 1999.

⑤ 彼得·马赛厄斯，悉尼·波拉德. 剑桥欧洲经济史（第八卷）[M]. 北京：经济科学出版社，2004.

"在古典经济学家看来，当今许多经济学家也认为，普遍的自由贸易俨然是个万古不易的真理，不受时间和地点的限制。然而，从十分真切的意义上说，该学说只是其时代的产物，因为它成为一个国家的信条时，该国正对自己的实力充满信心，自信能够在夺取市场的斗争中打败所有竞争对手，同时，该国又受到自然环境的约束，被迫从世界其他地区获取其很大一部分食物和原料的供应"。① 反过来，对于处于发展中阶段的国家，贸易保护是自然的选择。即使马歇尔（Marshall，1926）也写道："对于存在不成熟工业的国家，简单地完全采用英国的自由贸易制度是愚蠢的。"②

第三，我们需要辩证地看待贸易开放与贸易保护。贸易开放和贸易保护都不是绝对的，而且，随着时间的推移、经济结构的变化等，贸易保护的内涵与内容也会随之变化。一方面，贸易保护不是绝对的。例如，在经济发展阶段，美国是最为典型的贸易保护国家，但是如果抛开狭义的贸易政策措施，我们可以看到美国在整个发展阶段源源不断地获得了外部劳动力、人力资本以及伴随人力资本流入的科学技术；美国的发展过程也是疆域不断扩大，以及西进运动的过程，这也相当于不断向外拓展市场规模。另一方面，贸易开放也不是绝对的。琼·罗宾逊（1997）指出："自由贸易不过是一种精巧的重商主义，只有能从中获利的人才相信它"。③ 最后，贸易保护并不是绝对有效的，它必须满足一定的前提条件才能发挥作用。戴维·兰德斯（2007）在其名著《国富国穷》中写道："在拉丁美洲大部分地区，办工业都是以替代进口作掩护，因而实行了高关税、排外的法律规章以及排斥进口的非关税壁垒。我们从 19 世纪美国和 20 世纪日本的经历得知，这样的措施可以奏效，但条件是有模仿赶超的活力，有严格的、世界水平（出口）标准及国内的竞争。"④

---

① Kenwood A G, Lougheed A L. The Growth of the International Economy, 1820–1960 [M]. State University of New York Press, 1983.

② Marshall A, Keynes J M. Official Papers [M]. London: Macmillan, 1926.

③ 琼·罗宾逊. 现代经济学导论 [M]. 北京：商务印书馆，1997.

④ 戴维·兰德斯. 国富国穷 [M]. 北京：新华出版社，2007.

第七章
发展中大国经济开放路径的实证研究

    经济开放是一个内涵丰富的概念，根据其性质的差异可以划分为贸易开放与金融开放，金融开放又可以简单划分为外商直接投资（FDI）开放、权益证券投资（portfolio equity）开放、债务证券（portfolio debt）投资开放、商业银行贷款开放等。因为这些不同的组成部分对宏观经济的影响机制存在着比较明显的差异，且存在相互作用，因此经济开放的路径与步伐便成为经济开放过程中必须注意的问题（Johnston，Darbar & Echeverria，1997；Schneider，2001）。同时，经济开放的宏观经济效果也会受到宏观经济、政策环境，例如，宏观经济稳定性、金融市场发展水平、汇率制度等的影响，所以经济开放在整个宏观经济改革过程中所处的阶段和位置也会对其宏观经济结果产生重要的影响。因此，我们在考虑经济开放路径时，还需要从更宏观的层面把握整个经济改革的进程。众多学者已经从理论上或历史经验上对相关问题进行了广泛的研究，对相关文献的详述可见张志超（2003）。也有一些学者利用计量模型对其进行实证分析（Chinn & Ito，2006；邓敏和蓝发钦，2013；等等），一些学者利用动态随机一般均衡（DSGE）模型对不同经济开放路径的经济增长、经济波动和福利等效果进行了模拟分析（孙俊和于津平，2014；胡小文和章上峰，2015；等等）。本书将利用 PVAR 模型对经济开放路径及其宏观经济效应进行实证分析。

第一节　模型设定

当前，研究经济开放顺序的计量模型方法主要有两种。第一种以钦和伊藤（Chinn & Ito，2006）为代表，利用经济改革各组成部分对其他组成部分的滞后值进行回归，以其他组成部分的前期值是否对被解释的组成部分具有显著的解释力来判断哪些经济改革措施应当在前，哪些经济改革措施应当在后。第二种以邓敏和蓝发钦（2013）为代表，通过对不同经济开放组成部分的经济增长、经济波动效应的各种门槛值进行估计和加总，来判断哪些经济开放组成部分应当在前，哪些应当在后。具体而言，门槛较小的经济开放组成部分应当先开放，门槛较高的应当后开放。

这两种代表性的方法各有其优势，但也各有不足。首先，钦和伊藤（Chinn & Ito，2006）的方法检验出的各项经济改革措施的前后顺序其实是对各国经济改革顺序的一个总结，并未考虑这些改革顺序的宏观经济效果。其次，邓敏和蓝发钦（2013）考虑了各项经济开放组成部分的经济增长、经济波动效果，却没有考虑经济开放各组成部分之间的相互作用。因此，本章采用同时包括经济增长[①]和经济开放的面板向量自回归（PVAR）模型进行实证分析，以综合两种代表性计量模型的优点，克服其缺点。而且，钦和伊藤（Chinn & Ito，2006）模型其实是一个一阶结构向量自回归模型，只是分别估计三个方程，没有像 PVAR 模型一样同时估计。本章利用 PVAR 模型既可以同时估计三个模型，更好地把握各变量之间的相互影响，也可以根据一定的准则确定作为解释变量的最优滞后期，只是损失了外生变量。同时，利用 PVAR 模型，我们可以利用方差分解来判断经济改革或经济开放各组成部分对经济增长的贡献，并利用脉冲响应函数检验其各组成部分对经济增长影响的时间路径和其相互影响的时间路径。这进一步提升了邓敏和蓝发钦（2013）模型的优点。本章 PVAR 模型设

---

① 因为计算经济波动会大量消耗时间维度的观测值数量，而且宏观经济追求的最终目标还是经济增长，所以这里只用经济增长表示经济开放对应的宏观经济结果。

定见式（7-1）。

$$y_{it} = \alpha + \beta_1 \times y_{it-1} + \beta_2 \times y_{it-2} + \cdots + \beta_n \times y_{it-n} + \varepsilon_{it} \qquad (7-1)$$

其中，y_{it} 为内生变量向量，y_{it-j}（$j = 1$，2，$\cdots$，n）表示内生变量向量的 j 期滞后值，ε_{it} 为随机误差项，i 表示国家，t 表示时间。

第二节　贸易开放与金融开放路径

一、指标选择、数据来源与描述统计

为了体现发展中大国贸易开放、金融开放及其宏观经济后果之间的相互作用关系及时间路径，本节拟选择本书第四章界定的 13 个发展中大国作为样本国家，指标选取人均 GDP 增长率（*ggdpper*）、贸易开放度增长率（*gtopenness*）和金融开放度增长率（*gfopenness*），分别代表经济开放的宏观经济后果、贸易开放和金融开放。其中人均 GDP 增长率数据来源于 WDI 数据库；贸易开放度增长率利用来自 WDI 数据库的进出口贸易依存度之和，求对数并差分后得到；资本账户开放度增长率则利用更新到 2011 年的国家外部资产统计数据（EWN 1970—2011）计算得到金融开放度，求对数并差分得到。资本账户开放度的具体测算方法可参见表 5.17。

根据数据可得性，本节最终确定以除埃塞俄比亚以外的 12 个发展中大国为样本，时间区间为 1994～2011 年。变量的描述统计见表 7.1。

表 7.1　　　　　　　　　　　变量的描述统计

变量	分类	平均值	标准差	最小值	最大值	样本量
ggdpper	总体	2.58135	4.487877	-16.77265	13.63635	$N = 216$
	组间	—	0.6618974	1.357362	3.522853	$n = 12$
	组内	—	4.442699	-16.28182	13.19399	$T = 18$

续表

变量	分类	平均值	标准差	最小值	最大值	样本量
gtopenness	总体	0.0552255	0.4349612	−1.014384	0.9107521	$N = 216$
	组间	—	0.011003	0.0382194	0.0698953	$n = 12$
	组内	—	0.4348331	−1.012762	0.9099096	$T = 18$
gfopenness	总体	−0.004399	0.199287	−0.7032845	0.8993466	$N = 216$
	组间		0.0378119	−0.078639	0.055914	$n = 12$
	组内	—	0.1959557	−0.6856437	0.9012628	$T = 18$

二、数据的平稳性检验与模型参数估计

在对模型进行 PVAR 模型估计之前，首先要对变量进行平稳性检验。本节选择经常使用的 IPS 和 LLC 两种面板单位根检验方法进行对比检验，结果见表 7.2。根据表 7.2，人均 GDP 增长率、贸易开放度增长率和金融开放度增长率三个变量都是平稳数据，可以直接进行 PVAR 模型估计。首先，利用连玉君的 pvar2 命令确定最优滞后阶数为 2（见表 7.3），然后对二阶滞后 PVAR 模型进行系统 GMM 估计，估计结果见表 7.4。

表 7.2　　　　　　　　　　　变量平稳性检验

变量	IPS 检验	LLC 检验
ggdpper	−3.6300 *** (0.0001)	−3.1565 *** (0.0008)
gtopenness	−16.2759 *** (0.0000)	−17.3311 *** (0.0000)
fopenness	−7.1068 *** (0.0000)	−8.7215 *** (0.0000)

注：括号内为标准差；$* p < 0.10$，$** p < 0.05$，$*** p < 0.01$。

表 7.3   模型最优滞后阶数选择

滞后阶数	AIC	BIC	HQIC
1	6. 79518	7. 55866	7. 1044
2	6. 47825 *	7. 43614 *	6. 86663 *
3	6. 49474	7. 66622	6. 97018
4	6. 52324	7. 93087	7. 09496
5	6. 67609	8. 34661	7. 35489

注: $*p < 0.10$, $**p < 0.05$, $***p < 0.01$。

表 7.4   PVAR 模型系统 GMM 估计结果

变量	*ggdpper*	*gtopenness*	*gfopenness*
L1. *ggdpper*	− 0. 0765725 (0. 0677422)	− 0. 0043613 (0. 0062704)	0. 0041797 (0. 0035692)
L1. *topenness*	1. 401442 * (0. 8020931)	− 0. 4962563 *** (0. 0662626)	0. 0405727 (0. 0354895)
L1. *fopenness*	− 1. 22391 (1. 397526)	− 0. 4205163 ** (0. 1631955)	− 0. 0877802 (0. 086047)
L2. *ggdpper*	0. 2256576 *** (0. 0550193)	0. 0028292 (0. 0063508)	0. 0004513 (0. 0032009)
L2. *topenness*	− 1. 892357 ** (0. 7458401)	− 0. 3428345 *** (0. 0572361)	0. 0356457 (0. 0329147)
L2. *fopenness*	1. 767326 (1. 599354)	0. 1289869 (0. 1355108)	− 0. 0667023 (0. 0642638)

注: 括号内为标准差; $*p < 0.10$, $**p < 0.05$, $***p < 0.01$。

从表 7. 4 可以看到,首先,贸易开放的加速对经济增长率短期有正向影响,但影响会很快消失,这可能体现了发展中大国促进出口的努力对经济增长率的短期影响,但其拉动效应不能持久;而金融开放的加速增长对经济增长率没有显著影响。其次,金融开放的加速增长会对贸易开放有负向影响,这可能是因为在发展中大国推动金融开放背景下,原来通过国际贸易渠道实现的金融资产转移不再通过贸易渠道实现;人均 GDP 增长速度的变动则对贸易开放没有显著影响。最后，发展中大国的金融开放相对独立，不受人均 GDP 和贸易开放增长速度变化的显著影响。这可能和金融开放的复杂性有关，因为金融开放中各组成部分相互差异比较大，其与贸易开放、经济增长的相互作用可能相互抵消，从而导致金融开放整体与贸易开放、经济增长相关性不强。对于这个问题，本章会在下一节进一步深入分析。

三、格兰杰因果检验

为了对贸易开放、金融开放和经济增长之间可能存在的相互作用进一步深入理解，本节对三个变量进行格兰杰因果检验，结果见表 7.5。从表 7.5 可以看到，首先，贸易开放是经济增长的格兰杰原因，但经济增长并不是贸易开放的格兰杰原因，这与理论及 PVAR 模型的实证检验结果是一致的。其次，金融开放与经济增长之间相互不是对方的格兰杰原因，这与理论不尽一致，但与 PVAR 模型的实证结果一致。最后，金融开放是贸易开放的格兰杰原因，但贸易开放不是金融开放的格兰杰原因，这与理论基本一致，也与 PVAR 模型的结果一致。

表 7.5　　　　　　　　　　　　格兰杰因果检验

方程	排除变量	chi2 统计量	自由度	p 值
h_ggdpper	*h_gtopenness*	18.373	2	0.000
	h_gfopenness	1.9636	2	0.375
	All	28.606	4	0.000
h_gtopenness	*h_ggdpper*	1.2152	2	0.545
	h_gfopenness	12.179	2	0.002
	All	12.419	4	0.014
h_gfopenness	*h_ggdpper*	1.373	2	0.503
	h_gtopenness	1.6675	2	0.434
	All	5.0883	4	0.278

四、脉冲响应和方差分解分析

PVAR 模型估计出了三个变量之间的直接相互影响，而其长期影响需要用脉冲响应函数来描述。本节使用连玉君的 pvar2 命令对模型做脉冲响应和方差分解，结果见图 7.1 和表 7.6。

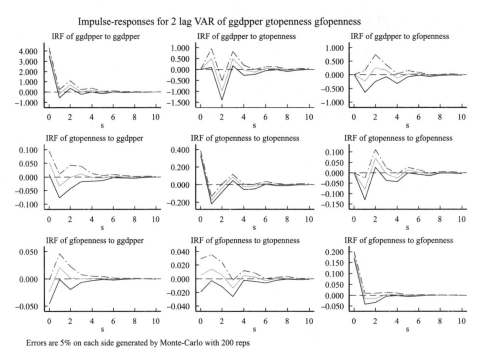

图 7.1　脉冲响应图

表 7.6　　　　　　　　　　　方差分解

变量	期数	*ggdpper*	*gtopenness*	*gfopenness*
ggdpper	1	1.000	0.000	0.000
gtopenness	1	0.022	0.978	0.000
gfopenness	1	0.016	0.001	0.983

变量	期数	ggdpper	gtopenness	gfopenness
ggdpper	2	0.982	0.015	0.003
gtopenness	2	0.024	0.941	0.036
gfopenness	2	0.028	0.006	0.966
ggdpper	3	0.926	0.068	0.007
gtopenness	3	0.023	0.915	0.062
gfopenness	3	0.028	0.007	0.965
ggdpper	4	0.912	0.080	0.008
gtopenness	4	0.022	0.918	0.060
gfopenness	4	0.028	0.012	0.960
ggdpper	5	0.911	0.080	0.009
gtopenness	5	0.022	0.915	0.063
gfopenness	5	0.028	0.013	0.960

从图 7.1 可以看到各变量相互作用的时间路径。首先，经济增长的一个新息对贸易开放的冲击较金融开放更为明显，而且，对贸易开放的冲击先正后负，震荡至第六期后逐渐消失；对金融开放的冲击则相反，先负后正，震荡至第五期后逐渐消失，这可能反映了经济增长与国际贸易相关性更强，而金融资产国际交易增速要慢于作为分母的 GDP。其次，贸易开放的一个新息，对人均 GDP 显示有一个正向冲击，然后转为负值，并在第三期后逐渐消失，说明贸易开放对经济增长只有短期影响；对金融开放的冲击则先负后正，然后震荡消失，可能反映了通过贸易渠道实现的金融资产转移。最后，金融开放对经济增长和贸易开放的冲击比较小，而且对经济增长的冲击仅仅两期后便消失了；对于贸易开放的冲击更小，但震荡多期后才逐渐消失。

从表 7.6 可以看到，经济增长、贸易开放和金融开放三个变量的变化主要由自身解释。经济增长到第五期后依然有 91.1% 由自身解释，贸易开放为91.5%，金融开放达到 96%。另外，对于经济增长，开始时贸易开放解释的部分高于金融开放，但第二期以后金融开放的解释力开始超过贸易开放。

五、小结

通过建立 PVAR 模型、进行格兰杰检验、脉冲响应和方差分解分析,本节发现贸易开放对经济增长有短期促进效应,而经济增长对贸易开放的作用不够显著;金融开放可能对贸易开放短期有替代效应,但贸易开放对金融开放的作用不够显著;金融开放与经济增长之间相互不存在显著作用。因此,总体而言,发展中大国应当继续推进贸易开放,金融开放不应急于整体推进。

第三节　资本账户各子项目开放路径

因为金融开放子项目众多,且其宏观经济效果可能存在着较大差异,所以本节具体对金融开放主要子项目与贸易开放、经济增长的相互作用关系进一步深入研究。由于金融服务贸易难以取得与其他指标一致的度量数据,本节利用资本项目开放代表金融开放。

一、指标选择、数据来源与描述统计

本节同样以 13 个发展中大国为基础样本国家,指标选取人均 GDP 增长率($ggdpper$)、贸易开放度增长率($gtopenness$)及金融开放各子项目的增长率指标,包括权益资本资产开放度增长率($gequity\_a$)、权益资本负债开放度增长率($gequity\_l$)、FDI 资产开放度增长率($gfdi\_a$)、FDI 负债开放度增长率($gfdi\_l$)、债务资产开放度增长率($gdebt\_a$)和债务负债开放度增长率($gdebt\_l$)。其中,人均 GDP 增长率数据来源于 WDI 数据库;贸易开放度增长率利用 WDI 数据库的进出口贸易依存度之和,求对数并差分后得到;金融开放各子项目的增长率则由国家外部资产统计数据库(EWN 1970—2011)中各对应资产、负债数据除以 GDP 得到其开放度,然后求对数并差分得到。

根据数据可得性,本节最终确定巴西、中国、印度、印度尼西亚、墨西哥、巴基斯坦、俄罗斯和南非 8 个发展中大国为样本，时间区间为 1996 ~ 2011 年。变量的基本描述统计见表 7.7。

表 7.7 变量的基本描述统计

变量	分类	平均值	标准差	最小值	最大值	样本量
ggdpper	整体	2.579297	4.148309	-12.4613	13.63635	$N = 128$
	组间	—	0.38792	2.214458	3.346293	$n = 8$
	组内	—	4.13229	-12.58695	13.58762	$T = 16$
gtopenness	整体	0.0104349	0.4616313	-1.014384	0.8929036	$N = 128$
	组间	—	0.0142956	-0.0071518	0.0307151	$n = 8$
	组内	—	0.461436	-1.032789	0.9050046	$T = 16$
gequity_a	整体	0.0956047	0.4070946	-1.321671	1.377237	$N = 128$
	组间	—	0.079349	-0.0013137	0.2569035	$n = 8$
	组内	—	0.4002167	-1.28358	1.215939	$T = 16$
gequity_l	整体	0.0891947	0.5229438	-1.592693	1.782641	$N = 128$
	组间	—	0.0722569	-0.0051779	0.2410593	$n = 8$
	组内	—	0.5185227	-1.693038	1.630777	$T = 16$
gfdi_a	整体	0.0875879	0.254217	-0.8333683	0.889147	$N = 128$
	组间	—	0.066852	0.0248208	0.2211177	$n = 8$
	组内	—	0.2463432	-0.8840728	0.8619618	$T = 16$
gfdi_l	整体	0.0695317	0.2779517	-1.067593	1.203016	$N = 128$
	组间	—	0.0223199	0.0428793	0.1051052	$n = 8$
	组内	—	0.2771602	-1.085879	1.196751	$T = 16$
gdebt_a	整体	0.002165	0.2200506	-0.7668428	1.029822	$N = 128$
	组间	—	0.0407369	-0.0400153	0.0821412	$n = 8$
	组内	—	0.2166997	-0.7246625	1.050675	$T = 16$
gdebt_l	整体	-0.0249717	0.1744943	-0.4877067	0.920909	$N = 128$
	组间	—	0.0182486	-0.0624736	-0.002092	$n = 8$
	组内	—	0.1736508	-0.4835408	0.958411	$T = 16$

二、数据的平稳性检验与模型参数估计

在对模型进行 PVAR 模型估计之前，首先要对变量进行平稳性检验。本节选择经常使用的 IPS 和 LLC 两种面板单位根检验方法进行对比检验，结果见表 7.8。根据表 7.8，所有变量数据都是平稳的，可以直接进行 PVAR 模型估计。在对模型进行估计时发现样本太少，变量太多，所以需要减少变量数目。考虑到现在各发展中大国贸易开放已经达到了较高水平，对其在经济开放路径中所处位置的分析意义已经不大；一般认为 FDI（负债）是一种技术、知识外溢效果明确，且稳定性比较强的资本流入，所以不会因为经济目标对其进行限制；而 FDI 流出（负债）或 OFDI 更多体现的是一国海外投资的能力，不会对宏观经济稳定性形成较大的影响。所以，本节去除这三个变量，只保留反映宏观经济后果的人均 GDP 增长率和我们在分析经济开放路径时重点关心的反映权益资本、债务资本流入、流出开放度的四个子项目开放度增长率。

表 7.8　　　　　　　　　　　　变量平稳性检验

变量	IPS 统计量	LLC 统计量
ggdpper	- 3. 6300 *** (0. 0001)	- 3. 1565 *** (0. 0008)
gtopenness	- 16. 2759 *** (0. 0000)	- 17. 3311 *** (0. 0000)
gequity_a	- 2. 0315 ** (0. 0211)	- 2. 7602 *** (0. 0029)
gequity_l	- 2. 5083 *** (0. 0061)	- 2. 0918 ** (0. 0182)
gdebt_a	- 2. 6337 *** (0. 0042)	- 2. 9154 *** (0. 0018)
gdebt_l	- 1. 9461 ** (0. 0258)	- 3. 1733 *** (0. 0008)

续表

变量	IPS 统计量	LLC 统计量
gfdi_a	− 3. 8598 *** (0. 0001)	− 5. 5160 *** (0. 0000)
gfdi_l	− 3. 5605 *** (0. 0002)	− 1. 4460 * (0. 0741)

注：括号中为标准差；* p<0. 10，** p<0. 05，*** p<0. 01。

首先，利用连玉君的 pvar2 命令确定模型最优滞后阶数为 1（见表 7.9），然后对一阶滞后 PVAR 模型进行系统 GMM 估计，估计结果见表 7. 10。

表 7. 9　　　　　模型最优滞后阶数选择

滞后阶数	AIC	BIC	HQIC
1	7. 14822	8. 72592 *	7. 78834 *
2	7. 31945	9. 60786	8. 24655
3	7. 03506 *	10. 1069	8. 27677
4	75. 9182	79. 8594	77. 506
5	37. 0044	41. 9173	38. 9741

注：* p<0. 10，** p<0. 05，*** p<0. 01。

表 7. 10　　　　　PVAR 模型系统 GMM 估计结果

变量	*ggdpper*	*gequity_a*	*gequity_l*	*gdebt_a*	*gdebt_l*
L. *ggdpper*	− 0. 099462 (0. 1066819)	0. 02628 *** (0. 008952)	0. 0346651 *** (0. 0102079)	0. 0194334 *** (0. 004746)	0. 0069758 * (0. 0040113)
L. *gequity_a*	0. 5775022 (1. 202149)	0. 0742356 (0. 1351184)	− 0. 2494062 (0. 1611613)	0. 0495031 (0. 0609543)	− 0. 0201106 (0. 0556876)
L. *gequity_l*	− 1. 000452 (0. 6901412)	− 0. 1670937 ** (0. 0756998)	− 0. 2403012 ** (0. 1127642)	− 0. 0942393 ** (0. 042999)	− 0. 0798072 * (0. 0431389)

续表

变量	ggdpper	gequity_a	gequity_l	gdebt_a	gdebt_l
L. debt_a	−0.8501673 (1.96582)	0.4407807 * (0.2326963)	0.4407778 (0.2693839)	0.0167582 (0.1269126)	−0.1754328 * (0.0992757)
L. debt_l	0.7461872 (2.899174)	−0.2522623 (0.2501288)	0.2068789 (0.3801066)	0.0887449 (0.1563653)	0.2825193 ** (0.1275384)

注：括号中为标准差；$* p < 0.10$，$** p < 0.05$，$*** p < 0.01$。

从表7.10可以看到，第一，各金融开放子项目基本上对人均GDP增长率没有显著的直接影响，这也和上一节金融开放对人均GDP增长率没有显著的直接影响结论一致。第二，各金融开放子项目都会受到人均GDP增长率的正向影响，说明推进金融开放，无论是资本流出还是流入，也无论是权益资本还是债务资本，关键还是取决于本国的经济发展水平。第三，权益资本负债对各金融开放子项目都有负的显著影响，即权益资本的大量流入对应着其他各子项目增长速度的降低，这可能是因为权益资本负债的快速增长反映了本国资本市场的吸引力大幅增强，所以一方面限制了权益资本、债务资本的流出增长，另一方面形成对债务资本流入的替代。第四，债务资本的流出显著正向影响权益资本的流出，可能反映了发展中大国先债务资本、再权益资本流出的对外投资发展顺序。第五，债务资本流出对债务资本流入有着显著的负相影响，可能反映了两者之间的相互替代关系。

三、格兰杰因果检验

为了对经济增长与金融开放各子项目之间可能存在的相互作用关系进一步深入理解，本节对五个相关变量之间的关系进行了格兰杰检验。从表7.11可以看到，格兰杰检验的结果和PVAR模型的结果基本上是一致的。第一，各金融开放各子项目不是人均GDP增长率的格兰杰原因。第二，人均GDP增长率是各金融开放子项目的格兰杰原因。第三，权益资本负债是各金融开放子项目的格兰杰原因，也即各发展中大国在四个金融开放子项目中首先开放了权益资本流入。第四，债务资本的流出是权益资本流出和债务资本流入的格兰杰原因，即发展中大国在开放权益资本流出和债务资本流入之前，先开放了债务资本流出。

表 7.11   格兰杰因果检验

方程	排除变量	chi2 统计量	自由度	p 值
h_ggdpper	*h_gequity_a*	0.23078	1	0.631
	h_gequity_l	2.1014	1	0.147
	h_gdebt_a	0.18703	1	0.665
	h_gdebt_l	0.06624	1	0.797
	ALL	2.5039	4	0.644
h_gequity_a	*h_ggdpper*	8.618	1	0.003
	h_gequity_l	4.8723	1	0.027
	h_gdebt_a	3.5881	1	0.058
	h_gdebt_l	1.0171	1	0.313
	ALL	23.794	4	0.000
h_gequity_l	*h_ggdpper*	11.532	1	0.001
	h_gequity_a	2.3949	1	0.122
	h_gdebt_a	2.6773	1	0.102
	h_gdebt_l	0.29622	1	0.586
	ALL	17.075	4	0.002
h_gdebt_a	*h_ggdpper*	16.767	1	0.000
	h_gequity_a	0.65956	1	0.417
	h_gequity_l	4.8034	1	0.028
	h_gdebt_l	0.32211	1	0.570
	ALL	25.311	4	0.000
h_gdebt_l	*h_ggdpper*	3.0242	1	0.082
	h_gequity_a	0.13042	1	0.718
	h_gequity_l	3.4225	1	0.064
	h_gdebt_a	3.1227	1	0.077
	ALL	29.772	4	0.000

综上所述，格兰杰因果检验证明，一方面，各金融开放子项目并不是经济增长的格兰杰原因，相反是经济增长促进了金融开放；另一方面，发展中大国一般先开放权益资本流入，然后再开放债务资本流出，而权益资本流出和债务资本流入的顺序则没有确定的结论。

四、脉冲响应和方差分解分析

PVAR 模型估计出了五个变量之间的直接相互影响，而其长期相互关系需要用脉冲响应函数来描述。本节使用连玉君的 pvar2 命令对模型做脉冲响应和方差分解，结果见图7.2 和表7.12。

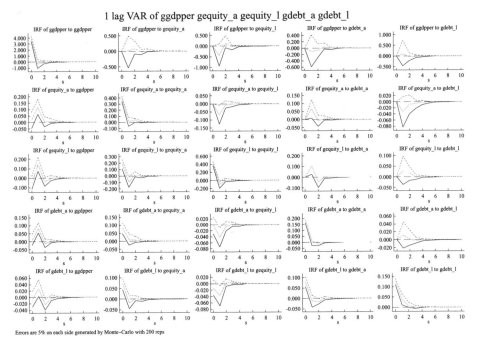

图7.2　脉冲响应分析

表 7.12 方差分解

变量	期数	ggdpper	gequity_a	gequity_l	gdebt_a	gdebt_l
ggdpper	1	1.000	0.000	0.000	0.000	0.000
gequity_a	1	0.002	0.998	0.000	0.000	0.000
gequity_l	1	0.013	0.166	0.820	0.000	0.000
gdebt_a	1	0.001	0.154	0.000	0.845	0.000
gdebt_l	1	0.002	0.191	0.006	0.224	0.577
ggdpper	2	0.986	0.000	0.012	0.001	0.001
gequity_a	2	0.079	0.864	0.026	0.025	0.006
gequity_l	2	0.087	0.166	0.706	0.039	0.003
gdebt_a	2	0.121	0.131	0.031	0.714	0.002
gdebt_l	2	0.025	0.177	0.049	0.202	0.548
ggdpper	3	0.985	0.000	0.013	0.001	0.001
gequity_a	3	0.079	0.863	0.026	0.025	0.006
gequity_l	3	0.090	0.165	0.696	0.045	0.004
gdebt_a	3	0.122	0.132	0.032	0.712	0.002
gdebt_l	3	0.039	0.173	0.048	0.204	0.536
ggdpper	4	0.984	0.000	0.013	0.001	0.001
gequity_a	4	0.079	0.863	0.026	0.025	0.007
gequity_l	4	0.090	0.165	0.696	0.045	0.004
gdebt_a	4	0.122	0.132	0.032	0.712	0.002
gdebt_l	4	0.040	0.173	0.048	0.204	0.536
ggdpper	5	0.984	0.000	0.013	0.001	0.001
gequity_a	5	0.079	0.863	0.026	0.025	0.007
gequity_l	5	0.090	0.165	0.696	0.045	0.004
gdebt_a	5	0.122	0.132	0.032	0.712	0.002
gdebt_l	5	0.040	0.173	0.048	0.204	0.536

从图 7.2 可以看到各变量之间的相互作用时间路径。第一，尽管在 PVAR 模型中四个金融开放子项目对人均 GDP 增长率没有显著影响，但脉冲

响应函数都显示出短期正的影响，并在两期之后恢复长期增长率；只有债务资本流入对人均 GDP 增长率在正向影响之后可能有一个负向的回调。第二，除了权益资本流入之外，人均 GDP 增长率对各金融开放子项的影响相对比较小，且短期影响方向没有 PVAR 模型中的直接影响明确。第三，另外三个金融开放子项目对权益资本流出最初都有一个正向影响，说明权益资本流出应当相对较晚开放。第四，另外三个金融开放子项对权益资本流入的冲击方向是负的，说明权益资本流入应当相对较早开放。第五，权益资本流出、流入对债务资本流出的短期冲击为正，而债务资本流入对其冲击为负，说明应当先开放权益资本流出，再开放债务资本流出，最后开放权益资本流入。第六，各金融开放子项目对债务资本流入的影响相对比较小，且主要是正向影响，说明债务资本流入应当相对较晚。综上所述，尽管各变量之间相互冲击的结果并不完全一致，但一个大致的结论是，对于发展中大国，一般权益资本开放先于债务资本开放，权益资本流入先于流出，债务资本流出先于流入。这个结论与理论分析基本一致。

从表 7.12 可以看到，除了债务资本流出的变动，在第五期后由自身和债务资本流入各解释一部分之外，包括人均 GDP 增长率和另外三个金融开放子项目的变化主要由自身解释。

五、小结

通过对经济增长率和权益资本流出、权益资本流入、债务资本流出、债务资本流入四个金融开放子项目建立 PVAR 模型、进行格兰杰因果检验、脉冲响应和方差分解分析，本节发现：首先，四个金融开放子项目的推进对经济增长率没有显著影响；反过来，经济增长显著推进四个金融开放子项目。其次，在四个金融子项目中，发展中大国一般先开放权益资本流入，然后开放债务资本流出，而权益资本流出和债务资本流入的顺序则不明确。最后，经济增长与四个金融开放子项目之间的相互作用都不太持久，一般第二期至第四期后结束，且其变动主要由自身解释。

第四节　本章小结

　　本章实证结果发现，对于发展中大国，贸易开放对经济增长有一定的促进作用，但金融开放对经济增长的影响不显著，所以现在应当继续推进贸易开放。发展中大国不应过快推进金融开放，而应当伴随经济增长逐步推进，除了 FDI 流入、流出之外，一般应先开放权益资本流入，然后开放债务资本流出，最后再根据具体情况开放权益资本流出和债务资本流入。

第八章
发展中大国经济开放路径的历史经验

　　经济开放是宏观经济政策体系的一部分，其发挥效用是在一定的现实与制度环境前提下，和其他相配套宏观经济政策相互作用的结果。所以，简单的计量模型难以准确把握如此纷繁复杂的信息组合。易宪容（2003）对资本账户开放的国际经验总结道：由于各国的经济条件不同，资本账户开放的顺序、步骤和相关政策等差异也极大。因此，不可能找到一种通用的模式。研究国际经验的目的在于，从这些经验中获得对本国资本账户开放的有益启示。因此，本书在这一章对主要发展中国家或地区经济开放路径的历史经验进行分析和归纳，并试图挖掘国家规模在其中扮演的角色。

　　对于包含资本账户开放的经济开放路径而言，发达国家和发展中国家或地区的区分就显得比较重要。资本账户开放是 20 世纪 60 年代以后的事情了，而此时发达国家和发展中国家或地区已经有了泾渭分明的区分，不能再像本书第六章那样分析发达国家在历史上处于发展阶段时的经济开放度，其实是贸易开放度的选择。资本账户开放也不同于贸易开放，在发达国家率先进行开放时，其所处的世界经济、金融环境和后来发展中国家开始开放时是截然不同的。所以，本章的经济开放路径分析只集中在一些比较典型的、资料相对丰富的发展中国家或地区，主要包括金砖四国、东亚、东南亚一些国家或地区，以及拉丁美洲一些具有代表性的国家。

　　最后，为了比较全面地展示各国的经济开放路径，本书对各国经济开放过程中宏观经济稳定、宏观经济政策有效性、贸易开放、金融自由化改革、资本账户开放，甚至包括一些必要的政治、社会相关内容进行综合分析。

第一节 东亚、东南亚相关发展中国家 或地区经济开放路径

对于东亚、东南亚地区，本书选取印度、韩国、泰国、马来西亚、印度尼西亚五国进行分析。

一、印度的经济开放路径

1950 年建国以后，印度受到苏联经济模式的影响，在大范围国有化后形成了以国家管控为主的混合经济体制。这种体制虽然使印度经济在 20 世纪 80 年代前发展平稳，但速度缓慢。1985 年，印度开始推动对内放松管制、对外扩大开放的改革，却带来经济大幅波动、国际收支赤字快速攀升的后果。1991 年，印度开始实施系统的经济改革计划，包括实现经常账户自由化、金融自由化、实施有管理的浮动汇率制和资本账户开放。1994 年，印度基本完成贸易自由化改革，并成为国际货币基金组织第八条款成员国。

对于银行业，改革和开放是同时进行的。第一，放松对利率的管制。1995 年后，银行大部分存款、贷款利率都可以由银行自主决定。第二，建立规范的审慎监管制度。印度储备银行发布了一系列强化银行资产负债表的政策措施，金融机构也按照国际清算银行（BIS）要求，强化风险检测与管理。第三，改革国有银行制度。第四，推进金融服务和金融业开放，允许外资对本国金融企业一定比例的参股，准许本国金融业投资海外货币、债券市场；21 世纪初以来，准许国内银行在一定限度内从海外市场借款。

在外商直接投资方面，1991 年推出 35 个鼓励类行业，并对占总股本 51% 以内的投资采取自动核准制；1997 年扩大开放的产业目录，并放宽外资所占股份比重；2001 年后，进一步允许包括电力、非银行金融业等行业的外商直接投资；如今，除少数行业外，几乎对外商直接投资全面开放了，但对外资参与国内银行业一直保持着比较严格的限制。对于对外直接投资，则根据国际收支和外汇储备的情况逐步开放。随着印度外汇储备的日益增加，

2003 年印度储备银行宣布简化海外投资手续，并大幅提高投资限额。

对于外国证券投资，1992 年，印度开始允许外国机构投资者投资印度的证券市场，但需要向印度证券交易委员会申请执照，并取得印度储备银行的同意；1993 年，准许外国证券经纪公司在国内营业；1997 年，允许外国机构投资者投资印度的股权衍生工具；2000 年后，美国存托凭证（ADR）、全球存托凭证等可以不受任何限制地发行。尽管印度对外国机构投资者投资本国证券本息的汇出金额和时间没有限制，但对不同期限内的汇出征收不同的所得税或资本增值税。对于投资国外证券市场，1999 年，允许国内共同基金投资国外评级较高的长期债券，印度企业在海外发行的美国存托凭证等；2000 年之后才允许自然人购买境外股票，但限制了投资额度。

对于外国商业银行贷款，印度在 1991 年国际收支危机后加强了管理，对借款主体、期限、额度和用途都有着一定的限制；1997 年，印度开始放松外国商业银行贷款的限制，放松了对借款主体、额度、利率、用途的管理；2000 年，财政部提高了印度储备银行的审批额度权限。对于汇率制度改革，印度在 1993 年实现汇率并轨，并采用管理浮动汇率制度。印度政府不设定要追求的汇率目标，但会在外汇市场上进行干预，以抑制其过度波动。

印度在资本账户开放过程中一直坚持政府对开放过程的掌控，不断地对前一阶段开放的结果进行研究、评价，并对下一阶段进行规划，然后参照规划，结合现实渐进推进，并不教条式地严格按照规划进行开放。不过，作为一个联邦制的大国，印度中央政府对宏观经济的控制能力会受到限制，这也导致印度在吸引外资时，其法律、政策的可信性可能出现一定的偏差。

二、韩国的经济开放路径

与日本非常相似，韩国是第二次世界大战后一个典型的依靠政府产业政策、贸易政策实现工业化的国家，直到 20 世纪 80 年代以后才逐渐转向自由化，但由于惯性的存在，其政府干预依然大量存在。直至 1997 年金融危机，韩国经济都很典型地处于政府干预和滞后于工业化进程的金融体系环境之中。

1980 年以后，随着重化工业基本建立，经常账户盈余不断积累，韩国政府逐步推进进口自由化，并于 1988 年成为国际货币基金组织第八条款成员国。1988~1996 年，一系列针对国内金融市场和外汇市场的改革得以实施，这为 20 世纪 90 年代资本账户的进一步开放准备了前提条件。1988 年，韩国政府开始推进利率自由化，到 1993 年基本完成了利率自由化改革；金融系统获得了发展，加强了银行、外汇和证券市场的监管和透明度；转向基于市场的汇率体制，汇率波动范围扩大。但是，这些改革进展缓慢，效果差强人意，货币政策依然主要依靠直接工具，利率政策在外汇管理中发挥的作用有限，政府依然主要参考国际收支头寸对外汇市场进行干预。对于资本跨国流动，政府则根据国际收支具体情况进行调整。1986~1988 年，随着国际收支盈余的不断积累，韩国开始推进对外直接投资、购买国外不动产以及机构投资者对海外证券市场投资；同时，通过对外国商业贷款和银行海外借款等进行限制以减少资本流入。1989 年，随着经常账户开始走弱，这些鼓励资本流出、限制资本流入的措施得到反转。随着韩国部分开放证券市场，韩国公司大量发行海外债券，资本维持了流入趋势，但同时经常账户弱化，汇率调整机制也不够灵活，最终在 1997 年遭受了金融危机的冲击。1997 年后，韩国进一步推动自由化改革，以提高金融市场的效率，推动经济持续增长。

韩国的经济开放是在政府管理下有序、渐进推进的，而且宏观经济情况较好，但金融部门发展水平不高，以及政府对金融部门监管不足最终成为韩国在经济开放背景下容易遭到国际资本流动冲击的重要根源。韩国开放资本账户后，新获执照的商业银行大量借入海外短期资本是韩国金融危机前后资本流动大幅波动的直接原因之一。

三、泰国的经济开放路径

在泰国的经济发展过程中，一直对外资较为依赖，尤其是在 20 世纪 80 年代承接日本和"亚洲四小龙"产业转移的过程中，加速经济开放导致大量的外国资本涌入国内，和国内经济结构内在缺陷一起，使泰国经济容易受到国际宏观经济形势的影响。在 1997 年亚洲金融危机后，尽管泰国努力调整产业结构、扩大内需、深化改革金融市场体系等，其对国际市场的过度开放，导致在短期内难以改变易受国际市场波动冲击的状况。

第二次世界大战结束后，泰国维持着保护关税，并在 1958 年之前建立了一百多个国营企业（林锡星，1998）。《1959年投资条例》则开始转向促进私人投资，无论是本国投资还是外国投资均是如此。随后，泰国政府极力引进外资，不但引进外商直接投资，也包括短期资本流入。在20世纪六七十年代，不仅维持比发达国家还要低的关税水平，承诺自由贸易，而且允许外资自由进出。即使在1973年因石油危机引起通货膨胀、国际收支困难时，也未曾改变。这使得外国资本大量涌入，并带动了泰国经济的快速增长。20世纪80年代之后，泰国的贸易和工业政策决定性地转向出口导向，并继续推进贸易开放和吸引大量外资流入。1990年，泰国成为国际货币基金组织第八条款成员方，并进一步推动贸易自由化，例如，消除对购买和带出带入外汇的额度限制。不过，与推进资本流入相反，泰国居民资本外流的自由化则进展缓慢，无论是个人、企业还是金融机构对海外贷款、证券投资还是直接投资，都有着一种或多种包括额度、审批等方面的限制。在这种大力引进外资，而又限制资本流出的政策下，泰国对外资的依赖程度越来越高。同时，尽管泰国也在改革金融市场，其对金融市场的改进效果却是有限的，如银行体系中寡头垄断结构一直没有得到有效的解决，这主要体现在存贷款利差上；利率和信贷控制自由化缓慢，直到1992年，存贷款利率上限才被移除；间接货币政策工具依然没有建立起来，政府主要依靠外汇互换管理资本过度流入产生的通货膨胀、货币升值压力等问题。高利率和固定汇率制进一步加剧了资本流入。因此，1996年时，面对货币升值、资本流入和出口快速下降，大量经常账户赤字、高利率和高通胀使泰国成为一个脆弱的国家。

总体而言，尽管泰国利用国际市场和外资推动了经济的快速增长，其对出口的过度依赖使国内产业结构一直无法转型升级，容易受到国际市场波动的冲击；其过高的金融开放度使其极易受到国际资本流动的影响和冲击。

四、马来西亚的经济开放路径

马来西亚是比较早实施经济开放政策的发展中国家，而且经济开放是与工业化、政府对宏观经济的管理有效结合在一起的。但是，尽管马来西亚各方面表现良好，但由于国家规模较小，国内金融市场上的短期失衡依然使其没能逃脱东南亚金融危机的冲击。

在 1970 年以前，马来西亚曾经推动进口替代工业发展战略，对外资的引进也不够积极。但是，由于受制于国内市场狭小，以及丰富劳动力的就业问题，不得不转向进口替代和出口导向相结合的战略。1970 年以后，马来西亚开始全面推动经济开放，工业化战略调整到面向出口工业，大力引进外资，并建立各种面向出口的出口加工区。不过，在外商大量进入马来西亚投资的背景下，为减少对外资的依赖，增强本国经济对国际市场冲击的抵抗力，马来西亚政府大力发展基础和中间产品工业，逐步建立起本国的工业体系。

马来西亚一直有一个相对开放的资本账户，到 20 世纪 80 年代中期，证券组合投资流入限制就已经基本上取消了，对银行以外主体外汇借款和贷款也基本上自由化了。由于经济发展前景明朗，1990 年后，大量外国资本涌入马来西亚，包括短期资本和长期资本。尤其是，国内外正的利差，以及林吉特升值预期的存在，导致过多短期资本流入。因此，马来西亚在 1994 年对短期资本流入，尤其是对银行国外借款、国外客户的林吉特账户进行限制，并放松利率政策，增加对银行体系中过多流动性的审慎管理。通过这些措施，基本达到了对资本流入的控制目标，并维持了汇率稳定。但是，尽管宏观经济稳定、金融体系比较发达，马来西亚还是没能避开 1997 年东南亚金融危机的影响。约翰斯通（Johnston，1997）将其原因归纳为两点：国内银行积累了过多贷款；银行过多暴露在房地产和股票交易领域。

马来西亚资本账户开放的经验告诉我们，金融体系发展水平、政府对宏观经济的适当调控，以及审慎监管的重要性。同时也说明，作为一个小国，即使国内宏观经济稳定、金融体系发达，国内（金融市场）的暂时失衡也可能使其成为短期国际资本流动的牺牲品。

五、印度尼西亚的经济开放路径

由于政治、经济、社会各方面的综合影响，印度尼西亚的经济开放一直在摇摆，直至 1997 年东南亚金融危机后才比较稳定地推进。总体而言，除了外商直接投资之外，印度尼西亚的资本账户开放是伴随着贸易开放展开的；而且，国内金融体系存在的缺陷使其资本账户开放后容易受到国际资本流动的影响。

由于实施进口替代内向型发展战略，在 1985 年之前，印度尼西亚的贸易和资本账户都存在着比较多的管制。但为了利用外资，印度尼西亚对外商直接投资的开放比较早，1967 年制定的《外国投资法》规定了非常宽泛的允许外商直接投资的范围，并提供了比较优厚的条件。但在 1970 年，就因为利益集团的游说而修订，对出口要求、劳动力适用、合资经营、投资期限、投资领域等做了大幅修改，进行限制。1982 年，印度尼西亚再次放宽外商直接投资限制，逐渐增加允许外资投资的行业范围，并于 1989 年转向否定列表制度。在东南亚金融危机之后，为了进一步吸引外资，印度尼西亚再次放松外商直接投资限制，除有限行业外，实现了比较高的对外开放水平。

对于贸易开放，印度尼西亚 1985 年取消了进口替代战略，并逐步降低关税、取消非关税壁垒，1988 年成为国际货币基金组织第八条款成员国，实现了经常项目货币自由兑换。但是，印度尼西亚依然保持着较高的关税率，直到 2001 年，才把关税水平降低到 8%。

金融部门的改革与实体部门基本是同步的，最开始主要是建立金融市场、制度和工具，以增强市场基础。1983 年，实现利率市场化，取消对信贷资源的直接分配；1984 年，引入货币市场工具；1987 年，实施制度改革，引入了新的资本市场工具，引入货币市场工具每日拍卖制度，允许利率和汇率由市场决定；1988 年，改革银行体系，允许外国投资者对本国金融部门的更多参与，保证本国和外国银行公平竞争，允许外资参与其他类型金融机构和保险行业。

对于证券投资，印度尼西亚在 1987 年底才开始准许外国居民投资本国的股票市场，1988 年又进一步允许外资创办证券公司、金融公司等，后又逐渐放松了对外资购买本国私人银行、持有共同基金份额的限制。外资的大量流入导致印度尼西亚的证券市场基本由外资控制了。虽然在东南亚金融危机后，为了应对资本的大量流入，印度尼西亚对一部分外商证券投资行为进行了限制，但总体上并没有改变证券市场受到外资控制的局面。

对于国际融资，1970 年，印度尼西亚就完全放开了个人和企业对海外贷款的限制；对于从海外借款，则主要是对企业和银行的海外借款行为有一定的限制。1974 年，印度尼西亚中央银行对银行和非银行金融机构的国际借款实施了严格的数量限制。直到 1989 年，印度尼西亚政府对本国金融市场信心提高时，才再次宣布取消对银行海外借款的数量限制。不过，很快又因为其限制了货币政策的有效性，再次加强了监管。

东南亚金融危机中，由于印度尼西亚资本账户开放度相对较高，它也未能幸免。因此，印度尼西亚对资本账户开放政策进行了适度的调整，如进一步放松了对外商直接投资的管制，对不稳定的短期资本流动重新加强管制等。

六、小结

从东南亚各国的经济开放路径及其宏观经济效果可以看到，渐进、有控制的开放过程是宏观经济稳定发展的重要条件。印度实施渐进、有控制的开放，其宏观经济稳定增长；而韩国、泰国和印度尼西亚过快的经济开放则使其遭遇了金融危机，泰国和印度尼西亚金融市场更是受到外资的控制，更容易受到外部经济波动的冲击。不过，马来西亚的经验则告诉我们，对于小国而言，即使宏观经济各方面表现良好，依然可能受到国际市场波动的冲击。

第二节 拉美地区相关国家经济开放路径

拉美国家有着不同于其他地区发展中国家和地区的经济、社会发展史，包括经济开放在内的整个经济改革过程也有着显著的差别，因此在对其经济开放路径进行经验分析时，需要对其经济发展与改革历程做一个简单的回顾。20 世纪 70 年代开始，拉美国家以新自由主义为理论基础，相继实施了激进式改革，即经济自由化、产权私有化和宏观经济稳定化。20 世纪 80 年代和 1994～1999 年期间，拉美地区很多国家两次先后爆发了严重的金融危机。

一、巴西经济开放路径

由于历史原因，巴西经济一直和国际市场有着比较紧密的联系，甚至有学者将巴西 20 世纪 50 年代以后的工业化进程称为以外资为动力的依附性发展（多思桑托斯，1999）。尽管一次又一次通过各种经济发展政策和改革措施来摆脱这种发展模式，及其带来的经济、社会后果，但长期无法摆脱对外国资本的依赖。

巴西工业化进程开始于 20 世纪 30 年代，实施进口替代型经济发展战略。第二次世界大战后，根据普雷维什提出的"中心－外围"理论，巴西倾向于内向型的发展战略，开始推动产业结构向资本、技术密集型产业调整，并于 20 世纪 70 年代基本建成了比较完整的工业体系。但是，与之相伴随的是外债的飞速增长。由于进口替代工业化，尤其是资本、技术密集型产业需要大量资本投入，但巴西国内储蓄有限、金融市场也不发达，只能大量依靠外债。这最终成为巴西旷日持久经济波动、经济危机的根源。

20 世纪 60 年代初，巴西颁布了一系列资本账户开放管理的相关法律，并一直延续到 20 世纪 80 年代末全面自由化改革时期。一方面，对直接投资和证券投资实施严格的管制。例如，要求外国资本流入及利润必须在货币当局登记，对外资实施非国民待遇，禁止或限制外国投资者进入国家"战略部门"，限制外国投资者进入国内证券市场，等等。另一方面，却鼓励大规模利用国外贷款，这是和巴西这一阶段经济发展战略相适应的，但也使巴西走向了不可持续的外债和难以治理的恶性通货膨胀。

面对国内经济、社会困境，巴西在 20 世纪 80 年代末开始了新自由主义方向的相对快速、比较彻底的改革。第一，广泛的私有化改革。巴西对从钢铁、石化到基础设施和公用事业，甚至能源和银行金融部门都实施了私有化改革，因其范围广、规模大，被称为当时最庞大的私有化计划。1990～1999 年，巴西私有化收入达到 717 亿美元（李洁，2007），大大缓解了政府的财政压力，但也意味着政府对宏观经济掌控能力的失去，这为巴西后来的经济波动埋下了伏笔。第二，推进贸易自由化改革，并于 1999 年成为货币基金组织第八条款国。但是，根据华盛顿共识展开的贸易自由化改革，使巴西的出口过多地依赖本国具有比较优势的、基于自然资源加工的产业。这种出口极易受到国际市场价格波动的影响，使巴西更容易受到来自外部的冲击。同时，对国外的技术依赖，也使技术和中间产品的进口额大幅增加，从而使巴西更容易遭受经常项目赤字的威胁。第三，减少政府干预，包括金融部门自由化、资本账户开放和汇率体制改革。在金融自由化方面，巴西相对快速地实现了利率市场化，并放松或取消了对国内金融交易的控制，但并未及时对金融系统进行改革和建立完善的监管机制。在资本账户开放方面，巴西于 20 世纪 90 年代初开始全面推动。在 20 世纪 90 年代，巴西逐步放开了外商直接投资国内的产业部门，取消了内外资的差别，对外商直接投资提供税收等优惠措施，为外商直接投资提供便利；对对外直接投资，则逐步放宽了投资总量、流量、额度等的限制，并提供资金、政策方面的支持。在外债方面，准许金融机构海外信贷融资，并逐步取消了期限要求，到 1999 年完全取消了最低期限规定。证券投资方面，逐步允许各类国外投资者投资国内市场，放松居民海外投资限制，基本实现了证券项下的开放。对于汇率体制改革，1988 年，巴西统一了分别适用于经常项目和资本金融项目的外汇市场，建立了完全市场化的外汇市场。1994 年，实施"雷亚尔计划"，实行爬行盯住美元的汇率制度，并在不断扩大浮动区间后，于 1999 年宣布实行完全自由浮动的汇率制度。这在一定程度上遏制了国际资本的投机冲击。经过这一系列广泛的自由化改革，高通胀在一定程度上得到了遏制，但代价是一直维持高利率和高估的汇率，这不但导致经济增长放缓和出口竞争力削弱，而且导致了外资持续流入的压力。而且，这一时期接连发生了墨西哥金融危机、东南亚金融危机和俄罗斯金融危机，导致外资总是不断地在流入和流出之间转换。为了抑制资本大量流入、流出对宏观经济形成的不利影响，巴西只好求助于短期的直接、间接资本控制手段对其进行频繁干预。干预有一定的效果，但并不能阻止巴西经济在"奇迹"和"陷阱"之间摇摆。过快的经济、金融自由化和对外开放使巴西宏观经济过多地受到国外因素的影响，自主能力受到削弱，并且使失业和收入分配、贫困问题加剧，社会问题成为制约巴西经济发展的主要矛盾。

2003 年之后，巴西继续开展广泛的改革。一方面，继续完善 20 世纪 80 年代末开始的快速自由化改革中，不能及时跟进的配套改革；另一方面，重新增加政府对宏观经济的掌控力，并努力解决社会公平问题。改革已经取得了显著的成绩，但巴西宏观经济增长总是在"奇迹"和"陷阱"之间摇摆的问题一直没有得到解决。

二、阿根廷经济开放路径

阿根廷是一个典型的发展中大国。同时，在其特定的政治、社会背景下，阿根廷的经济开放政策为其带来了国内宏观经济失衡（主要体现为难以控制的通货膨胀）和对外债务危机的不断循环。这为发展中大国的经济开放路径选择提供了一个经典的经验研究对象。以 1982 年拉美债务危机为界，阿根廷的经济开放之路也可以划分为两个时期。20 世纪 70 年代中期开始的第一次激进的经济开放，以及 20 世纪 90 年代在国际货币基金组织支持下开始的"新自由主义改革"。需要特别指出的是，阿根廷第一次经济开放过程并没有涉及贸易开放，直至"新自由主义改革之前"，一直坚持进口替代型发展战略。

历史赋予了阿根廷广袤的土地和丰富的资源，使其直至第二次世界大战结束，都是世界上最富裕的国家之一。但是历史上的政治、社会问题，再加上可能发生作用的"资源诅咒"，使阿根廷的产业结构升级缓慢，政府推动建立的国有工业虽然配套齐全，却效率低下，一直在政府的巨额补贴下维持生存，无法形成国际竞争力。而且，为了政治和财政需要，阿根廷建立了大规模的关税体系，不仅针对进口工业品，也同时针对本国的农牧产品出口，这对阿根廷的经济增长形成了阻碍。面对各种困境，不稳定的民主政治导致政府倾向于通过通货膨胀来获取收入，这最终导致了阿根廷一直延续到1991 年，实施货币局制度以后才终于解决了顽固的恶性通货膨胀（hyperinflation）。

为了解决国内存在的诸多问题，20 世纪 70 年代中期，阿根廷转向从经济开放中寻找解决办法，开始了第一次激进金融自由化改革。1975 年，阿根廷开始进行利率市场化改革，并于 1977 年实现利率的全面自由化；1975 年，阿根廷放弃固定汇率制，转向爬行盯住美元；1977 年，允许外资金融机构进入阿根廷，给予内外资金融机构同等待遇，并全面放开对外汇借款的限制，扩大银行业务范围，同时放开对资本账户交易的大部分限制。结果，这次激进的改革使通货膨胀进一步提高，在政府为遏制通胀而提高利率后，更多的外资涌入阿根廷，从而加剧通胀，形成了恶性循环。同时，由于对银行和海外借贷监管不够，银行呆坏账快速增加，政府为救助银行体系不得不大量发行债券，最终使阿根廷陷入 1982 年的拉美债务危机。

在"失去的十年"之后，阿根廷在 20 世纪 90 年代开始推行全面的"新自由主义"改革，而且再次以激进的方式展开。首先，1989 年开始实施贸易自由化，放开对商品进出口的限制；其次，1989 年，阿根廷颁布《新外资制度》，取消外资进入国内市场的限制；再其次，通过私有化改革吸引了大量外资进入，并缓解了经常账户和财政赤字问题；最后，1991 年，实施货币局制度，并全面取消证券交易、外资金融机构和企业发行外币债券的限制。结果，尽管货币局制度终于将通货膨胀率降下来了，但由于阿根廷产品在国际市场上缺乏竞争力，同时资本账户开放后大量资本涌入使阿根廷比索实际升值，阿根廷的经常账户逆差快速上升。同时，过快的金融开放也使阿根廷容易受到国际资本流动的影响，在国内经济结构存在缺陷，政府宏观经济政策能力受限和经常项目收支逆差不断积累等因素的综合作用下，经济波动，乃至金融危机便不可避免了。2001 年，阿根廷再次发生债务危机。

2001 年债务危机后，尽管阿根廷政府继续推进各种改革（例如，于 2002 年放弃盯住美元的货币局制度，对资本流出和外汇提款实施一定时期的限制，对外汇兑换加强管理；2010 年成立货币、汇率和金融政策协调委员会以加强对金融体系的审慎监管；等等），其国内宏观经济稳定、政府政策有效性、对外资过度依赖等结构性问题依然没有得到很好的解决，因此依然容易受到国际市场波动的冲击。

三、墨西哥的经济开放路径

墨西哥是一个典型的发展中大国，曾在第二次世界大战后长期实施进口替代工业化战略，并建立了完整的工业体系，保证了政府对宏观经济的有效控制，但和绝大多数国家一样，大量的国有企业存在效率低下的情形。因此，其经济开放历程及经济、社会后果也为发展中大国设计经济开放路径提供了重要的经验借鉴。

第二次世界大战后，墨西哥曾长期实施进口替代型的贸易保护主义政策，直至 20 世纪 80 年代中期，才在各种内外条件的推动下转向自由贸易，并于 1986 年加入关贸总协定，在 20 世纪 80 年代末之前大幅降低关税、取消非关税壁垒。随后，墨西哥大力推动双边、多边自由贸易协定的签署，例如，分别于 1994 年和 2000 年签署了北美自由贸易协定和墨欧自由贸易协定。到 2000 年，墨西哥已经成为一个贸易高度开放的国家。

在资本账户开放方面，墨西哥于 1989 年颁布《促进外国投资法》，大幅放松对外国直接投资的限制，包括对投资部门、股权比重、股本撤回、利润汇回、简化批准手续等的限制。同时，建立新的金融调剂市场，对外资放开国内证券市场，鼓励本国企业到美国证券交易所上市，到 1994 年底，基本上实现了金融市场的彻底开放。1992 年，对商业银行实行私有化，并推动其证券市场发展。

同时，墨西哥也实施了大范围的私有化产权改革，包括国有银行在内的大批国有企业被出售给个人（包括外国投资者）。1988~1994 年，墨西哥国有企业总数减少了一半。

可以看到，墨西哥的自由化，主要是私有化和资本账户开放非常迅速，这可能反映了其为加入北美自由贸易区而做出的让步，也可能反映了墨西哥政府为了应对贸易开放后引起的经常账户赤字快速上升，以及从国外获取改革所需资金而做出的主动行为。但无论如何，在国内宏观经济不平衡和政府实施宏观经济政策能力存在不足的时候，实施快速的经济开放，寄希望于通过外部资源和市场解决国内内生问题的做法都是虚幻的。因此，1994 年，美国利率上升、国内政局不稳便直接引发了墨西哥金融危机。

1995 年以后，墨西哥政府开始继续进行一系列的改革，包括：积极干预市场、对金融体系和市场进行改革、全面改革银行体系、改善证券市场、鼓励外资对国内进行长期投资等等。现在，墨西哥是发展中大国中发展比较好的国家，但是其对外资，尤其是美国资本的依赖却依然存在。

四、智利的经济开放路径

智利在发展中国家中经济开放比较早，并且经历了激进开放和调整后的渐进开放两个阶段，最终成为比较公认的成功案例，因此其经验具有重要的学习和借鉴意义。约翰斯顿、达巴尔和埃切维里亚（Johnston, Darbar & Echeverria, 1997）对此有一个详细而深入的分析，本书这里借鉴并只介绍其基本轮廓。

智利的经济开放以 1982 年拉丁美洲债务危机为界，可以划分为两个阶段，一个是 1974～1982 年的快速经济开放时期，另一个是经过调整后，1984 年开始的渐进经济开放时期。

1973 年，新的军政府上台后，智利开始了快速的经济自由化和经济开放。第一，积极推进贸易自由化，大幅削减关税，放松对经常账户交易的汇兑限制，并于 1977 年实现经常账户完全可自由兑换。第二，积极推进国内金融自由化，在 1975 年取消商业银行利率上限。第三，1974～1976 年，智利一步步开放私人的资本账户交易，对个人和除银行以外的企业已经相对开放了。1977～1981 年，智利大大加快了金融开放步伐，允许外资银行在智利设立分支机构并开展业务；在智利中央银行开设了一个出口不超过 1 万美元外汇的窗口；允许银行引进外资，并最终于 1980 年完全取消外资头寸限制，只保留了准备金要求。但在这一时期，智利国内外宏观经济环境并不稳定，财政赤字、通货膨胀和经济衰退并存。在 1982 年发生债务危机后，智利实行爬行盯住汇率，以保持实际汇率稳定；加强资本管制，以阻止资本外逃。麦金农（McKinnon, 1991）指出，智利此次金融危机，既是资本账户过快开放的结果，也和其内部宏观经济不均衡密切相关。

在经历了 1982 年债务危机之后，智利转向了渐进式改革。第一，智利调整前期的贸易保护主义政策，允许经常项目下的交易可以更加自由地使用外汇，并调整和发展外汇市场。1985 年，关税开始下调，并取消对经常项目下交易的支付和转移限制。第二，深化金融体系改革，1985～1989 年，重建银行体系、建立间接货币政策工具、扩大银行业的经营范围，建立独立的中央银行；1991～1995 年，则主要是改革、发展金融市场，采用更加灵活的利率和汇率政策。第三，资本账户开放则选择性地展开，在开始时主要集中在资本流入项目的开放。1985 年，允许外国直接投资可以通过债务/权益互换进入，并允许非居民购买部分债务工具，但外汇来源和兑换不能在官方外汇市场进行。随后，不断扩大允许的交易范围，减少要求，降低利润汇回的税率。1990 年后，政府开始推动资本流出自由化。1991 年，智利允许居民使用在非官方市场获得的外汇投资海外，缩短非居民汇回投资的期限要求。1992 年，允许养老金投资海外，允许发行美国存托凭证（ADR），允许外国资金流入。1993 ~ 1996 年，资本账户开放的步伐进一步加速，且主要集中在资本流出方面，例如，利润汇回限制取消了、资本必须留在国内的最短期限缩短、鼓励对外证券投资、允许国内银行投资海外金融机构、允许私人为进行一些许可的资本交易而进入正式外汇市场等等。但是，在推动资金流入自由化的同时，也加强了对短期资本等特定资本流入的限制、扩大了准备金要求的范围、提高了准备金率。经过广泛的制度改革并建立灵活的汇率制度，智利已经具有了有效参与国际资本市场的能力（Cowan & De Gregorio, 2007）。

从智利的经济开放经验可以看到，智利选择了有序、渐进的经济开放路径，在资本账户开放之前，首先推进贸易开放，并推动广泛的金融市场体系改革；在资本账户开放上，先开放资本流入项目，再开放资本流出项目；在推进资本项目开放的同时，加强对短期资本流动的限制和管理。

五、哥伦比亚的经济开放路径

在拉美地区，哥伦比亚是少有的经济、社会、政治发展比较稳定的国家，也是唯一在 1982 年债务危机后能按期还本付息，通胀率相对比较低的国家。相对稳定的政府和政府对宏观经济的有效管理可能是哥伦比亚经济能够稳定增长的重要前提，其经济开放也是政府根据世界经济发展形势主动做出的改变，并且是在政府各种有效的直接、间接调控下进行的。

早在 20 世纪 60 年代，哥伦比亚就根据需要从进口替代转向了出口促进的贸易战略。进入 20 世纪 70 年代，哥伦比亚开始积极利用外资，但对其进行了比较严格的管理。1970 ~ 1994 年，哥伦比亚的外债增加了 6 倍，但其占国内生产总值和出口总额的比重都在下降（徐宝华，1996）。1990 年，为适应经济全球化趋势，哥伦比亚制定了"经济国际化和生产资料现代化计划"，开始大范围的经济改革和提高经济开放程度。贸易开放、资本账户开放、实体经济改革和金融部门改革，加强金融部门监管同时进行。1991 年 10 月，哥伦比亚对外国直接投资大规模开放，只保留公用事业、银行等有限的部门投资需要货币当局批准；外国投资者持有哥伦比亚上市公司股份比重不受限制；外资投资和利润汇回不受限制。允许居民持有不超过50万美元的外国证券，1993年后允许居民自由投资海外证券市场。允许企业利用国外短期贷款为短期流动资金融资，而且对贷款用途不再进行限制。1994年，提高国内养老金、共同基金、保险公司对外投资限额。

仅从1990年开始的大范围改革来看的话，哥伦比亚经济开放速度是比较快的。但是，实际上这些开放是在政府的有效控制和调节下进行的。首先，在资本账户大幅开放的同时，1967年第444号法案确定的一些外汇管制措施，例如，外汇交易只能在得到授权的金融机构进行等，依然得到延续。其次，政府随时根据外资流动情况进行调节和控制，例如，1994年对外资购买不动产进行一定限制，1993年后学习智利引入URR（unremuberated reserve requiement）制度，并不断根据具体情况调整无息准备金率，直至2000年5月才取消。

哥伦比亚经济开放的成功，应该说是其宏观经济调控整体的成功，经济开放只是其宏观经济发展战略和日常调控的一个自然组成部分。

六、秘鲁的经济开放路径

由于秘鲁在经济改革开放之前面临着严重的政治、社会、经济问题，而在改革之后获得了长期相对稳定的经济增长，其经济开放路径也具有重要的参考意义。20世纪90年代以前，在政治方面，秘鲁人民对传统的民主政党的执政能力已经非常失望，信任度很低；在社会领域，恐怖主义活动大量存在；在经济上，居高不下的失业率、超高通货膨胀和财政赤字使其成为拉美地区经济形势最差的国家之一。面对这一局面，藤森在执政后和国际货币基金组织合作，实施了激进的"休克疗法"，快速实现了私有化、市场化、贸易开放和经济开放。

第一，秘鲁对国有企业快速实现了私有化，在短短三年内就将大部分国有企业出售。获得的一部分资金用于偿还国际债务，以取得国际投资者的信任。第二，在价格稳定方面，1990年一步到位完全取消对价格的控制和补贴，使其根据市场供求自由浮动，但对工资实施冻结，以避免物价和工资出现螺旋式上升。第三，在财政收支方面，削减财政预算、取消价格补贴、通过私有化政策压缩对国有企业的补贴负担、制定新税法并严格稽查。第四，在汇率制度改革方面，从1990年8月开始的半年内，就统一了汇率，并从汇兑统一管制转向由中央银行干预的浮动汇率制。第五，在贸易开放方面，从1990年8月开始，三年内就将平均税率由66%降低至16%，并取消所有非关税壁垒。第六，在引进外资方面，制订了新的法律，给予外商和国内投资者同等待遇，外国投资者可自由支配外汇，不限制投资部门和利润汇回。智利政府本来还计划实施金融自由化改革，但由于在20世纪80年代一直面临高通货膨胀和比较严重的美元化，国内金融市场发展有限，最后未能实施，只是明确了中央银行的权责和功能。

尽管对秘鲁激进的改革后果评价不一，尤其是在解决政治、社会问题方面还存在着较多的批评。只从长期经济稳定增长来看，智利的改革开放是相对成功的。在面临复杂的政治、社会、经济问题背景下，激进的"休克疗法"克服了改革过程中的改革动力问题，虽然也存在着各种各样的弊端及改革成本，例如，1992年负的经济增长率、人民收入水平大幅下降等，但没有改革是没有成本的。

七、小结

拉美国家差异化的经济开放路径及其开放后果为我们提供了更加丰富的经验材料。作为发展中大国，巴西和阿根廷过度金融开放带来经济、社会的过度波动。同样作为发展中大国的墨西哥，虽然经济开放较为成功，但对美国的过度依赖，使其经济发展受到限制，而且也没有避免1994年墨西哥金融危机。而智利有序经济开放，哥伦比亚政府稳定、且对开放的宏观经济一直以来的有效管理则告诉我们，政府有效管理的有序开放可以是成功经济开放的重要途径。秘鲁的经验则说明，对于小国而言，激进的经济开放也不是不可选择的选项。

第三节　俄罗斯经济开放路径

在发展中国家里，俄罗斯是一个特殊的存在，不仅在于其曾经是经济发展模式两种道路之争中的一种，更在于它以巨大的国家规模实现了政治、经济体制的快速转型。而且，由于其市场化、私有化、自由化是同时展开的，俄罗斯的经济开放只是经济改革中相对不重要的一部分，甚至对其进行专门研究的文献都相对缺乏。一些零散的记述主要集中在关于金融改革、金融自由化和金融危机的相关文献中。因此，本书对俄罗斯经济开放路径的经验分析，也将其放在整个宏观经济改革背景中展开。

20 世纪 80 年代，伴随着将近二十年的经济停滞，苏联模式最终走向了瓦解。1991 年，为了解决苏联时期留下的经济、社会问题，作为主要继承者的俄罗斯采取了激进的"休克疗法"，以期快速实现私有化、市场化和自由化。在快速私有化的同时，政府全面放开市场价格，实行紧缩的财政政策（大幅缩减政府的经济、社会责任），利用关税替代国际贸易中的各种限额，在经常项目上实行卢布可自由兑换并统一浮动汇率制度，在资本项目上保留对个别项目的固定汇率制。但是其结果却不尽如人意，甚至是破坏性的。例如，通货膨胀率快速升高，1992 年时达到 2510%；国民生产总值、工业生产总值大幅下降；对外贸易额快速下滑；卢布汇率加速贬值。于是，切尔诺梅尔金政府开始对前期的政策进行回调。首先，改革的目标由自由市场经济调整为社会市场经济，保障公民的经济、社会权利，加强国家宏观调控，声明大型国有企业应由国家控制。其次，反对激进的改革，坚持平稳调整的路径。在此政策背景下，俄罗斯的 GDP、工业生产总值、通货膨胀率、汇率等主要宏观经济指标开始好转。但是，经济结构问题是一个长期的问题，财政预算危机也未得到有效解决，最终于 1998 年爆发了金融危机。2000 年，普京担任总统后，开始铁腕落实"有秩序的市场经济"，并通过政府调控推动经济实现了持续增长。但是，俄罗斯的经济结构问题、金融体系发展不足、经济开放过快的问题组合依然使俄罗斯经济处于波动之中，并再次于 2008 年、2014 年遭遇经济危机。

俄罗斯的经济开放及其配套改革基本上是同步、快速进行的。第一，就金融改革而言，俄罗斯在改革之初就快速建立了中央银行和商业银行二级银行体制，并建立了包括债券市场、股票市场等的完整的金融市场。但由于这些金融机构是突然建立起来的，它们和实体经济的联系并不紧密，反而成为投机资金流通的渠道，直至今日都只获得了有限的发展。对于金融市场运行，1993 年，俄罗斯开始由中央银行以拍卖方式分配信贷资源，形成基准利率，然后通过再贴现率和公开市场业务实现对利率的间接调控，从而逐步实现利率市场化。1995 年，俄罗斯基本实现了利率市场化。第二，关于资本账户开放。俄罗斯在初始时对资本账户交易有一定的限制。但由于 1992～1994 年俄罗斯实施卢布内部可自由兑换，即只要不涉及国际资本流动，本国居民可以完全自由兑换，并完全由市场供求形成汇率，资金跨国流动其实是相对自由的。1997 年俄罗斯央行颁布《关于俄罗斯居民吸收和偿还非居民外汇贷款的程序》，据此，俄罗斯居民基本上获得了自由从国外贷款的渠道。2002 年，俄罗斯出台《外汇调节法》，进一步放松对外汇的管制，实质上是对外国资本全面开放了外汇市场。2006 年，俄罗斯宣布开放资本账户，然后资本账户开放程度就迅速提高。到 2013 年时，俄罗斯的 Chinn-Ito 指数就达到了 0.71，而当时中国只有 0.16。第三，关于汇率制度改革。1992～1994 年，俄罗斯实施卢布内部可自由兑换，并完全由市场供求形成汇率。1995～1998 年，俄罗斯开始实施有管理的浮动汇率，预先规定了卢布的浮动区间。1998 年金融危机后，俄罗斯再次恢复到自由浮动汇率制度，尽管中间加强了对外汇市场的监管和干预，但一直坚持了下来（徐向梅，2004）。

俄罗斯为我们提供了一个大国在宏观经济结构存在问题、金融发展水平较低时快速实现经济开放，尤其是资本账户开放的案例。从其近 30 年经济发展的经验可以看到，尽管经过很多努力，俄罗斯经济结构问题一直难以解决；金融发展水平严重滞后于经济开放水平，并没有如愿以开放促改革、提高金融发展水平，而外资进出的波动反而成为俄罗斯一次又一次经济金融危机的直接诱因。同时，俄罗斯经济开放与金融危机的历史也说明了发展中大国经济改革过程中政府管理的重要性。

第四节　发展中大国经济开放路径经验总结

通过对各国的经济开放路径及开放效果的分析，可以得出一些一般的经验。第一，过快的经济开放，尤其是金融开放一般会带来一国宏观经济过度波动，甚至危机。对于发展中大国，即印度尼西亚、巴西、阿根廷、墨西哥和俄罗斯，这个经验结论都成立。第二，适当控制的有序开放可以得到比较好的宏观经济效果。智利、哥伦比亚的经验验证了这个结论。第三，对于小国而言，即使国内宏观经济运行良好，一样可能受到国际市场波动的冲击。

第九章
中国经济开放的经验与进一步开放的政策建议

通过前面各章的理论与实证分析可以发现，不同国家或地区经济开放度选择与开放路径存在着一定的规律性，但也和各国具体的客观环境、经济制度、经济发展水平等紧密相关。普拉萨德等（Prasad et al.，2003）在对资本项目自由化效应的相关文献进行述评的基础上提出，资本自由化与好的制度的顺序问题依然是一个未解决的难题，这种问题只有在一国特定的环境和制度特征下，才能最好地解决。因此，本章将在对中国改革开放以来经济改革开放成功经验进行总结的基础上，结合具体情形，提出进一步深化经济开放的政策建议。

第一节　中国经济开放的历史经验总结

1978 年底，中共十一届三中全会确立了以经济建设为中心、实行改革开放、加快社会主义现代化建设的基本路线，拉开了我国 40 多年来经济开放和经济快速增长的序幕。今天，我国已经实现了比较高的贸易开放度。截至 2005 年 1 月 1 日，我国已经基本取消了除加入 WTO 承诺中允许的非关税措施以外的所有非关税壁垒措施；到 2018 年底，我国关税水平已经下降到 7.5%[①]，低于对 WTO 的承诺，也比大多数发展中国家或地区的关税水平要低。从贸易额

[①]　2019 年政府工作报告。

来看，2018 年我国货物贸易总额为 4.62 万亿美元，连续第二年位居世界第一；服务贸易额达到 0.79 万亿美元，连续第五年位居世界第二。[①] 但是，我国金融开放水平还相对较低。截至 2016 年，在国际货币基金组织的《汇兑限制与汇兑安排》40 个项目中，尽管只剩下非居民境内发行股票、货币市场工具和衍生产品业务三项不可自由兑换，实际上多数可兑换项目依然有严格的数量限制，而当年我国的 Chinn-Ito 金融开放指数在 182 个经济体中也排到了 104 名以后。因此，尽管我国已经取得了经济开放的巨大进步，但依然还有很长的路要走。对其经验进行总结，有助于我们更好地进一步推进经济开放。

一、我国经济开放是改革开放的有机组成部分

经济开放不是一项孤立的经济进程，而是我国改革开放整体中的一部分，是与我国政治、社会、经济、制度环境相适应，与国内经济市场化、自由化改革相协调的有机组成部分。有学者提出"前三十年以改革促开放，后三十年以开放促改革"，比较深刻地阐释了我国经济改革与经济开放之间的关系。

（1）我国经济开放的过程也是经济管理体制由中央集权向扩大地方和各部门经营管理权的过程。首先，从贸易开放领域看。改革开放前我国实行高度集中的外贸管理体制，对外贸易部调整、组建的 14 个国营专业外贸公司和两个专业运输公司基本上完全垄断了我国的对外贸易。与其对应的是广泛而严格的对外贸易管制和保护。改革开放后，中央开始向省、市和经济特区下放管理权和经营权，例如，批准中央政府各部门和地方省市成立外贸公司；同时给予更多的生产企业、科研院所等外贸经营权，直至 2004 年颁布《中华人民共和国对外贸易法》，取消外贸经营权的审批制，随后对法人、其他组织包括个人全面放开外贸经营权。其次，从金融开放领域看。改革开放前我国基本上没有了金融部门；改革开放后，先是银行部门从财政部脱离出来，其次是商业银行从中央银行分离出来，再然后是其他类型的金融机构逐渐恢复或设立。1980 年，中国人民银行恢复了在国际货币基金组织和世界银行的席位，然后逐渐和国际清算银行、区域性开发银行等建立业务联系。中国银

[①] 中华人民共和国商务部商务数据中心，http：//data. mofcom. gov. cn/。

行、中国国际信托投资公司和中国投资银行最早获得了国际业务经营权。1988 年后，中国工商银行、中国人民保险公司等也开始逐渐获得国际业务经营权。

（2）我国经济开放是经济交易体制市场化的过程。在改革开放前，我国实行高度集中的计划经济体制，改革开放的过程也是经济市场化、自由化的过程。经济自由化又可以区分为对内经济自由化和对外经济自由化，对外经济自由化的过程就是经济开放的过程。首先，从贸易开放领域看。改革开放前我国实行单一的指令性计划管理，改革开放后转向指令性计划、指导性计划和市场调节相结合，并建立健全配额及许可证制度、经营审批权制度；然后，逐步缩小指令性计划范围，改革、减少许可证和配额管理范围。其次，从金融开放领域看。市场化改革主要集中在外商直接投资领域，其他金融、资本项目依然在政府比较严格的控制之下。对于外商直接投资，我国主要是通过《外商投资产业指导目录》进行管理，在不同版本的目录中不断扩大鼓励或允许投资的产业种类；另外，对引进外商直接投资也经历了从"超国民待遇"向国民待遇的转变，逐步调整外资的收费和税收政策，使其和国内企业保持一致。从外汇管理体制来讲，改革开放以前，我国对外汇实行集中管理、统一经营。改革开放以后，则通过外汇留成、官方汇率和内部结算价并存、官方汇率和外汇调剂价并存，逐渐过渡到 1994 年的汇率并轨。2005 年，我国改革人民币汇率形成机制，形成盯住"一篮子"货币的更富有弹性的汇率形成机制。2015 年汇率形成机制改革在汇率形成与波动区间方面有着比较大的突破。

（3）对经济交易的管理从行政管理转向以法律法规为基础的市场化管理。改革开放以来，我国逐渐用法律法规来规范国际交易，取代对对外经济交易的行政化管理。相关法律体系的设立与修订是一个庞杂的体系，其中具有代表性的是 1994 年颁布，然后于 2004 年修订的《中华人民共和国对外贸易法》，以及 2001 年我国加入 WTO 时签署的《WTO 协定》。

二、我国经济开放是渐进、有序推进的

我国的经济开放是典型的渐进式开放，一方面体现在时间上，经过 40 多

年的改革开放，我国的确实现了相对较高的贸易开放水平，但金融开放程度依然不高；另一方面体现在，作为改革开放整体进程的一部分，经济开放与经济改革，经济开放各组成部分之间是有序开放的。

（1）经济开放是和经济改革举措协调推进的，并且，经济改革有效地推动了经济开放。在改革开放之初，我国通过家庭联产承包责任制、包干制、承包制、双轨制、经济特区等改革推进产权改革和市场化改革。但是，在初期，对外贸易绝大多数年份处于逆差，且外商直接投资金额有限。直到1992年明确提出建立社会主义市场经济体制后，我国对外贸易开始连续顺差并快速增长，外商直接投资则以更快的速度增长。1994年，我国完成了汇率体制并轨，随后在1996年宣布实现人民币经常账户可自由兑换。在2001年加入WTO之前，我国基本完成了财政体制改革、国有企业改革，并建立了完整的金融组织体系、金融市场体系和金融监管、调控体系。2001年加入WTO以后，我国对外贸易再次迎来快速增长时期。五年过渡期后，我国金融服务、外商直接投资以外的其他资本金融项目开放开始快速推进。

（2）经济开放各组成部分是逐步、协调推进的。我国首先推动了贸易开放，在2001年加入WTO后就达到了一个较高的水平。而在金融开放领域，除了外商直接投资之外，其他项目都是在2001年之后才开始实质性推动的。这些资本账户各子项目也是按照"先流入后流出、先长期后短期、先直接后间接、先机构后个人"的一般原则逐步推进的，而且，这里的开放也是从严格管制转向数量限制，然后逐渐扩大数量限额。2002年以来，一方面，我国不断扩大金融服务贸易开放，允许外资金融机构在国内设立分支机构，不断提高外资金融机构在我国金融机构中的股份比重限制，扩大允许的业务范围，建立境外离岸人民币业务中心等；另一方面，不断开放资本账户下各子项目，例如，批准合格境外机构投资者（QFII）、合格境内投资者（QDII）和人民币合格境外投资者（RQFII），并逐步提高投资额度，推出深港通、沪港通、沪伦通，批准内地金融机构到香港发行人民币债券，允许外资机构获得银行间债券市场A类主承销商等，有限度地逐步开放证券交易市场。

（3）我国经济开放在地域上逐步推进。我国经济开放，尤其是贸易开放和外商直接投资开放是典型地沿着"经济特区—沿海—沿江—沿边—内陆省会城市"全面开放逐步推进的。2015年后，我国又逐步成立上海、广东、天津、福建等自由贸易试验区，在试验区内不仅推进货物自由贸易，而且推进金融投资自由化，实施负面清单制度，成为我国进一步经济开放，尤其是金融开放的尝试。

三、我国经济开放的持续推进离不开党和政府的强有力推动

经济开放一方面是一个风险与收益共存的过程，另一方面会调整利益分配的格局，因此，持续的经济开放需要不断注入新的动力。我国的经济开放，最初主要是由党和政府推动，然后是经济开放的收益和政府共同提供了进一步开放的动力，今天，党和政府进一步推动再一次成为我国经济开放不断深化的决定性力量。

（1）我国经济开放的整个过程贯穿着政府坚定、有力的推动。1978 年改革开放之初，中共十一届三中全会确定了以经济建设为中心、实行改革开放的历史决策，拉开了我国经济开放的序幕。1984 年，中共十二届三中全会确定了对外开放是我国的基本国策。1987 年，中共十三大将对外开放明确为我国的四项基本原则之一。1992 年，中共十四大提出要形成全方位、多层次、宽领域的对外开放格局。1997 年，中共十五大提出要完善全方位、多层次、宽领域的对外开放格局，发展开放型经济。2002 年，中共十六大提出要充分利用国际国内两个市场，优化资源配置，拓展发展空间，以开放促改革促发展。2007 年，中共十七大提出完善内外联动、互利共赢、安全高效的开放型经济体系。2008 年次贷危机、2010 年欧债危机后，发达国家开始求助于贸易保护，尤其是特朗普上台后的美国开始推动贸易保护，世界贸易增速快速滑落到世界 GDP 增速以下。但是我国党和政府依然坚定地推进对外开放。中共十八大报告提出，必须实行更加积极主动的开放战略，完善互利共赢、多元平衡、安全高效的开放型经济体系，全面提高开放型经济水平。2017 年，中共十九大提出中国坚持对外开放的基本国策，推动形成全面开放新格局，推动建设开放型世界经济。

（2）我国经济开放的标志性举措都是党和政府组织推动的。从最早建立经济特区，到今天建立自贸区；从加入世界贸易组织（WTO），到人民币进入特别提款权（SDR）货币篮子，到领导组建亚洲基础设施投资银行（亚投

行）；从人民币国际化，到"一带一路"倡议，这些具有标志性的经济开放举措，都是党和政府战略性推进的。

第二节　中国进一步经济开放的政策建议

（1）要准确认识我国经济开放的政策目标。从经济层面讲，我国经济开放的目标是提高人民群众的福利水平，具体体现在持续、稳定的经济增长上，即持续的经济增长、较低的经济波动。有学者指出经济增长与经济波动是负相关的，但也有学者指出发展中国家或地区经济波动与经济增长是正相关的，所以我国应当协调经济增长与经济波动的长短期关系，坚持经济持续增长的核心目标。从制度层面讲，我国经济开放的目标应当是建立有中国特色的社会主义市场经济体制。其核心是市场化改革，但必须建立在我国具体的客观政治、经济、制度环境特征之上。市场化改革不但包括对外经济开放，也包括对内经济开放，内外开放需要协调推进。从战略层面讲，我国是一个发展中大国，推进经济开放的目标不能仅限于融入世界经济、促进我国经济的持续、稳定增长。随着经济不断增长，我国经济在世界经济中必将具有举足轻重的地位，这需要我国从促进世界经济整体稳定发展的角度认识我国经济开放的目标。

（2）我国要协调、渐进推进经济开放。首先，经济开放是改革开放整体进程的一部分，其推进必须考虑综合宏观经济效果，因此要协调推进。这意味着，一方面，要协调国内改革和对外开放。在国内金融市场、外汇市场市场化改革基本完成之前不宜实质性放开资本、金融项目。另一方面，经济开放各子项目应当协调推进。目前，我国贸易开放度已经达到较高的水平，所以各子项目协调推进主要体现在金融服务开放和资本账户开放。还有一个不同于一般国家或地区的项目是人民币国际化。由于资本账户开放与人民币国际化对经济开放次序的要求是不同的，所以应注意两者之间的协调，相机抉择地推动资本账户开放。其次，我国经济开放应当渐进进行。一方面和经济开放协调推进是一致的，另一方面则体现了我国发展中大国的客观特征，以及金融开放的宏观经济效应特征。作为发展中大国，我国不应当过快地推进金融开放。而且，与贸易开放不同，金融开放的经济增长效应是间接的、长期的，但其经济波动效应却是直接的、短期的，甚至会表现为经济、金融危机。当然，渐进开放和我国应当坚持随着经济发展扩大经济开放、金融开放的战略并不矛盾。

（3）在推进经济开放的具体操作中，要充分利用基于规则的经济开放度测度和基于结果的经济开放度测度之间的关系。基于规则的经济开放度具有可操作性，但其传导到宏观经济结果的过程非常复杂、不确定性也高；而基于结果的经济开放度和经济开放的最终目标直接相关，却不可直接操作。所以，我们可以具体研究中国特定政治、经济、制度环境下基于规则的经济开放度与基于结果的经济开放度之间的关系，以基于结果的经济开放度为中间目标，以基于规则的经济开放度为操作目标，来逐步推进经济开放。

（4）我国应坚定不移地推进经济开放。一方面，我们需要坚定不移地向着经济开放的目标，即建设中国特色社会主义市场经济体制前进；另一方面，我们需要党和政府为经济开放提供持续不断的动力，这两者是相互依存的。经济改革有收益也有成本，并不是在每一个阶段收益都会大于成本；改革也意味着利益的再分配，自然会遭遇现有利益集团的阻力，如果没有外在的持续动力，要么是改革开放难以推进，要么就是忽快忽慢，无法保证渐进、协调的经济开放。反过来，能够为经济开放提供持续不断的动力，是我国政治、经济体制所具有的特定优势，但提供动力的前提必须是对经济开放目标的共识。因此，我国应继续发挥社会主义市场经济体制的优势。一方面，由中央政府提供源源不断的动力支持，并成立相关机构（如金融稳定发展委员会）统一管理；另一方面则应积极、主动利用市场机制去选择并推进经济开放相关部分的改革和开放。具体机制为，政府在可控范围内逐步放松对相关市场的管理，在一步步开放的过程中发现约束最大的方向，然后放松相应的约束；同时，政府和学界对改革开放的环境、效果、前景不断进行评估，在评估结果的基础上，利用中央政府的力量进行推进。另外，开放不意味着放弃监管，相反是对监管提出更高的要求。所以，在坚定不移地推动经济开放的同时，我国也应当加强对国际经济交易，尤其是对资本大规模跨境流动实施比较严格的管理。推进经济开放和加强监管是并行不悖的。

（5）我国应当加强国际经济、金融合作。一方面，市场经济体制是存在着市场失灵的，在金融市场上这种失灵会被进一步放大。在国内，一般利用政府这只有形的手解决市场失灵问题。但在国际市场上，这种机制相对缺乏，需要各国通过如国际货币基金组织等机构或机制协调解决。另一方面，作为一个发展中大国，尤其是已经成为全球第二大经济体，我国在国际经济中的地位和作用不同于小国，需要在国际经济、金融事务中更加积极、主动，发挥更加重要的作用。

附　录

附录一　214 个国家或地区

阿尔巴尼亚	巴巴多斯
阿尔及利亚	巴布亚新几内亚
阿富汗	巴哈马
阿根廷	巴基斯坦
阿拉伯联合酋长国	巴拉圭
阿鲁巴	巴林
阿曼	巴拿马
阿塞拜疆	巴西
埃及	白俄罗斯
埃塞俄比亚	百慕大
爱尔兰	保加利亚
爱沙尼亚	北马里亚纳群岛
安道尔	北马其顿
安哥拉	贝宁
安提瓜和巴布达	比利时
奥地利	冰岛
澳大利亚	波多黎各

波兰	格林纳达
波斯尼亚和黑塞哥维那	格陵兰
玻利维亚	格鲁吉亚
伯利兹	古巴
博茨瓦纳	关岛
不丹	圭亚那
布基纳法索	哈萨克斯坦
布隆迪	海地
朝鲜	海峡群岛
赤道几内亚	韩国
丹麦	荷兰
德国	黑山
东帝汶	洪都拉斯
多哥	基里巴斯
多米尼加	吉布提
多米尼克	吉尔吉斯斯坦
俄罗斯	几内亚
厄瓜多尔	几内亚比绍
法国	加拿大
法罗群岛	加纳
法属波利尼西亚	加蓬
菲律宾	柬埔寨
斐济	捷克
芬兰	津巴布韦
佛得角	卡塔尔
冈比亚	喀麦隆
刚果（布）	开曼群岛
刚果（金）	科摩罗
哥伦比亚	科索沃
哥斯达黎加	科特迪瓦

科威特

克罗地亚

肯尼亚

库拉索

拉脱维亚

莱索托

老挝

黎巴嫩

立陶宛

利比里亚

利比亚

列支敦士登

卢森堡

卢旺达

罗马尼亚

马达加斯加

马恩岛

马尔代夫

马耳他

马拉维

马来西亚

马里

马绍尔群岛

毛里求斯

毛里塔尼亚

美国

美属萨摩亚

美属维京群岛

蒙古

孟加拉国

秘鲁

密克罗尼西亚联邦

缅甸

摩尔多瓦

摩洛哥

摩纳哥

莫桑比克

墨西哥

纳米比亚

南非

瑙鲁

尼泊尔

尼加拉瓜

尼日尔

尼日利亚

挪威

帕劳

葡萄牙

日本

瑞典

瑞士

萨尔瓦多

萨摩亚

塞尔维亚

塞拉利昂

塞内加尔

塞浦路斯

塞舌尔

沙特阿拉伯

圣多美和普林西比

圣基茨和尼维斯	乌兹别克斯坦
圣卢西亚	西班牙
圣马丁（法属）	希腊
圣马丁（荷属）	新加坡
圣马力诺	新喀里多尼亚
圣文森特和格林纳丁斯	新西兰
斯里兰卡	匈牙利
斯洛伐克	叙利亚
斯洛文尼亚	牙买加
斯威士兰	亚美尼亚
苏里南	也门
所罗门群岛	伊拉克
索马里	伊朗
塔吉克斯坦	以色列
泰国	意大利
坦桑尼亚	印度
汤加	印度尼西亚
特克斯科斯群岛	英国
特立尼达和多巴哥	英属维尔京群岛
突尼斯	约旦
图瓦卢	约旦河西岸和加沙
土耳其	越南
土库曼斯坦	赞比亚
瓦努阿图	乍得
危地马拉	直布罗陀
委内瑞拉	智利
文莱	中非
乌干达	中国
乌克兰	中国澳门特别行政区
乌拉圭	中国香港特别行政区

附录二 经济开放的经济增长效应回归模型 样本国家或地区

阿尔巴尼亚	哥伦比亚
阿尔及利亚	哥斯达黎加
阿根廷	圭亚那
埃及	哈萨克斯坦
澳大利亚	韩国
巴基斯坦	洪都拉斯
巴拉圭	吉尔吉斯斯坦
巴林	几内亚
巴西	加纳
保加利亚	加蓬
贝宁	柬埔寨
冰岛	捷克
波兰	喀麦隆
玻利维亚	科特迪瓦
伯利兹	肯尼亚
博茨瓦纳	卢旺达
布隆迪	罗马尼亚
丹麦	马拉维
多哥	马来西亚
多米尼克	马里
厄瓜多尔	毛里求斯
菲律宾	美国
冈比亚	蒙古
刚果（布）	孟加拉国

秘鲁	危地马拉
摩洛哥	乌干达
莫桑比克	乌克兰
墨西哥	新加坡
纳米比亚	新西兰
南非	匈牙利
尼泊尔	牙买加
尼日尔	亚美尼亚
挪威	伊朗
日本	以色列
瑞士	印度
塞拉利昂	印度尼西亚
塞内加尔	英国
沙特阿拉伯	约旦
斯里兰卡	越南
泰国	智利
坦桑尼亚	中非
突尼斯	中国
土耳其	中国香港特别行政区

附录三　经济开放的经济波动效应回归模型样本国家或地区

阿尔巴尼亚	巴拉圭
阿尔及利亚	巴西
埃及	白俄罗斯
澳大利亚	保加利亚
巴基斯坦	贝宁

冰岛	马里
波兰	毛里求斯
玻利维亚	美国
博茨瓦纳	孟加拉国
布基纳法索	秘鲁
布隆迪	摩尔多瓦
丹麦	摩洛哥
多哥	墨西哥
多米尼加	南非
俄罗斯	尼加拉瓜
厄瓜多尔	尼日利亚
菲律宾	挪威
刚果（布）	日本
刚果（金）	瑞典
哥伦比亚	瑞士
哥斯达黎加	萨尔瓦多
哈萨克斯坦	塞内加尔
韩国	斯里兰卡
吉尔吉斯斯坦	泰国
几内亚比绍	坦桑尼亚
加蓬	土耳其
柬埔寨	危地马拉
捷克	文莱
喀麦隆	乌干达
克罗地亚	乌克兰
肯尼亚	乌拉圭
卢旺达	新加坡
罗马尼亚	新西兰
马达加斯加	匈牙利
马来西亚	亚美尼亚

伊朗	约旦河西岸和加沙
以色列	越南
印度	智利
英国	中国
约旦	

附录四　经济开放决定模型样本国家或地区

阿尔巴尼亚	博茨瓦纳
阿尔及利亚	不丹
阿根廷	布基纳法索
阿曼	布隆迪
阿塞拜疆	丹麦
埃及	多哥
安提瓜和巴布达	多米尼加
澳大利亚	多米尼克
巴基斯坦	厄瓜多尔
巴拉圭	菲律宾
巴林	冈比亚
巴西	刚果（布）
白俄罗斯	哥伦比亚
保加利亚	哥斯达黎加
贝宁	格林纳达
冰岛	格鲁吉亚
波兰	圭亚那
波斯尼亚和黑塞哥维那	哈萨克斯坦
玻利维亚	海地
伯利兹	韩国

洪都拉斯	南非
吉尔吉斯斯坦	尼泊尔
几内亚	尼加拉瓜
几内亚比绍	尼日尔
加纳	尼日利亚
加蓬	挪威
柬埔寨	日本
捷克	瑞典
喀麦隆	瑞士
科摩罗	萨尔瓦多
科威特	塞拉利昂
克罗地亚	塞内加尔
肯尼亚	塞舌尔
黎巴嫩	沙特阿拉伯
卢旺达	圣基茨和尼维斯
罗马尼亚	圣卢西亚
马达加斯加	圣文森特和格林纳丁斯
马拉维	斯里兰卡
马来西亚	所罗门群岛
马里	塔吉克斯坦
毛里求斯	泰国
美国	坦桑尼亚
蒙古	汤加
孟加拉国	突尼斯
秘鲁	土耳其
摩尔多瓦	危地马拉
摩洛哥	乌干达
莫桑比克	乌克兰
墨西哥	乌拉圭
纳米比亚	新加坡

新西兰	约旦
匈牙利	约旦河西岸和加沙
牙买加	越南
亚美尼亚	赞比亚
伊朗	乍得
以色列	智利
印度	中非
印度尼西亚	中国
英国	中国香港特别行政区

附录五　金融开放决定模型样本国家或地区

阿尔及利亚	加纳
阿曼	捷克
埃及	喀麦隆
澳大利亚	克罗地亚
巴基斯坦	肯尼亚
巴拉圭	利比亚
巴西	罗马尼亚
保加利亚	美国
冰岛	秘鲁
波兰	摩洛哥
玻利维亚	墨西哥
博茨瓦纳	南非
丹麦	挪威
多米尼加	日本
圭亚那	瑞典
哈萨克斯坦	瑞士

塞舌尔	新西兰
沙特阿拉伯	以色列
圣文森特和格林纳丁斯	英国
突尼斯	约旦
土耳其	赞比亚
乌拉圭	智利

参考文献

[1] 埃·冈萨雷斯·德奥拉特. 秘鲁的经济改革 [J]. 世界经济译丛, 1994 (2): 69 - 76.

[2] 巴格瓦蒂. 贸易保护主义 [M]. 王世华, 译. 北京: 中国人民大学出版社, 2010.

[3] 包群. 贸易开放与经济增长: 只是线性关系吗 [J]. 世界经济, 2008 (9): 3 - 18.

[4] 保罗·克普格曼. 萧条经济学的回归 [M]. 北京: 中国人民大学出版社, 1999.

[5] 彼得·马赛厄斯, 悉尼·波拉德. 剑桥欧洲经济史 (第八卷) [M]. 北京: 经济科学出版社, 2004.

[6] 财政部关税司. 美国关税概况 [J]. 预算管理与会计, 2015 (10): 51 - 53.

[7] 蔡昉. 读懂中国经济——大国拐点与转型路径 [M]. 北京: 中信出版社, 2017.

[8] 陈才兴. 墨西哥调整外资政策及其启示 [J]. 国外社会科学情况, 1994 (5): 22 - 27.

[9] 陈志刚. 发展中国家金融开放的合理次序与渐进安排: 理论及其在中国的应用 [J]. 江西社会科学, 2005 (1): 217 - 223.

[10] 陈中飞, 王曦. 资本账户开放进程——国际经验与中国应用 [M]. 北京: 经济管理出版社, 2018.

[11] 戴维·S. 兰德斯. 国富国穷 [M]. 北京: 新华出版社, 2007.

[12] 丹尼·罗德里克. 全球化的悖论 [M]. 北京：中国人民大学出版社，2011.

[13] 道格拉斯·欧文. 备受非议的自由贸易 [M]. 沈阳：辽宁教育出版社，2003.

[14] 邓敏，蓝发钦. 金融开放条件的成熟度评估：基于综合效益的门槛模型分析 [J]. 经济研究，2013，48（12）：120-133.

[15] 樊纲. 两种改革成本与两种改革方式 [J]. 经济研究，1993（1）：3-15.

[16] 费尔南·布罗代尔. 十五至十八世纪的物质文明、经济和资本主义 [M]. 北京：生活·读书·新知三联书店，1993.

[17] 高禄，车维汉. 资本账户开放的经济基础条件分析 [J]. 世界经济研究，2018（2）：13-25，51.

[18] 高作钢. 英国都铎王朝海上政策初探 [M]//吴于廑. 15、16世纪东西方历史初学集. 武汉：武汉大学出版社，1985.

[19] 苟琴. 资本账户开放与经济增长——长短期效应及渠道研究 [J]. 经济科学，2018（2）：45-59.

[20] 郭熙保，马媛媛. 国家规模对经济增长是否有影响？[J]. 国外社会科学，2010（4）：115-123.

[21] 何迎新. 巴西资本账户开放实践及对我国的启示 [J]. 湖南财政经济学院学报，2013，29（6）：63-68.

[22] 胡小文，章上峰. 利率市场化、汇率制度改革与资本账户开放顺序安排——基于 NOEM-DSGE 模型的模拟 [J]. 国际金融研究，2015（11）：14-23.

[23] 黄继炜，翁东玲. 印尼资本项目开放研究 [J]. 亚太经济，2010（6）：37-41.

[24] 黄继炜. 印度的资本流动与资本账户开放 [J]. 金融理论与实践，2009（7）：105-110.

[25] 吉利斯，泼金斯，罗默，斯诺德格拉斯. 发展经济学 [M]. 北京：中国人民大学出版社，1998.

[26] 江时学. 论"藤森现象" [J]. 拉丁美洲研究，2006（3）：9-16，79.

［27］科勒德科．向市场经济转轨：渐进主义与激进主义［J］．财经科学，2004（6）：15－19．

［28］李翀．中国对外开放程度的度量和比较［J］．经济研究，1998（1）：26－29．

［29］李东．日本贸易自由化与外贸政策的实践［J］．东北亚论坛，1996（1）：26－29．

［30］李洁．20世纪90年代以来的巴西经济改革及效果研究［C］．中国拉美史研究会济南年会，2007．

［31］李明圆．论日本产业政策与贸易政策的融合［D］．北京：对外经济与贸易大学，2005．

［32］李扬，殷剑峰．开放经济的稳定性和经济自由化的次序［J］．经济研究，2000（11）：13－23，78．

［33］林发勤，冯帆，符大海．国际贸易与经济增长一定是线性关系吗——基于中国省级面板数据的因果效应再估计［J］．国际贸易问题，2018（8）：11－23．

［34］林锡星．开放经济政策与泰国的发展［J］．东南亚研究，1998（3）：31－34．

［35］林毅夫，孙希芳，姜烨．经济发展中的最优金融结构理论初探［J］．经济研究，2009（8）：4－17．

［36］刘伟，李传昭，许雄奇．资本项目开放对经常项目的影响——基于中国经验的实证分析（1982～2004）［J］．数量经济技术经济研究，2006（11）：133－141．

［37］刘永甜，顾永坤．金融自由化、资本流动与金融稳定——基于中国和俄罗斯的比较分析［J］．经济研究参考，2015（50）：74－82．

［38］陆铭．适宜制度、经济增长与发展平衡——中国的大国发展道路及其世界意义［J］．学术月刊，2008（6）：18－26．

［39］马成三．日本对外贸易概论［M］．北京：中国对外经济贸易出版社，1991．

［40］马勇，陈雨露．资本账户开放与系统性金融危机［J］．当代经济科学，2010，32（4）：1－8．

［41］欧阳峣，罗富政，罗会华．发展中大国的界定、遴选及其影响力评价
　　　［J］．湖南师范大学学报，2016，45（6）：5 – 14.

［42］欧阳峣．大国经济的特征及其层次性［M］//大国经济研究．北京：经
　　　济科学出版社，2014：8 – 12.

［43］皮埃尔·阿根诺，彼得·蒙蒂尔．发展宏观经济学［M］．北京：北京
　　　大学出版社，2004.

［44］琼·罗宾逊．现代经济学导论［M］．北京：商务印书馆，1997.

［45］曲如晓．经济开放度指标新探［J］．经济学家，1997（5）：77 – 83.

［46］桑百川．国际对外开放模式比较与启示（上）［J］．甘肃社会科学，
　　　1998（2）：38 – 41.

［47］商务部研究院课题组．论中国对外贸易的适度发展［J］．经济学动态，
　　　2005（10）：13 – 19.

［48］盛松成，刘西．金融改革协调推进论——论中国利率、汇率改革与资
　　　本账户开放［M］．北京：中信出版社，2015.

［49］盛晓白．马来西亚经济发展战略的得失［J］．世界经济研究，1990
　　　（4）：48 – 52.

［50］宋晓平．关于秘鲁的经济改革［J］．拉丁美洲研究，1997（1）：20 – 24.

［51］孙俊，于津平．资本账户开放路径与经济波动——基于动态随机一般
　　　均衡模型的福利分析［J］．金融研究，2014（5）：48 – 64.

［52］孙浦阳．发展中大国的金融发展与经济增长——基于规模效应的分析
　　　［J］．南开学报（哲学社会科学版），2010（1）：104 – 111.

［53］特奥托尼奥·多思桑托斯．帝国主义与依附［M］．北京：社会科学文
　　　献出版社，1999.

［54］王彬．资本项目开放、汇率政策对宏观经济与社会福利的影响——基
　　　于一般均衡的视角［J］．中南财经政法大学学报，2014（6）：22 – 31，
　　　158，159.

［55］王曦，陈中飞，王茜．我国资本账户加速开放的条件基本成熟了吗？
　　　［J］．国际金融研究，2015（1）：70 – 82.

［56］维泰．俄罗斯独立后的经济改革与经济发展［D］．沈阳：辽宁大
　　　学，2012.

[57] 吴力波，汤维祺. 自由贸易抑或贸易保护——国际贸易的经济增长效
应再考察 [J]. 世界经济研究，2010（11）：44 - 49，88.

[58] 吴婷婷，高静. 自由化改革、金融开放与金融危机——来自阿根廷的
教训及启示 [J]. 拉丁美洲研究，2015，37（5）：55 - 63.

[59] 吴园一. 中国经济开放度选择及指标体系 [J]. 财经研究，1998（1）：
21 - 25.

[60] 伍戈，温军伟. 破解资本账户开放迷思——与张明博士商榷 [J]. 金融
发展评论，2013（9）：85 - 93.

[61] W. W. 罗斯托. 这一切是怎么开始的——现代经济的起源 [M]. 北京：
商务印书馆，1997.

[62] 萧国亮，隋福民. 世界经济史 [M]. 北京：北京大学出版社，2007.

[63] 熊芳，黄宪. 中国资本账户开放次序的实证分析 [J]. 国际金融研究，
2008（3）：57 - 62.

[64] 熊衍飞，陆军，陈郑. 资本账户开放与宏观经济波动 [J]. 经济学（季
刊），2015，14（4）：1255 - 1276.

[65] 徐宝华. 哥伦比亚经济持续稳定发展的启示 [J]. 拉丁美洲研究，1996
（6）：27 - 32.

[66] 徐建炜，黄懿杰. 汇率自由化与资本账户开放：孰先孰后？——对外
金融开放次序的探讨 [J]. 东南大学学报（哲学社会科学版），2014，
16（6）：40 - 47，142 - 143.

[67] 徐向梅. 俄罗斯汇率制度的演进和外汇市场的发展 [J]. 国际经济评
论，2004（4）：48 - 52.

[68] 易宪容. 资本账户开放理论的演进与发展 [J]. 国际金融研究，2002
（3）：8 - 13.

[69] 柚木学. 试论战前的日本工业化 [J]. 现代日本经济，1990（1）：
1 - 4.

[70] 余永定，张明. 资本管制和资本项目自由化的国际新动向 [J]. 国际经
济评论，2012（5）：68 - 74，5 - 6.

[71] 张成思，朱越腾. 对外开放、金融发展与利益集团困局 [J]. 世界经
济，2017，40（4）：55 - 78.

[72] 张春生，梁涛，蒋海. 我国资本项目的开放条件成熟了吗？——基于金融市场的分析 [J]. 经济学家，2017（1）：88 – 96.

[73] 张春生. 全球化视野的人民币国际化及其资本项目开放 [J]. 改革，2017（7）：107 – 118.

[74] 查尔斯·P. 金德尔伯格. 世界经济霸权，1500—1990 年 [M]. 北京：商务印书馆，2003.

[75] 张建清. 蒋坦，贸易开放与经济增长的非线性关系：理论及中国的实证研究 [J]. 世界经济研究，2014（5）：27 – 33，52，87 – 88.

[76] 张健华. 资本账户可兑换的国际比较 [J]. 中国金融，2011（14）：28 – 30.

[77] 张磊. 战略性贸易政策有效推行的外部条件 [J]. 国际贸易问题，1997（4）：1 – 5.

[78] 张礼卿. 发展中国家的资本账户开放：理论、政策与经验 [M]. 北京：经济科学出版社，2000.

[79] 张礼卿. 资本账户开放的政策性框架：前提条件、速度和顺序 [J]. 国际金融研究，1999（11）：18 – 24.

[80] 张培刚. 新发展经济学 [M]. 郑州：河南人民出版社，1992.

[81] 张平，赵志军. 中国经济增长路径、大国效应与模式转变 [J]. 财贸经济，2007（1）：16 – 21.

[82] 张少华. 美国早期现代化的两条道路之争 [M]. 北京：北京大学出版社，1996.

[83] 张夏准. 富国陷阱：发达国家为何踢开梯子？[M]. 北京：社会科学文献出版社，2009.

[84] 张志超. 开放资本账户排序理论的最新进展 [J]. 经济研究参考，2003（31）：37 – 38.

[85] 张子杰. 经济开放度的测度及其对中国经济增长与波动的影响研究 [D]. 武汉：武汉大学，2011.

[86] 周怀峰. 国内贸易对大国区域产业成长的影响研究 [M]. 北京：人民出版社，2007.

[87] 周茂荣，张子杰. 对外开放度测度研究述评 [J]. 国际贸易问题，2009

(8)：121 - 128.

［88］周先平. 跨境贸易人民币计价结算对货币政策的影响及对策研究 ［J］.
宏观经济研究，2012 (5)：34 - 37.

［89］周雪光. 国家治理规模及其负荷成本的思考 ［J］. 吉林大学社会科学学
报，2013，53 (1)：5 - 8.

［90］朱立南. 我国对外开放度的评估与合理目标 ［J］. 国际贸易，1995
(3)：9 - 12，1.

［91］Aghion P, Banerjee A. Volatility and Growth ［M］. Oxford University Press,
2005.

［92］Aghion P, Howitt P. Market Structure and the Growth Process ［J］. Review
of Economic Dynamics, 1998, 1 (1)：276 - 305.

［93］Aizenman J, Noy I. Endogenous Financial and Trade Openness ［J］. Review
of Development Economics, 2009, 13 (2)：175 - 189.

［94］Aizenman J, Pasricha G K. Why Do Emerging Markets Liberalize Capital
Outflow Controls? Fiscal versus Net Capital Flow Concerns ［J］. Journal of
International Money and Finance, 2013, 39：28 - 64.

［95］Aizenman J. On the Hidden Links Between Financial and Trade Opening ［J］.
Journal of International Money and Finance, 2008, 27 (3)：372 - 386.

［96］Aizenman J. The Impossible Trinity—From the Policy Trilemma to the Policy
Quadrilemma ［J］. Global Journal of Economics, 2013, 2 (1)：1350001. 1 -
1350001. 17.

［97］Alcala F, Ciccone A. Trade and Productivity ［J］. Quarterly Journal of Eco-
nomics, 2004, 119 (2)：613 - 646.

［98］Alesina A, Barro R J, Tenreyro S. Optimal Currency Areas ［R］. Harvard
Institute of Economic Research Working Papers, No. 1958, 2002.

［99］Alesina A, Grilli V, Milesi-Ferretti G M. Political Economy of Capital Con-
trols ［M］//Leiderman L, Razin A. Capital Mobility：Impact on Consump-
tion, Investment & Growth ［M］. Cambridge：Cambridge University Press,
1994：289 - 321.

［100］Alesina A, Spolaore E, Wacziarg R. Trade, Growth and the Size of Countries [J]. Handbook of Economic Growth, 2005, 1: 1499 - 1542.

[101] Alesina A, Wacziarg R. Openness, Country Size and Government [J]. Journal of Public Economics, 1998, 69 (3): 305 - 321.

[102] Alfaro L, Chanda A, Kalemli-Ozcan S, Sayek S. FDI and Economic Growth: The Role of Local Financial Markets [J]. Journal of International Economics, 2004, 64 (1): 89 - 112.

[103] Ariyoshi A, et al. Capital Controls: Country Experiences with Their Use and Liberalization [R]. IMF Occasional Papers, No. 190, 2000.

[104] Armstrong H, De Kervenoael R J, Li X, Read R. A Comparison of the Economic Performance of Different Micro-States, and between Micro-States and Larger Countries [J]. World Development, 2004, 26 (4): 639 - 656.

[105] Armstrong H W, Read R. Trade and Growth in Small States: The Impact of Global Trade Liberalisation [J]. World Economy, 1998, 21 (4): 563 - 585.

[106] Arteta C, Eichengreen B, Wyplosz C. When Does Capital Account Liberalization Help More Than it Hurts? [R]. CEPR Discussion Papers, No. 2910, 2001.

[107] Attack J, Passell P. A New Economic View of American History: From Colonial Times to 1940 [M]. Nova Iorque: W. W. Norton & Company, 1994.

[108] Bairoch P. Economics and World History—Myths and Paradoxes [M]. The University of Chicago Press, 1993.

[109] Bakker A F P, Chapple B. Advanced Country Experiences with Capital Account Liberalization [R]. IMF Occasional Papers, No. 214, 2002.

[110] Bakker A F P. International Financial Institutions [M]. London/New York: Longman, 1996.

[111] Barro R J, Mankiw N G, Sala-i-Martin X. Capital Mobility in Neoclassical Models of Growth [J]. American Economic Review, 1995, 85 (1): 103 - 115.

[112] Barro R J, Sala-i-Martin X. Economic Growth [J]. New York: McGraw-Hill, 1995.

[113] Barro R J. Determinants of Economic Growth: A Cross-Country Empirical Study [R]. NBER Working Papers, No. 5698, 1996.

[114] Bartolini L, Drazen A. Capital-Account Liberalization as a Signal [J]. American Economic Review, 1997, 87 (1): 138 – 154.

[115] Beck T, Levine R, Loayza N. Finance and the Sources of Growth [J]. Journal of Financial Economics, 2000, 58 (1 – 2): 261 – 300.

[116] Bejan M. Trade Openness and Output Volatility [R]. MPRA Working Paper, No. 2759, 2006.

[117] Bekaert G, Harvey C R, Lundblad C. Does Financial Liberalization Spur Growth? [J]. Journal of Financial Economics, 2005, 77 (1): 3 – 55.

[118] Bekaert G, Harvey C R, Lundblad C. Emerging Equity Markets and Economic Development [J]. Journal of Development Economics, 2001, 66 (2): 465 – 504.

[119] Bekaert G, Harvey C R, Lundblad C. Growth Volatility and Financial Liberalization [R]. NBER Working Paper, No. 10560, 2004.

[120] Bhattacharya A, Linn J F. Trade and Industrial Policies in the Developing Countries of East Asia [R]. World Bank-Discussion Papers, 1988.

[121] Bolton P, Roland G. The Breakup of Nations: A Political Economy Analysis [J]. The Quarterly Journal of Economics, 1997, 112 (4): 1057 – 1090.

[122] Brecher R A, Bhagwati J N. Immiserizing Transfers from Abroad [J]. Journal of International Economics, 1982, 13 (3 – 4): 353 – 364.

[123] Brecher R A, Diaz-Alejandro C F. Tariffs, Foreign Capital and Immiserizing Growth [J]. Journal of International Economics, 1977, 7 (4): 317 – 322.

[124] Brecher R A. Second-Best Policy for International Trade and Investment [J]. Journal of International Economics, 1983, 14 (3 – 4): 313 – 320.

[125] Bumann S, Hermes N, Lensink R. Financial Liberalization and Economic Growth: A Meta-Analysis [J]. Journal of International Money and Finance, 2013, 33: 255 – 281.

［126］Bumann S, Lensink R. Capital Account Liberalization and Income Inequality ［J］. Journal of International Money and Finance, 2016, 61: 143 – 162.

［127］Caballero R J, Krishnamurthy A. Bubbles and Capital Flow Volatility: Causes and Risk Management ［J］. Journal of Monetary Economics, 2006, 53 (1): 35 – 53.

［128］Caballero R J, Krishnamurthy A. International and Domestic Collateral Constraints in A Model of Emerging Market Crises ［J］. Journal of Monetary Economics, 2001, 48 (3): 513 – 548.

［129］Cain P J, Hopkins A G. The Political Economy of British Expansion Overseas, 1750 – 1914 ［J］. The Economic History Review, 1980, 33 (4): 463 – 490.

［130］Calvo G A, Izquierdo A, Mejía L F. On the Empirics of Sudden Stops: The Relevance of Balance-Sheet Effects ［J］. Research Department Publications, 2004, 69 (1): 231 – 254.

［131］Calvo G A, Leiderman L, Reinhart C M. Inflows of Capital to Developing Countries in the 1990s ［J］. Journal of Economic Perspectives, 1996, 10 (2): 123 – 139.

［132］Calvo G A, Talvi E. Sudden Stop, Financial Factors and Economic Collpase in Latin America: Learning from Argentina and Chile ［R］. NBER Working Papers, No. 11153, 2005.

［133］Calvo G A. On the Costs of Temporary Policy ［J］. Journal of Development Economics, 1987, 27 (1 – 2): 245 – 261.

［134］Cameron D R. The Expansion of the Public Economy: A Comparative Analysis ［J］. American Political Science Association, 1978, 72 (4): 1243 – 1261.

［135］Cameron G, Proudman J, Redding S J. Openness and Its Association With Productivity Growth in UK Manufacturing Industry ［R］. Bank of England Working Papers, No. 104, 1999.

［136］Cameron R. A Concise Economic History of the World: From Paleolithic Times to the Present ［M］. New York: Oxford University Press, 1993.

[137] Cavallo E A, Frankel J A. Does Openness to Trade Make Countries More Vulnerable to Sudden Stops, or Less? Using Gravity to Establish Causality [J]. Journal of International Money and Finance, 2008, 27 (8): 1430 – 1452.

[138] Chenery H B, Syrquin M. Patterns of Development: 1950 – 1970 [J]. African Economic History, 1975 (2): 56 – 58.

[139] Cheung Y W, Chinn M D, Fujii E. The Chinese Economies in Global Context: The Integration Process and Its Determinants [J]. Journal of the Japanese and International Economies, 2006, 20 (1): 128 – 153.

[140] Chinn M D, Ito H. A New Measure of Financial Openness [J]. Journal of Comparative Policy Analysis: Research and Practice, 2008, 10 (3): 309 – 322.

[141] Chinn M D, Ito H. What Matters for Financial Development? Capital Controls, Institutions, and Interactions [J]. Journal of Development Economics, 2006, 81.

[142] Clark V S. History of Manufactures in the United States: 1607 – 1860 [M]. Carnegie Institution of Washington, 1916.

[143] Cornelius P K, Kogut B. Corporate Governance and Capital Flows in Global Economy [M]. Oxford University Press, 2003.

[144] Cowan K, De Gregorio J. International Borrowing, Capital Controls, and the Exchange Rate: Lessons from Chile [M]//Sebastian Edwards. Capital Controls and Capital Flows in Emerging Economies: Policies, Practices, and Consequences. University of Chicago Press, 2007: 241 – 296.

[145] Davis S, Presno I. Capital Controls as an Instrument of Monetary Policy [R]. Globalization Institute Working Papers, No. 171, 2014.

[146] Delias H, Hess M. Financial Development and Stock Returns: A Cross-country Analysis [J]. Journal of International Money and Finance, 2005, 24 (6): 891 – 912.

[147] Demirguc-Kent A, Detragiache E. Financial Liberalization and Financial Fragility [J]. IMF Working Papers, No. 98/83, 1998.

[148] Dollar D, Kraay A. Institutions, Trade, and Growth [J]. Journal of Monetary Economics, 2003, 50 (1): 133 – 162.

[149] Dollar D. Outward-Oriented Developing Economies Really Do Grow More Rapidly: Evidence from 95 LDCs, 1976 – 1985 [J]. Economic Development and Cultural Change, 1992, 40 (3): 523 – 544.

[150] Dooley M P. A Survey of Academic Literature on Controls over International Capital Transaction [R]. IMF Working Paper, No. 1995/127, 1995.

[151] Dornbush R. Expectations and Exchange Rate Dynamics [J]. Journal of Political Economy, 1976, 84 (6): 1161 – 1176.

[152] Dreher A. Does Globalization Affect Growth? Empirical Evidence from a New Index [J]. Applied Economics, 2006, 38 (10): 1091 – 1110.

[153] Durham J B. Absorptive Capacity and the Effects of Foreign Direct Investment and Equity Foreign Portfolio Investment on Economic Growth [J]. European Economic Review, 2004, 48 (2): 285 – 306.

[154] Easterly W, Kraay A. Small States, Small Problems? Income, Growth, and Volatility in Small States [J]. World Development, 2000, 28 (11): 2013 – 2027.

[155] Easterly W, Levine R. Africa's Growth Tragedy: Policies and Ethnic Divisions [J]. The Quarterly Journal of Economics, 1997, 112 (4): 1203 – 1250.

[156] Edwards S. Capital Mobility and Economic Performance: Are Emerging Economies Different? [R]. NBER Working Papers, No. 8076, 2001.

[157] Edwards S. Real Exchange Rates, Exchange Controls and Devaluation Crises [R]. UCLA Economics Working Papers, No. 512, 1988.

[158] Edwards S. Sequencing of Reforms, Financial Globalization, and Macroeconomic Vulnerability [R]. NBER Working Papers, No. 14384, 2008.

[159] Edwards S. The Order of Liberalization of the Current and Capital Accounts of the Balance of Payments [J]. NBER Working Papers, No. 1507, 1984.

[160] Eichengreen B. Capital Account Liberalization: What Do Cross-Country Studies Tell Us? [J]. The World Bank Economic Review, 2001, 15 (3):

341 – 365.

[161] Eichengreen B. Taming Capital Flows [J]. World Development, 2000, 28 (6): 1105 – 1116.

[162] Eichengreen B, Gullapalli R, Panizza U. Capital Account Liberalization, Financial Development and Industry Growth: A Synthetic View [J]. Journal of International Money and Finance, 2011, 30 (6): 1090 – 1106.

[163] Eichengreen B, Rose A K. Staying Afloat When the Wind Shifts: External Factors and Emerging-Market Banking Crises [R]. CEPR Discussion Papers, No. 6370, 1998.

[164] Eichengreen B, Wyplosz C. What Do Currency Crises Tell Us about the Future of the International Monetary System? [R]. CIDER Working Papers, No. C95 – 057, 1995.

[165] Eichengreen B. The Globalization Wars: An Economist Reports from the Front Lines [J]. Foreign Affairs, 2002, 81 (4): 157 – 164.

[166] Engerman S L. The Big Picture: How (and when and why) the West Grew Rich [J]. Research Policy, 1994, 23 (5): 547 – 559.

[167] Falvey R, Kim C D. Timing and Sequencing Issues in Trade Liberalisation [J]. Economic Journal, 1992, 102 (413): 908 – 924.

[168] Farhi E, Werning I. Dealing with the Trilemma: Optimal Capital Controls with Fixed Exchange Rates [R]. NBER Working Papers, No. 18199, 2012.

[169] Feenstra R C. Trade and Uneven Growth [J]. Journal of Development Economics, 1996, 49 (1): 229 – 256.

[170] Feldstein M, Horioka C. Domestic Saving and International Capital Flows [J]. The Economic Journal, 1980, 90 (358): 314 – 329.

[171] Fischer S. Indexing, Inflation, and Economic Policy [M]. MIT Press, 1986.

[172] Foerster S R, Karolyi G A. The Effects of Market Segmentation and Investor Recognition on Asset Prices: Evidence from Foreign Stocks Listing in the United States [J]. The Journal of Finance, 1999, 54 (3): 981 – 1013.

［173］ Forbes K J. The Microeconomic Evidence on Capital Controls: No Free Lunch ［R］. NBER Working Papers, No. 11372, 2005.

［174］ Frankel J A, Rose A K. Currency Crashes in Emerging Markets: An Empirical Treatment ［J］. Journal of International Economics, 1996, 41 (3 – 4): 351 – 366.

［175］ Frenkel J A. The Order of Economic Liberalization: Lessons from Chile and Argentina: A Comment ［J］. Carnegie-Rochester Conference Series on Public Policy, 1982, 17 (1): 199 – 201.

［176］ Furceri D, Karras G. Country Size and Business Cycle Volatility: Scale Really Matters ［J］. Journal of the Japanese & International Economies, 2007, 21 (4): 424 – 434.

［177］ Gallagher K. The Global Governance of Capital Flows: New Opportunities, Enduring Challenges ［R］. Political Economy Research Institute Working Papers, No. 283, 2012.

［178］ Gallagher K. The Myth of Financial Protectionism: The New (and Old) Economics of Capital Controls ［R］. Political Economy Research Institute Working Papers, No. 278, 2012.

［179］ Gerschenkron A. Economic Backwardness in Historical Perspective ［M］. Belknap Press, 1962.

［180］ Glick R, Hutchison M. Capital Controls and Exchange Rate Instability in Developing Economies ［J］. Journal of International Money and Finance, 2005, 24 (3): 387 – 412.

［181］ Gregorio J D. Borrowing Constraints, Human Capital Accumulation, and Growth ［J］. Journal of Monetary Economics, 1996, 37 (1): 49 – 71.

［182］ Grilli V, Milesi-Ferretti G M. Economic Effects and Structural Determinants of Capital Controls ［J］. IMF Staff Papers, 1995, 42 (3): 517 – 551.

［183］ Grossman G M, Helpman E. Innovation and Growth in the Global Economy ［M］. MIT Press, 1991.

［184］ Gundlach E. Openness and Economic Growth in Developing Countries ［J］. Review of World Economics, 1997, 133 (3): 479 – 496.

[185] Haggard S, Kaufman R. The Politics of Stabilization and Structural Adjustment [M]//Sachs J D. Developing Country Debt and the World Economy [M]. University of Chicago Press, 1989.

[186] Hansen B E. Threshold Effects in Non-dynamic Panels: Estimation, Testing, and Inference [J]. Journal of Econometrics, 1999.

[187] Hanson J A. Opening the Capital Account: Costs, Benefits, and Sequencing [M]//Edwards S. Capital Controls, Exchange Rates, and Monetary Policy in the World Economy . Cambridge: Cambridge University Press, 1995: 383 –430.

[188] Harrison A. Openness and Growth: A Time-Series, Cross-Country Analysis for Developing Countries [J]. Journal of Development Economics, 1996, 48 (2): 419 –447.

[189] Helpman E, Krugman P. Market Structure and International Trade [M]. The MIT Press, 1985.

[190] Henry P B. Capital Account Liberalization: Theory, Evidence, and Speculation [R]. NBER Working Papers, No. 12698, 2006.

[191] Henry P B. Do Stock Market Liberalizations Cause Investment Booms? [J]. Journal of Financial Economics, 2000, 58 (1): 301 –334.

[192] Hermes N, Lensink R. Does Financial Liberalization Influence Saving, Investment and Economic Growth? Evidence From 25 Emerging Market Economies, 1973 – 96 [M]//Guha-Khasnobis B, Mavrotas G. Financial Development, Institutions, Growth and Poverty Reduction: Studies in Development Economics and Policy. London: Palgrave Macmillan Press, 2008.

[193] Hermes N, Lensink R. Foreign Direct Investment, Financial Development and Economic Growth [J] . Journal of Development Studies, 2003, 40 (1): 142 –163.

[194] Hirschman A O. The Strategy of Economic Development [M]. New Haven: Yale University Press, 1958.

[195] Ishii S, Habermeier K, Canales-Kriljenko J I, et al. Capital Account Liberalization and Financial Sector Stability [R] . IMF Occasional Paper,

No. 211, 2002.

[196] Javorcik B S, Spatareanu M. Does it Matter Where You Come From? Vertical Spillovers From Foreign Direct Investment and the Origins of Investors [J]. Journal of Development Economics, 2011, 96 (1): 126 – 138.

[197] Jeanne O, Gourinchas P O. Capital Mobility and Reform [C]. Six Jacques Polak Annual Research Conference Meeting Paper, 2005.

[198] Johnston R B, Darbar S M, Echeverria C. Sequencing Capital Account Liberalization: Lessons from the Experiences in Chile, Indonesia, Korea, and Thailand [R]. IMF Working Paper, No. 97/157, 1997.

[199] Johnston R B, Tamirisa N T. Why Do Coutries Use Capital Controls? [R]. IMF Working Paper, No. 98/181, 1998.

[200] Kaminsky G L, Reinhart C. Financial Crises in Asia and Latin America: Then and Now [J]. American Economic Review, 1998, 88 (2): 444 – 448.

[201] Kaminsky G L, Reinhart C. The Twin Crises: The Causes of Banking and Balance-of-Payments Problems [J]. American Economic Review, 1999, 89 (3): 473 – 500.

[202] Kaminsky G L, Schmukler S L. Short-Run Pain, Long-Run Gain: Financial Liberalization and Stock Market Cycles [J]. Review of Finance, European Finance Association, 2008, 12 (2): 253 – 292.

[203] Kaminsky G L, Schmukler S L. Short-Run Pain, Long-Run Gain: The Effects of Financial Liberalization [R]. NBER Working Paper, No. 9787, 2003.

[204] Kaplan M, Aslan A. Quantifying International Openness in Turkey, 1965 – 1995 [J]. Dogus University Journal, 2006, 7 (1): 86 – 98.

[205] Karolyi G A. Sourcing Equity Internationally with Depositary Receipt Offerings: Two Exceptions That Prove the Rule [J]. Journal of Applied Corporate Finance, 1998, 10 (4): 90 – 101.

[206] Kearney A T. The Globalization Index [J]. Foreign Policy, 2007, 163: 68 – 76.

[207] Kenwood A G, Lougheed A L. The Growth of the International Economy, 1820 – 1960 [M]. State University of New York Press, 1983.

[208] Kim E H, Singal V. Stock Market Openings: Experience of Emerging Economies [J]. The Journal of Business, 2000, 73 (1): 25 – 66.

[209] King R G, Levine R. Finance and Growth: Schumpeter Might Be Right [J]. The Quarterly Journal of Economics, 1993, 108 (3): 717 – 737.

[210] Kitano S. Capital Controls and Welfare [J]. Journal of Macroeconomics, 2011, 33 (4): 700 – 710.

[211] Klein M W, Oliver G P. Capital Account Liberalization, Financial Depth, and Economic Growth [J]. Journal of International Money and Finance, 2008, 27 (6): 861 – 875.

[212] Klein M W. Capital Account Openness and the Varieties of Growth Experience [J]. NBER Working Paper, No. w9500, 2003.

[213] Kose M A, Prasad E, Rogoff K, Wei S J. Financial Globalization: A Reappraisal [J]. IMF Staff Papers, 2009, 56 (1): 8 – 62.

[214] Kose M A, Prasad E S, Taylor A D. Thresholds in the Process of International Financial Integration [J]. Journal of International Money & Finance, 2011, 30 (1): 147 – 179.

[215] Kose M A, Prasad E S, Terrones M E. Financial Integration and Macroeconomic Volatility [J]. IMF Economic Review, 2003: 119 – 142.

[216] Kose M A, Prasad E S, Terrones M E. How Do Trade and Financial Integration Affect the Relationship between Growth and Volatility? [J]. Journal of International Economics, 2006, 69 (1): 176 – 202.

[217] Kraay A, Ventura J. Trade Integration and Risk Sharing [J]. European Economic Review, 2002, 46 (6): 1023 – 1048.

[218] Kraay A. In Search of the Macroeconomic Effects of Capital Account Liberalization [J]. Unpublished Manuscript, The World Bank Group, 1998.

[219] Krebs T, Krishna P, Maloney W. Trade Policy, Income Risk and Welfare [J]. NBER Working Papers, No. 11255, 2005.

[220] Krueger A O. Trade and Employment in Developing Countries 3: Synthesis

and Conclusions [M]. The University of Chicago Press for the National Bureau of Economic Research, 1983.

[221] Kruger A O. Interactions between Inflation and Trade Regime Objectives In Stabilization Programs [R]. NBER Working Papers, No. 0475, 1980.

[222] Krugman P. Are Currency Crises Self-fulfilling? [J]. NBER Macroeconomics Annual, 1996, 11: 345 – 407.

[223] Krugman P. Balance Sheets, the Transfer Problem, and Financial Crises [J]. International Tax and Public Finance, 1999, 6 (4): 459 – 472.

[224] Kuznets S. Economic Growth of Small Nations [M]//Robinson E A G. The Economic Consequences of the Size of Nations. London: Palgrave Macmillan Press, 1960.

[225] Lane P R, Milesi-Ferretti G M. The Drivers of Financial Globalization [J]. American Economic Review, 2008, 98 (2): 327 – 332.

[226] Lane P R, Milesi-Ferretti G M. The External Wealth of Nations: Measures of Foreign Assets and Liabilities for Industrial and Developing Countries [J]. Journal of International Economics, 2001, 55 (2): 263 – 294.

[227] Lane P R, Milesi-Ferretti G M. The External Wealth of Nations Mark II: Revised and Extended Estimates of Foreign Assets and Liabilities, 1970 – 2004 [J]. Journal of International Economics, 2007, 73 (2): 223 – 250.

[228] La Porta R, Lopez-de-Silanes F, Shleifer A, Vishny R W. Law and Finance [J]. Journal of Political Economy, 1998, 106 (6): 1113 – 1155.

[229] Lardy N, Douglass P. Capital Account Liberalization and the Role of the Renminbi [R]. PIIE Working Paper, No. 11 – 6, 2011.

[230] Lardy N R. Foreign Trade and Economic Reform in China: 1978 – 1990 [M]. Cambridge University Press, 1992.

[231] Leamer E E. Measures of Openness [J]. Trade Policy Issues and Empirical Analysis, 1988: 147 – 200.

[232] Levine R, Schmukler S L. Internationalization and Stock Market Liquidity [J]. Journal of Banking and Finance, 2007, 31 (6): 1595 – 1612.

[233] Levine R, Zervos S. Stock Markets, Banks, and Economic Growth [J].

American Economic Review, 1998, 88 (3): 537 – 558.

[234] Lipinska A, De Paoli B. Capital Controls: A Normative Analysis [R]. Federal Reserve Bank of New York Staff Reports, 2013.

[235] Lipson E. The Economic History of England [M]. London: Adam and Charles Black, 1915.

[236] Little I, Scitovsky T, Scott M. Industry and Trade in Some Developing Countries: A Comparative Study [M]. Oxford University Press, 1970.

[237] Lucas R E. On the Mechanics of Economic Development [J]. Journal of Monetary Economics, 1988, 22 (1): 3 – 42.

[238] Marshall A. Official papers [M]//London: Macmillan, 1926.

[239] Martell R, Stulz R M. Equity-Market Liberalizations as Country IPO's [J]. American Economic Review, 2003, 93 (2): 97 – 101.

[240] Martin P, Rey H. Globalization and Emerging Markets: With or Without Crash? [J]. American Economic Review, 2006, 96 (5): 1631 – 1651.

[241] Mathieson D J, Rojas-Suárez L. Liberalization of the Capital Account: Experiences and Issues [R]. IMF Working Papers, No. 92/46, 1992.

[242] McKinnon R I, Pill H. Credible Economic Liberalizations and Overborrowing [J]. American Economic Review, 1997, 87 (2): 189 – 193.

[243] McKinnon R I, Pill H. Exchange-Rate Regimes for Emerging Markets: Moral Hazard and International Overborrowing [J]. Oxford Review of Economic Policy, 1999, 15 (3): 19 – 38.

[244] McKinnon R I. Financial Control in the Transition from Classical Socialism to a Market Economy [J]. Journal of Economic Perspectives, 1991, 5 (4): 107 – 122.

[245] McKinnon R I. Financial Liberalization and Economic Development [J]. Oxford Review of Economic Policy, 1989, 5 (4): 29 – 54.

[246] Mckinnon R I. Money and Capital in Economic Development [M]. Brookings Institution Press, 1973.

[247] Mehrez G, Kaufmann D. Transparency, Liberalization, and Banking Crisis [R]. The World Bank Policy Research Working Paper, No. 2286, 2000.

[248] Mendoza E G, Smith K A. Financial Globalization, Financial Crises, and the External Portfolio Structure of Emerging Markets [J]. The Scandinavian Journal of Economics, 2014, 116 (1): 20 -57.

[249] Michaely M. The Timing and Sequencing of a Trade Liberalization Policy [M]//Aemeane Choksi and Demetris Papageogiou. Economic Liberalization in Developing Countries. London: Blackwell, 1986.

[250] Miller E. The Fortunes of the English Textile Industry during the Thirteenth Century [J]. The Economic History Review, 1965, 18 (1): 64 -82.

[251] Miniane J. A New Set of Measures on Capital Account Restrictions [J]. IMF Staff Papers, 2004, 51 (2): 276 -308.

[252] Mishkin F S. The Dangers of Exchange-Rate Pegging in Emerging-Market Countries [J]. International Finance, 1998, 1 (1): 81 -101.

[253] Mishkin F S. The Next Great Globalization: How Disadvantaged Nations Can Harness Their Financial Systems to Get Rich [M]. Princeton University Press, 2006.

[254] Mody A, Murshid A P. Growing Up with Capital Flows [J]. Journal of International Economics, 2005, 65 (1): 249 -266.

[255] Mody A, Taylor M P. International Capital Crunches: The Time-varying Role of Informational Asymmetries [J]. Applied Economics, 2013, 45 (20): 2961 -2973.

[256] Montiel P, Reinhart C M. Do Capital Controls and Macroeconomic Policies Influence the Volume and Composition of Capital Flows? Evidence From the 1990s [J]. Journal of International Money and Finance, 1999, 18 (4): 619 -635.

[257] Morton A. A People's History of England [M]. Lawrence & Wishart, 1999.

[258] Nsouli S M, Rached M, Funke N. The Speed of Adjustment and the Sequencing of Economic Reforms: Issues and Guidelines for Policymakers [J]. International Journal of Social Economics, 2005, 32 (9): 740 -766.

[259] Nsouli S M, Rached M. Capital Account Liberalization in the Southern

Mediterranean Region [J]. Finance & Development, 1998, 35 (4):
24 –27.

[260] Nye J V. The Myth of Free-trade Britain and Fortress France: Tariffs and
Trade in the Nineteenth Century [J]. The Journal of Economic History,
1991, 51 (1): 23 –46.

[261] O'Brien P , Griffiths T , Hunt P. Political Components of the Industrial
Revolution: Parliament and the English Cotton Textile Industry, 1660 –
1774 [J]. The Economic History Review, 1991, 44 (3) : 395 –423.

[262] Obstfeld M, Rogoff K. Risk and Exchange Rates [J]. NBER Working Pa-
pers, No. 6694, 1998.

[263] Obstfeld M. Capital Flows, the Current Account, and the Real Exchange
Rate: Consequences of Liberalization and Stabilization [R]. NBER Work-
ing Papers, No. 1526, 1984.

[264] Obstfeld M. International Finance and Growth in Developing Countries:
What Have We Learned? [J]. IMF Staff Papers, 2009, 56 (1): 63 –111.

[265] Obstfeld M. Models of Currency Crises with Self-Fulfilling Features [J].
European Economic Review, 1996, 40 (3 –5): 1037 –1047.

[266] Ocampo J A. Capital Account Liberalization and Management [R]. WIDER
Working Paper, No. 2015/48, 2015.

[267] Panagariya A. Miracles and Debacles: In Defence of Trade Openness [J].
World Economy, 2004, 27 (8): 1149 –1171.

[268] Perkins D H, Syrquin M. Large Countries: The Influence of Size [J].
Handbook of Development Economics, 1989, 2 (89): 1691 –1753.

[269] Prasad E, Rogoff K, Wei S J, Kose M A. Effects of Financial Globaliza-
tion on Developing Countries [R]. IMF Occasional Paper, No. 220, 2003.

[270] Prasad E S, Rajan R G, A Pragmatic Approach to Capital Account Liber-
alization [J]. Journal of Economic Perspectives, 2008, 22 (3):
149 –172.

[271] Pritchett L. Measuring Outward Orientation in LDCs: Can It be Done? [J].
Journal of Development Economics, 1996, 49 (2): 307 –335.

[272] Quinn D, Inclan C, Toyoda A. How and Where Capital Account Liberalization Leads to Economic Growth [R]. Georgetown University. Working Paper, 2001.

[273] Quinn D. The Correlates of Change in International Financial Regulation [J]. American Political Science Review, 1997, 91 (3): 531 –551.

[274] Rajan R G, Zingales L. The Great Reversals: The Politics of Financial Development in the Twentieth Century [J]. Journal of Financial Economics, Elsevier, 2003, 69 (1): 5 –50.

[275] Razin A, Rose A K. Business Cycle Volatility and Openness: An Exploratory Cross-section Analysis [R]. NBER Working Paper, No. 4208, 1992.

[276] Reinhart C M, Reinhart V R. What Hurts Most?: G-3 ExchangeRate or Interest Rate Volatility [R]. NBER Working Paper, No. 8535, 2001.

[277] Rodriguez F, Rodrik D. Trade Policy and Economic Growth: A Skeptic's Guide to the Cross-national Evidence [J]. NBER Macroeconomics Annual, 2000, 15: 261 –325.

[278] Rodrik D, Velasco A. Short-Term Capital Flows [R]. NBER Working Papers, No. 7364, 1999.

[279] Rodrik D. Growth Strategies [J]. Handbook of Economic Growth, 2005, 1: 967 –1014.

[280] Rodrik D. How to Save Globalization from Its Cheerleaders [J]. CEPR Discussion Papers, No. 6494, 2007.

[281] Rodrik D. Trade and Capital-Account Liberalization in a Keynesian Economy [J]. Journal of International Economics, 1987, 23 (1 –2): 113 –129.

[282] Rodrik D. Where Did All the Growth Go? External Shocks, Social Conflict, and Growth Collapses [J]. Journal of economic growth, 1999, 4 (4): 385 –412.

[283] Rodrik D. Who Needs Capital-Account Convertibility? [J]. Essays in International Finance, 1998: 55 –65.

[284] Romer P M. Increasing Returns and Long-Run Growth [J]. Journal of Political Economy, 1986, 94 (5): 1002 –1037.

[285] Rose A K. Well-Being in the Small and in the Large [R]. HKIMR Working Paper, No. 14/2006, 2006.

[286] Rossi M. Financial Fragility and Economic Performance in Developing Economies: Do Capital Controls, Prudential Regulation and Supervision Matter? [R]. IMF Working Paper, No. 99/66, 1999.

[287] Rostow W W. The Stages of Economic Growth: A Non-Communist Manifesto [M]. Cambridge University Press, 1960.

[288] Sachs J D. The Bolivian Hyperinflation and Stabilization [J]. American Economic Review, 1987, 77 (2): 279 – 283.

[289] Sachs J D, Warner A M. Economic Reform and the Process of Global Integration [J]. Brookings Papers on Economic Activity, 1995 (1): 1 – 118.

[290] Schmitt-Grohé S, Uribe M. Downward Nominal Wage Rigidity, Currency Pegs, and Involuntary Unemployment [J]. Journal of Political Economy, 2016, 124 (5): 1466 – 1514.

[291] Schmukler S L. Financial Globalization: Gain and Pain for Developing Countries [J]. Federal Reserve Bank of Atlanta Economic Review, 2004, 89 (2): 39 – 66.

[292] Schneider B. Issues in Capital Account Convertibility in Developing Countries [J]. Development Policy Review, 2001, 19 (1): 31 – 82.

[293] Singh A. Globalization, Openness and Economic Nationalism: Analytical and Conceptual Issues A Foreword to Globalization and Economic Nationalism in Asia [R]. MPRA Paper, No. 53039, 2011.

[294] Spiegel M M. Financial Globalization and Monetary Policy Discipline: A Survey with New Evidence from Financial Remoteness [J]. IMF Staff Papers, 2009, 56 (1): 198 – 221.

[295] Spolaore E, Wacziarg R. Borders and Growth [J]. Journal of Economic Growth, 2005, 10 (4): 331 – 386.

[296] Squalli J, Wilson K. A New Approach to Measuring Trade Openness [J]. World Economy, 2011, 34 (10): 1745 – 1770.

[297] Stewart W. Institutional Quality and Its Effect on Trade: An Empirical

Analysis [J]. UBC Economic Honors Thesis, 1999, 51: 1183 – 1203.

[298] Stiglitz J E. Capital Market Liberalization, Economic Growth, and Instability [J]. World Development, 2000, 28 (6): 1075 – 1086.

[299] Stiglitz J E. More Instruments and Broader Goals: Moving Toward the Post-Washington Consensus [J]. Brazilian Journal of Political Economy, 1999, 19 (1): 101 – 128.

[300] Stone L. Elizabethan Overseas Trade [J]. The Economic History Review, 1949, 2 (1): 30 – 58.

[301] Stulz R M. Financial Globalization, Corporate Governance, and Eastern Europe [R]. NBER Working Papers, No. 11912, 2006.

[302] Svaleryd H, Vlachos J. Does Financial Development Lead to Trade Liberalization? [J]. Research Papers in Economics, Stockholm University, Department of Economics, 2000.

[303] Syrquin M, Chenery H. Three Decades of Industrialization [J]. World Bank Economic Review, 1989, 3 (2): 145 – 181.

[304] Taylor A M, Wilson J L F. International Trade and Finance Under the Two Hegomons: Complementaries In the United Kindom 1870 – 1913 and the United States 1920 – 30 [R]. NBER Working Papers, No. 12543, 2006.

[305] Tornell A, Westermann F, Martinez L. Liberalization, Growth, and Financial Crises: Lessons from Mexico and the Developing World [J]. Brookings Papers on Economic Activity, 2003 (2): 1 – 112.

[306] Ventura J. A Global View of Economic Growth [J]. Handbook of Economic Growth, 2005, 1 (5): 1419 – 1497.

[307] Warnock F E. Home Bias and High Turnover Reconsidered [J]. Journal of International Money and Finance, 2002, 21 (6): 795 – 805.

[308] Wei S J, Tytell I. Does Financial Globalization Induce Better Macroeconomic Policies [R]. IMF Working Papers, No. 04/84, 2004.

[309] Whitman M. Economic Openness and International Financial Flows [J]. Journal of Money, Credit & Banking, 1969, 1 (4): 727 – 749.

[310] Williamson J, Mahar M. A survey of financial liberalization [M]. Interna-

tional Finance Section, Dept. of Economics, Princeton University, 1998.

[311] Williamson J. Orthodoxy is Right: Liberalize the Capital Account Last [M]//Ries C P, Sweeney R J. Capital Controls in Emerging Economies. Westview Press, 1997: 13 – 16.

[312] World Bank. Small States: Meeting Challenges in the Global Economy: Report of the Commonwealth Secretariat/World Bank Joint Task Force on Small States [M]. Commonwealth Secretariat, 2000.

[313] Wyplosz C. How Risky is Financial Liberalization in the Developing Countries? [J]. Comparative Economic Studies, 2002, 44: 1 – 26.

[314] Young A. Learning by Doing and the Dynamic Effects of International Trade [J]. Quarterly Journal of Economics, 1991, 106 (2): 369 – 405.